新常态下

高校工会工作

实践与创新

主 编◎楼成礼　副主编◎何　桥　蔡志良

Practices and Innovations of
University Trade Unions
under the New Normal

ZHEJIANG UNIVERSITY PRESS
浙江大学出版社

图书在版编目（CIP）数据

新常态下高校工会工作实践与创新／楼成礼
主编. —杭州:浙江大学出版社,2016.12
　　ISBN 978-7-308-16413-9

　　Ⅰ.①新… Ⅱ.①楼… Ⅲ.①高等学校－工
会工作－研究－中国 Ⅳ.①D412.6

中国版本图书馆 CIP 数据核字（2016）第 273280 号

XINCHANGTAI XIA GAOXIAO GONGHUI GONGZUO SHIJIAN YU CHUANGXIN
新常态下高校工会工作实践与创新

主　编　楼成礼

副主编　何　桥　蔡志良

策划编辑　葛　娟

责任编辑　杨利军

文字编辑　董凌芳

责任校对　丁沛岚　高士吟

封面设计　周　灵

出版发行　浙江大学出版社
　　　　　（杭州市天目山路 148 号　邮政编码 310007）
　　　　　（网址:http://www.zjupress.com）

排　　版　杭州中大图文设计有限公司

印　　刷　杭州钱江彩色印务有限公司

开　　本　710mm×1000mm　1/16

印　　张　20.5

字　　数　368 千

版 印 次　2016 年 12 月第 1 版　2016 年 12 月第 1 次印刷

书　　号　ISBN 978-7-308-16413-9

定　　价　60.00 元

编　委　会

序

"常态"是指时常发生的状态,"新常态"是指不同以往的、相对稳定的状态。人类社会就是在"常态"到"非常态"再到"新常态"的否定之否定中发展;人们对社会的认识,也是在"常态"到"非常态"再到"新常态"的过程中不断升华。贯穿在"常态—非常态—新常态"中的主线,是事物的本质与规律。"新常态"是习式热词之一,主要发生在经济领域,我们不能也不可以把当今社会的一切都归结为"新常态"。但经济是基础,它影响着社会的政治、文化、科学、教育等诸方面,因此,我们必须认识新常态,研究新常态,把握新常态。当前,高校的工会工作同样受到新常态的影响。探讨新常态下高校工会的实践与创新,有很重要的价值与意义。

呈现给大家的这本集子,正是浙江省高校工会干部在繁忙的工作之余,探索研究新常态下高校工会工作的理论成果,总体上反映了我省高校工会干部理论素养和研究水平。本论文集包含四个方面内容:一是民主管理,主要探讨大学民主政治、大学章程、大学内部管理结构、大学选举制度、大学参与社会治理及依法治校等。二是权益维护,主要涉及教师的权益保障,包括"劳动人事争议"、工资集体协商、养老保险改革、教师幸福感、价值观研究、帮扶机制、维权困境及对策、教职工生存发展状况等。三是队伍建设,主要包括教师教学能力发展、教师职业生涯发展、教师职业倦怠、师德师风、教师心理健康、队伍稳定等涉及教师队伍建设的诸方面问题。四是工会建设,主要涉及工会面临的形势与任务、改革与创新,包括"教工之家"建设,"互联网+"模式、工会工作平台等方面。总体而言,涉及四个大方面的研究成果,紧紧抓住当前工会工作的热点与难点问题,坚持理论联系实际,论点鲜明,分析透彻,具有一定的研究深度和可供操作的对策建议,能为全省教育工会干部提供有益的启示与借鉴。

面对复杂的国内外形势，面对艰巨繁重的工会改革任务，广大工会工作者必须站在国家事业发展高度，充分认识做好工会工作、工会理论研究工作的重要性，要把工会工作当作事业来做，把工会工作中遇到的问题当成课题来研究，当成学问来求索。思考着工作，研究着工作，研究推动和促进工作。当前的工会理论研究着力从以下几方面深入探索：

一是坚持正确的方向。无论做什么事，要想成功，首先要有正确的方向。如果方向错误，任何工作方法和态度，都不会成功。工会理论研究工作的政治性、科学性、社会性都很强，要做好工会理论研究这项工作，必须坚持正确的政治方向。党的十八大以来，以习近平同志为核心的党中央高度重视群团工作与教育工作，作出了一系列重要指示。2015年，中共中央下发了《中共中央关于加强和改进党的群团工作的意见》（以下简称《意见》），首次召开中央党的群团工作会议，强调在新的形势下，"党的群团工作只能加强，不能削弱；只能改进提高，不能停滞不前"。2016年4月26日，总书记在知识分子、劳动模范、青年代表座谈会上，对广大知识分子提出要勇立潮头、勇于创新，切实担当起为全面建成小康社会提供重要的人才支撑、智力支撑、创新支撑的责任。在第32个教师节来临之际，总书记来到北京八一学校，与师生代表座谈。总书记指出，时代越是向前，知识和人才的重要性就愈发突出，教育的地位和作用就愈发凸现，要求广大教师"做学生锤炼品格的引路人，做学生学习知识的引路人，做学生创新思维的引路人，做学生奉献祖国的引路人"。中共中央出台的《意见》、总书记重要讲话是新时期工会工作的纲领性文件，是推动工会改革、创新的理论基础和强大的思想武器，是当前工会工作的行动纲领。

工会理论研究必须坚持正确的政治方向。各级教育工会、学校工会要充分认识做好工会工作、加强工会理论研究工作的重要性与紧迫性，进一步增强使命感与责任感，发挥自身优势，准确把握总书记系列讲话的时代背景、实践探索，联系工会工作实际，深刻理解其基本内涵和理论精髓，切实加强工会理论研究工作，不断深化对工会工作规律的认识，为开创高校工会工作新局面提供坚实的理论支撑。

二是坚持问题导向。当前，我国正处于深化改革的关键期、社会矛盾凸现期，新情况、新问题、新变化层出不穷。从国内环境看，我们党提出了

"两个一百年"奋斗目标,正在推进"四个全面"战略部署。当前,我们党面临的考验与危险前所未有,面临着长期执政的考验、改革开放的考验、市场经济的考验、外部环境的考验,面临着精神懈怠的危险、能力不足的危险、脱离群众的危险、消极腐败的危险。我国正处于经济社会转型期,劳动关系矛盾越来越凸显,多发复杂,新常态下构建和谐的劳动(人事)关系面临新的挑战。从国际环境看,以美国为首的西方敌对势力西化、分化中国的意图日趋明显;外部势力试图插手工会事务,试图建立"第二工会",打着维权的旗号,争夺或分化职工队伍。随着经济全球化深入推进,劳动关系国际化趋势不断显现,对工会如何改革创新、积极应对更加复杂开放的环境提出了新的要求。从工会自身情况看,我们的工会组织及其自身存在众多的问题,如严重脱离群众的"四化"问题。我们的工会工作还存在"五个不适应"问题,工会服务方式不适应群众新需求,工会工作方法不适应时代新变化,工会组织设置不适应社会变迁新环境,工会干部队伍建设不适应事业发展新需要,工会工作机制不适应群团工作新特点,如此等等。工会的工作与服务对象发生了巨大的变化,工会组织自身存在一些危机。

坚持问题导向,就是针对国际、国内环境,把"四化"问题和"五个不适应"问题等重大现实问题和工会工作的热点、难点问题作为工会研究的主要方向。突出研究重点,围绕新形势下的工会改革问题,研究经济发展新常态下的工会工作的机制创新。同时要密切关注事业单位人事制度改革、养老保险制度改革进程、事业单位劳动人事关系特点和趋势,加强涉及教职工重大利益的政策法规研究,增强话语能力;要围绕教育系统教师群体创造活力与创造热情,不断深化对教育工会工作的规律性认识。

三是坚持成果转化。研究的目的在于应用,理论的价值在于指导实践。发挥好工会研究的"智库"作用是当前我们工作的重点。马克思一再警示我们:"一步实际行动比一打纲领更重要。"学术研究主要有两大任务:一是解释世界;二是改变世界。这两个任务又统摄于学术实践理念之中,理论与实践是一对孪生体,离开了理论的实践是盲目莽撞的,离开了实践的理论是空洞无意义的。就工会工作而言,工会研究需要有正确的导向,而科学的引导需要运用严谨的学术逻辑从基层的具体实践中寻找工作规律,进行科学的解释,为实际的工会工作提供"智库"支持。作为一种实践活动,工会研究的直接目的就在于不断地改进工会组织的服务水平。因此,如何将工会研究成果转化成实际行动,让它既不成为"束之高阁"的纸堆,也不被视为高处不胜寒、敬而远之的"异类",则是我们在研究之后要具体落实的问题。

研究成果的真正转化需要四个步骤:一是结合研究成果对实际工作进行调研,提出成果转化的计划或方案。毛泽东强调:"做就必须先有人根据客观事实,引出思想、道理、意见,提出计划、方针、政策、战略、战术,方能做得好。"二是结合工会的实际情况,具体研究研究成果,上升到可操作的决策,应用于丰富的、生动的工会工作实践。三是决策实施并进行决策实施的绩效评估。我们要对上升为决策的研究成果付诸实践,对决策实施进行跟踪调研,对决策实施的效度进行评估。四是让广大群众知晓或参与决策实施即成果转化的进展与反馈,寻求工作的创新与突破。

浙江省高校工会研究会十分注重理论研究,在围绕高校工会中心工作,工会转型发展、工会自身建设、职工群众需要、提高工会研究水平等方面做了大量的卓有成效的工作,把研究成果结集出版。我们必须花较大的精力,实现研究成果的转化。把研究成果转化为解决问题的方案、改革创新的具体措施。通过研究成果的转化,找准当前工会工作的难点、影响工会工作进程的堵点、可以推动改革创新的发力点。找准工会工作的"难点"、"堵点"、"发力点",我们就可以标本兼治,对症下药,在推动改革、创新发展的关键环节上,取得实质性的进展。

浙江省教育工会主席　赵祖地

2016 年 10 月

目　录

第一部分　民主管理

第二部分　权益维护

第三部分　队伍建设

第四部分　工会建设

第一部分

民主管理

依法治校视角下的大学民主治理长效机制建设

何 桥 吴 芳 吴江霖

内容提要:依法治校作为教育领域落实依法治国的必然选择,越来越受到政府、学校和全社会的高度关注。文章在阐明依法治校的由来、内涵及意义的基础上,从推进现代大学治理高度,就如何落实民主治理长效机制建设问题进行了多维度的探讨。

关 键 词:长效机制;依法治校;民主治理

自党的十八届四中全会提出全面推进依法治国,完善中国特色社会主义法治体系,建设社会主义法治国家的总体目标以来,依法治校再次成为各级各类学校,尤其是大学管理层的热门话题,并被摆上重要的议事日程。毫无疑问,依法治校作为教育领域落实依法治国的必然选择,越来越受到政府、学校和全社会的高度关注。然而,依法治校不是一句空洞的口号,也不能停留在理念与理想化的设计中,就现代大学治理而言,笔者认为应当从学校管理实践出发,把依法治校思想渗透、落实到管理实践的方方面面,重点推进大学民主治理长效机制建设。

一、依法治校

2003 年 7 月,《教育部关于加强依法治校工作的若干意见》指出,"实行依法治教,把教育管理和办学活动纳入法治轨道",初步提出了依法治教的目标、指导思想、任务和措施,但对依法治校相关内容没有明确界定与展开。《国家中长期教育改革和发展规划纲要(2010—2020 年)》明确提出贯彻和实施依法治校有助于现代学校制度的建设,把依法治校推向了一个新的高度。所谓依法治校,"依"是依据或根据;"法"是指学校管理的法规,既包括规范教育事项的专门法规,又包括全社会共同遵守的一般法律;"治"即管理,而非管制,是管理与服务的统一,是学校能动地实施依法育人、依法管理;"校"泛指我国各级各类学校。概言之,依法治校是把法律、法规作为学校治理的基本依据和最高权威,作为管理者在管理学校事务过程中应当体现一种法制精神,在依法理顺政府与学校关系、落实学校办学自主权的基础上,形成政府宏观管理,学校依法按照章程自主办学,依法接受监督的新格局,从而实现学校治理的法制化、制度化、规范化。联系我国大学实际,依法治校的必要性与重要性是显而易见的。

首先,依法治校是建设社会主义法治国家,建设社会主义民主法治的必然要求。依法治校是依法治国这一重要治国方略在大学管理中的具体体现,依法治校是依法治国的重要组成部分,也是大学健康发展的基本保障。大学作为高层次人才培养基地、社会服务重要阵地和具有公共管理职能的社会组织,必须遵循法律至上、责权利统一的原则实行依法治理。其次,依法治校是治理当前大学管理中法治缺失等问题的客观要求。虽然近年来大学依法治校有所推进,但部分学校法治不健全现象依然存在,如一些地方政府监管与大学自主办学的边界模糊、大学行政化、机构衙门化、政出多门、管理低效等问题在不同程度上存在,学校党委领导与校长之间权力重叠,权限划分不够清晰,有法不依、执法不严、违法不究现象时有发生等等,必须通过加大依法治校力度加以针对性的解决。再次,依法治校是推进高等教育新一轮内部管理体制改革的需要。《国家中长期教育改革和发展规划纲要(2010—2020年)》指出,依法治校是建设现代大学制度、构建新型政府关系的根本保证,是有效推进大学治理改革、建立和谐的大学治理结构的关键。建设现代大学制度要求实现政府与大学之间、大学与社会之间以及大学内部管理的依法治理,使大学真正成为独立的办学主体,实现依法自主管理、自谋发展和自我监督。大学只有通过依法治校,切实转变办学理念和管理模式、管理方式与管理手段,才能为现代大学制度的建立奠定扎实的基础。一句话,依法治校是完善大学内部治理结构、切实提高管理水平与效益、办人民满意高等教育的迫切需要。

二、民主治理长效机制

民主治理长效机制一般指以民主为途径与手段,以稳定和持久地发挥民主治理作用的配套制度体系的总和,其核心包括"长效"与"机制"两个维度,"长效"指的是长久稳定,"机制"则是使制度能够正常运行并发挥预期功能的配套制度体系。它有两个基本条件:一是要求相关制度规范化、稳定化和系统化;二是要有推动制度正常运行的动因,即要有出于自身利益而积极推动和监督制度运行的主体。机制不等同于制度,机制是制度的整合、配套或升华,机制源于制度又高于制度,制度只是机制的体现或展开。当然,长效机制形成后并非一劳永逸、一成不变,而是必须随着时间、条件的变化而不断丰富、发展和优化。大学民主治理的长效机制贯穿于大学管理的各个方面及其全过程,其

中,在管理实践中发挥作用最为明显的主要机制有五个:

1. 科学决策机制

科学决策是大学管理的灵魂,科学决策机制形成的前提在于完善党委领导下的校长负责制。《关于坚持和完善普通高等学校党委领导下的校长负责制的实施意见》明确了大学党委和校长的权责,实行党委领导下的校长负责制必须坚持"集体领导,会议决定;校长负责,民主监督;群众参与,科学决策;依法治校,规范管理"四项基本工作原则。科学决策取决于和谐协调的党政合作关系,体现"职能上分、目标上合,工作上分、思想上合"。校长自觉接受党委的领导和监督,维护党委的权威,相互理解,相互沟通,相互信任,相互尊重。在准确划分党委和校长各自职权的基础上,结合大学的实际情况,建立健全党委会和校长办公会等一系列规章制度,做到照章办事,从而达到充分发挥党委和校长各自功能的目的。

依法制定和修订大学章程也是科学决策机制题中应有之义。大学章程是大学发展、建设与治理的依据,是推动和规范大学自主办学的基础,也是规范大学与政府、社会关系以及大学内部关系的基本准则。它上承国家高等教育法律法规,下启学校内部的各项规章制度,是大学依法治校的基本依据。大学应严格按照《教育法》《高等教育法》和《高等学校章程制定暂行办法》等规定,制定或修订大学章程。大学制定章程是落实办学自主权、完善大学治理结构的重要举措。但由于种种原因,我国大学章程的制定工作不甚理想,不少大学,甚至名校仍在"无章办学"。各大学制定章程,应当按照"民主、公开"的原则,成立专门组织开展起草工作。起草的章程草案应在教职工代表大会上进行深入讨论,在听取意见的基础上,提交校长办公会议讨论通过,由学校党委会讨论审定,最后由学校法定代表人签发。大学章程一经核准,就应具有法律约束力,必须确保其在大学治理中的核心地位。学校应当严格按照章程的规定,开展教学、科研、管理和社会服务活动。

2. 权力制衡机制

权力分立与制衡原则最早由英国哲学家洛克、法国思想家孟德斯鸠提出,在资产阶级取得政权后,被美国等西方国家确认为宪法的一项基本原则。近代以来,由于受分权学说的影响,在社会组织治理中也体现了权力分立与制衡的原则。从理论上讲,国家权力需要分立,社会组织的权力需要分立,大学权力也需要分立。如果大学内部权力缺乏制约与平衡,大学的激励与约束机制就无法建立,大学的历史使命也无法完成。因此,我国大学内部治理改革的关键之一是如何在党委领导下,实现学术权力、民主权力和行政权力的互相制约和良性互动,建立健全大学内部权力的分立与制衡机制。党委领导下的校长负责制是我国大学的法定领导体制,这是根据我国国情所做出的正确选择,实行党对大学的领导是保证社会主义办学方向的重要举措。大学必须坚持与完善党委领导下的校长负责制,主要是划清党委与校长的职权范围,健全议事规则和决策程序。

一般而言,大学内部客观上存在着领导权、行政权、学术权与监督权等四种权力。大学应根据国家法律、法规,建立健全"党委领导、校长负责、教授治学、民主管理"的内部治理结构。党委行使领导权,主要管办学方向、发展规划和组织人事等重大事项;校长行使行政权,在党委领导下校长独立负责地行使行政权,校长作为学校的法定代表人和主要行政负责人,应全面履行和负责学校的教学、科研和其他管理工作;教授行使学术权,应充分维护学术机构在学科建设、学术评价和学术发展中的独立地位与职权,进一步明确并切实保障教授通过学术委员会、学位委员会、教授会等学术机构在教学、科研和学校管理中发挥应有的作用;师生行使民主监督权,应明确教职工代表大会、学生代表大会的地位作用与职责权限,维护师生员工通过教代会、学代会等途径参与学校相关事项的决策并实施民主监督。

3.民主管理机制

民主管理水平是衡量大学法治化程度的重要标准之一。《高等教育法》规定:"大学应当面向社会,依法自主办学,实行民主管理。"民主管理机制的建立应着眼于提高师生的民主参与水平,使教职工学会并善于应用各种民主手段参与学校民主管理,应畅通渠道,使基层的意见和建议成为决策者的智慧来源。落实大学民主管理机制重在充分利用好各类民主办学的有效形式:一是充分发挥校务委员会作用。作为学校咨询审议机构,校务委员会应扩大师生代表的参与率,将其作为师生员工参与行政事务管理的主平台,对学校办学指导方针、发展规划、重要制度、经费预算与决策、重点建设项目立项、教学科研等重大改革方案以及教职员工关心的其他重要事项等进行论证,并提供咨询和建议。二是积极发挥学术委员会作用。《高等教育法》明确规定了学术委员会的功能和职责,要求学术委员会在审议学科和专业设置,审议教学和科学研究计划方案,评定教学和科学研究成果等方面发挥主要参谋作用。三是切实发挥教职工代表大会作用。召开教职工代表大会的过程,正是充分调动广大教职工当家作主的积极性,行使民主权利的过程。教育部颁布的《学校教职工代表大会规定》指出:"教职工代表大会是教职工依法参与学校民主管理和监督的基本形式。学校应当建立和完善教职工代表大会制度。"然而,由于种种原因,一些学校教职工代表大会制度建设长期处于"必须推动"而又"缺乏推动力"的尴尬境地。当务之急是修订完善大学教职工代表大会制度,明确职代会的职权和地位,拓宽教职工参与学校民主管理的途径。四是努力发挥学生代表大会作用。学生代表大会是实现学生参与学校管理的重要形式,要建立健全学生代表大会制度,保障学生对学校管理活动的知情权和参与权。学校要把学生参与学校管理列入重要议事日程,关心、指导学生代表大会的工作。

4. 群众监督机制

加强大学民主监督机制建设,是确保大学决策科学性、民主性和决策执行效果的重要保证。大学内部管理体制改革的有效实行,不仅需要制度上的完善,而且需要强有力的监督。历史经验告诉我们,不受监督的权力必然走向权力的滥用。在大学,不但行政权力有可能被滥用,学术权力也存在被滥用的可能。因此,有必要建立科学合理的监督机制,将行政权力和学术权力关在“笼子”中,保证党委领导、校长治校、教授治学、民主管理的协调有序运行。一是重视管理者职业道德建设。“道德是内心的法律”,要使监督机制建设得到长期保障,必须打好管理者的道德基础,培养他们正确的人生观、价值观,以及强烈的事业心、责任感与职业荣誉感,提高他们的道德意识,以全心全意为师生服务作为价值取向。要重视学校管理者的职业操守与规范建设,制定学校各类人员的行为规范,使其成为他们处世为人的行为准则。二是健全监督体系,丰富监督方式。可以结合学校实际,建立纵向到底、横向到边的立体化、制度化监督网络,如设立“校长书记信箱”“校长接待日”等,拉近管理者与师生之间的距离,推进依法治校、阳光治校,调动大学内部各利益相关者的积极性。三是进一步完善校务公开制度,维护师生员工以及社会公众的知情权、表达权、参与权和监督权,提高大学工作的公开化、透明度。大学应对照教育部颁发的《高等学校信息公开办法》的要求,按照“统筹规划、突出重点、切合实际、稳步推进”的方针,完善校务公开的内容、形式、程序、审查、监督等环节,创新校务公开的方式,增强校务公开的效果。

5. 社会参与机制

国外成功的大学治理经验告诉我们:建立由学者、管理人员、学生及社会有关人员组成的相应机构,对保障大学决策的民主性、公平性和科学性有着十分重要的作用。在欧美众多著名大学中,一般会设置具有最高决策与审议机构性质的董事会,这已被实践证明是一项具有悠久历史、行之有效的治理机制。要治理好一所大学,不仅自身要独立地开展教学科研和社会服务工作,还要加强与社会各方面的联系,健全社会支持和监督大学发展的机制。我国大学应依照法律法规、大学章程开展社会服务,获得社会支持和接受社会监督,有权根据自己的办学特色和发展需要,自主设置董事会或理事会,其成员应由政府、行业、企事业单位以及其他社会组织代表构成,并由大学章程明确规定其地位、作用和议事规则。当然,在我国大学设置的董事会或理事会并不是学校的最高决策机构,而是定位于学校与社会的合作机构,其目标主要在于吸纳社会人士参与大学决策,打破内部治理结构的封闭性,适应大学社会化的需求,使大学的治理结构由封闭走向开放。

三、结语

大学民主治理既涉及学校内部各种关系,也涉及学校与政府、社会的外部关系。由于社会制度、经济结构、民族传统的差异,各国大学治理具有明显的多样性,并不存在一个适合所有大学的治理模式。但大学在各国立法中均居于法人的地位,建立健全合理、高效、公平、和谐的大学民主治理结构,是各国大学治理改革的共同选择。西方发达国家大学治理的法治模式与做法虽有一定的差异与各自的特色,但也呈现出明显的趋同化现象,至少在以下三个方面对我国的大学治理改革具有重要启示,值得我们借鉴和参考:第一,充分发挥法治在现代大学治理中的导向作用;第二,实现大学自治是完善大学外部治理结构的基本目标;第三,追求高效、公平是完善大学内部治理结构的价值取向。当前,我国大学治理普遍掀起新一轮内部管理体制改革热潮,学术界关于大学治理的研究不断引向深入,在大学治理改革中,我们既要借鉴国外成功的治理经验,更要立足于我国的国情和大学的校情。大学民主治理是一项十分复杂的系统工程,我国大学民主治理长效机制建设依然是任重而道远。

【参考文献】

[1]马陆亭,范文曜.大学章程要素的国际比较[M].北京:教育科学出版社,2010:17.
[2]赵宗凌.论依法治校的内涵和途径[J].山西警官高等专科学校学报,2005,13(1).
[3]马玉相,白薇.论依法治校[J].教育理论与实践,2003,23(11).
[4]天祥.高等教育管理学[M].桂林:广西师范大学出版社,2006:341.
[5]张国有.大学章程(第二卷)[M].北京:北京大学出版社,2011:4.
[6]湛中乐.大学章程精选(上)[M].北京:中国法制出版社,2010:615.

【作者简介】

何　桥,浙江工业大学工会主席,教授。
吴　芳,浙江工业大学工会干部。
吴江霖,浙江工业大学工会干部。

教代会在一流大学建设中的作用发挥探析

——以浙江大学为例

徐宝敏　楼成礼

内容提要：一流大学建设是一个系统工程,科学的宏观规划和顶层设计,优秀人才的汇聚和作用发挥是其中两个关键因素。教代会工作恰恰是现代大学制度体系中推动科学民主决策,激发教职工创新创造热情的有效途径。本文以浙江大学为例,对教代会在推动大学治理能力现代化和一流大学建设中的职权、地位和作用展开论述。

关　键　词：教代会;一流大学建设

教职工代表大会是教职工依法参与学校民主管理和监督的基本形式,是学校管理体制的重要组成部分。浙江大学历来重视教代会工作,特别是《学校教职工代表大会规定》(教育部令第 32 号)颁布以来,浙江大学以完善教代会制度为抓手,不断创新载体、拓宽渠道,充分调动广大教职工的积极性,逐步形成了"凝心聚力、民主和谐"的教代会工作文化和"党委领导、行政支持、部门协同、工会运作、教职工参与"的教代会工作格局,为探索完善现代大学制度,推动依法治校和治理体系现代化,加快世界一流大学建设提供了有力保障。

一、健全完善教代会制度,充分保障教代会职权

教代会在一流大学建设中的作用发挥是讲政治、重大局的。坚持党委领导,是牢牢把握教代会正确方向的关键;获得行政支持,教代会工作才能大有作为;组织教职工积极参与,才能夯实教代会职权发挥的群众基础。

一是党委高度重视,围绕中心开展教代会工作。学校党委高度重视教代会工作,积极贯彻落实教育部令第 32 号,指导并推动校院两级教代会制度的修订和实施。每年都召开会议专门研究教代会工作,围绕世界一流大学建设中心任务,确定教代会主要议题。学校党委明确提出,凡是涉及学校改革发展的重大问题都要提交教代会讨论,凡是涉及教职工切身利益的重大事项都要提交教代会审议通过,凡是学校推动的重要工作都要向教代会报告。

二是行政大力支持,充分保障教代会职权地位。学校行政大力支持教代会工作,给予教代会民主参与充分空间。学校每年向教代会汇报年度工作进展、财务工作状况,学校改革发展的重大事项都列入教代会主要议题进行审议讨论。如 2013 年教代会对住房公积金补贴方案、岗位聘任原则意见等涉及教职工切身利益的文件进行审议表决,2014 年教代会对《浙江大学章程》等进行了审议,2015 年教代会对人才房专项申购和销售办法进行审议表决,等等,充分体现了教代会的职权。

三是加强基层民主,不断夯实教代会工作基础。学校各院级单位普遍建立了教代会制度,形成了党、政、工齐抓共管的良好格局。学校要求凡属学院的重大决策、发展规划、规章制度、奖惩办法、岗位聘任、财务条例等事项都要经院级教代会讨论审议。如各院系 2014—2015 年教职工岗位聘任实施办法,均经各院系级"双代会"讨论表决通过后实施。二级教代会制度已经成为学校基层民主政治建设和依靠广大教职工办学的重要内容,成为构建和谐校园的重要途径和院务公开的主要载体。

二、拓宽民主参与渠道,凝聚教职工智慧力量

教代会在一流大学建设中的作用发挥是立体化、深层次的。当好教职工思想的关心者、意见的代言者和权益的维护者是教代会工作的重要使命和职责所在。要充分发挥教代会作用,核心是广开言路,广泛听取教职工意见呼声;要畅所欲言,积极主动为学校改革发展建言献策;要加强协同配合,真正将意见建议落到实处。

一是不断创新提案工作机制,提高提案办理落实效率。提案是教代会代表参与民主管理,进行意见表达的主渠道。学校党委书记每年都会召集提案送达会,对提案办理提出明确要求。电子提案系统的运用,增加了提案工作的公开性和透明度。学校对优秀提案和先进承办单位实行双奖励,实现提案质量和办理积极性的双促进。提案工作还创设了校领导领办机制,由校领导分别领办关注度高、影响面大的重点提案,形成重视提案工作的良好氛围。(见图 1)近年来,提案工作成效显著,取得不少标志性成果,比如促成了学校行政办事大厅的建设、教职工光荣退休仪式的改进、学生爱心基金的设立和运行等。

二是加强"金点子"办理,拓宽意见建议表达渠道。为更快更便捷吸纳教职工意见建议,2014 年底学校新推出合理化建议("金点子")征集平台,进一步拓宽意见建议表达渠道。"金点子"征集平台常年开放、操作简捷,对教职工所提的以小见大、化繁就简、操作性强的小建议、好点子、新想法予以快速响应和

积极落实。学校还对优秀"金点子"进行评选和奖励,提高教职工群众的参与度。

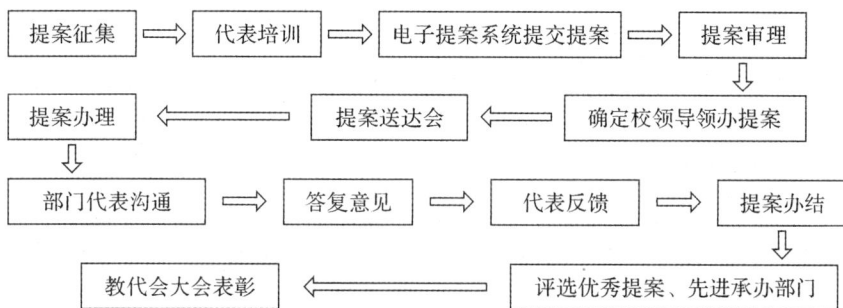

```
提案征集 ⟹ 代表培训 ⟹ 电子提案系统提交提案 ⟹ 提案审理
                                                    ⬇
提案办理 ⟸ 提案送达会 ⟸ 确定校领导领办提案
  ⬇
部门代表沟通 ⟹ 答复意见 ⟹ 代表反馈 ⟹ 提案办结
                                          ⬇
教代会大会表彰 ⟸ 评选优秀提案、先进承办部门
```

图1　浙江大学教代会提案工作流程

三是发挥专门委员会作用,凝聚教职工智慧力量。学校教代会设立了提案、"三育人"、福利和教师发展等专门委员会。各委员会加强源头参与,在学校政策制定过程中充分表达意见建议,维护教职工群众各项权益。在人才专项房申购销售过程中,发挥意见征集和沟通协商作用。做好教书育人、管理育人、服务育人的模范人物的宣传表彰,引导教职工在各自岗位建功立业、服务发展。加强教师职业发展的调查研究,与职能部门进行对话和交流,指导开展教授联谊会活动、新教职工始业教育、青年教师教学竞赛等工作。

三、健全民主监督机制,保障教职工合法权益

教代会在一流大学建设中的作用发挥是全过程、全时段的。要充分发挥教代会的作用,关键是坚持创新,不断丰富代表履职的方式和载体,通过听取工作通报、开展检查巡视、组织民主评议等深度参与校务管理。

一是建立校情通报会制度,充分保障代表知情权。聚焦学校改革发展重点、热点问题,由学校领导定期向代表通报学校重点工作情况,听取意见和建议,提高学校事务决策的民主科学性,更好地发挥教代会闭会期间参与民主管理、民主监督的作用。例如通过学校校园规划专题通报会,学科和人才队伍建设专题通报会,教育教学和人才培养专题通报会等,悉心听取代表意见,指导改进具体工作。

二是组织教代会代表巡视,积极行使代表监督权。出台《浙江大学教职工代表大会巡视制度实施办法》,搭建代表与相关部门的沟通交流平台,组织代表深入一线、深入现场对学校中心工作和教职工关注度高的重点工作进行监督与评议。例如对新校区和人才房建设、教师公寓管理、校园食品安全和附属

医院新院区等进行巡视,教职工代表与部门进行了很好的沟通,部门的工作也得到了切实的监督和指导。

三是深入开展民主评议,推动落实代表参与权。随着依法治校、民主管理观念的深入人心,代表的地位不断提升,代表的意见日益受到重视,主动接受教代会代表民主评议成为新常态。教代会代表对学校机关职能部门和相关直属单位机关作风与服务效能的网上测评,实事求是地进行评价和打分,有效促进机关管理服务的提升。教代会代表参与学校各级领导干部民主推荐和民主测评,代表意见作为干部选拔录用的重要参考。教代会代表应邀参加学校组织的书记有约、校长有约等重要座谈和交流,建言改革发展、推动科学决策、促进校园和谐。

【参考文献】

[1]毕宪顺,赵凤娟.高等学校的民主监督与权力制约——以教职工代表大会制度为基本形式[J].教育研究,2009(1).

[2]陈小鸿,姚继斋.高校"去行政化"背景下教代会的地位作用和建设路径探讨[C]//楼成礼.现代大学制度下高校工会工作探索与思考.杭州:浙江大学出版社,2013:8-12.

[3]杨瑞静,秦蓉,任秀华,等.中国高校教代会现状及问题分析[J].北京航空航天大学学报(社会科学版),2014(1).

【作者简介】

徐宝敏,浙江大学工会办公室主任,六级职员。

楼成礼,浙江大学工会常务副主席,研究员。

基于学校章程的教代会制度研究

——以浙江农林大学为例

张霞妃　钱　潮

内容提要：教代会是学校管理体制的重要组成部分，也是教职工参与学校管理的主要途径。当前，各高校正在建设以大学章程为基本准则的现代大学制度。如何重新审视教代会的性质、地位与作用，并将其导入现代大学制度建设的轨道上来，是当前深化高等教育体制改革的重要课题。学校的办学方式要有所转变，以适应现代大学制度。同时，教代会也要转变工作方式，才能适应学校管理民主化、科学化的迫切要求。

关　键　词：大学章程；教代会；民主管理；制度研究

一、研究背景及意义

（一）研究背景

1.党的群团工作会议精神的新要求

2015年7月，中共中央召开党的群团工作会议，在党的历史上还是第一次。这表明新常态下执政党通过群团组织动员群众、整合社会的传统优势得到高度重视和强力推动，也标志着各群团组织应对社会变革的探索和努力将进入具有里程碑意义的新阶段。《中共中央关于加强和改进党的群团工作的意见》指出，"新形势下，党的群团工作只能加强，不能削弱；只能改进提高，不能停滞不前"。坚定不移走中国特色社会主义群团发展道路，要求各群团组织必须自觉接受党的领导，团结、服务所联系群众，依法依章独立自主开展工作。

2.教代会工作纳入法制化的新常态

高等学校实行教职工代表大会制度30多年来，在探索民主管理、民主监督及维护教职工权益方面取得了重要成绩。目前，全国98%以上的各级各类公办学校都建立了教代会制度，体现了教代会制度强大的生机和活力。2012年1月，教育部颁布施行了新的《学校教职工代表大会规定》（教育部令第32

号)(以下简称《规定》),标志教代会制度由暂行条例发展到法律法规的重大变化。《规定》明确了教代会"是教职工依法参与学校民主管理和监督的基本形式",确定了教代会的八项职权。2014年6月,《浙江省高等学校教职工代表大会工作规定》颁布施行,进一步完善了浙江省高校的教代会制度,也提出了更完整和细化的要求。

3.教代会向现代大学制度转型的新途径

大学章程是大学联系政府、社会,以及大学依法自主办学、民主管理和履行大学职能的基本准则,是构建中国特色现代大学制度的重要载体,是"依法治国"基本方略在大学治理中的具体体现。《国家中长期教育改革和发展规划纲要(2010—2020年)》明确提出,"各类高校应依法制定章程,依照章程规定管理学校""加强章程建设是现代大学制度建设的重要内容"。建设符合中国国情的现代大学制度,必须坚持"党委领导、校长负责、教授治学、民主管理"。作为高校民主管理的基本载体,教代会是教职工行使民主管理的基本形式和权力机构。在制定大学章程过程中,完善并创新教代会制度,为进一步提高教代会科学化、法制化水平提供了难得的机遇。

(二)研究意义

教代会是学校管理体制的重要组成部分,也是教职工参与学校管理的主要途径。当前,我校(指浙江农林大学——编者注)正在建设以大学章程为基本准则的现代大学制度。如何重新审视教代会的性质、地位与作用,并将其导入现代大学制度建设的轨道上来,是当前深化高等教育体制改革的重要课题。学校的办学方式要有所转变,以适应现代大学制度。同时,教代会也要转变工作方式,才能适应学校管理民主化、科学化的迫切要求。

二、调研情况

(一)调研基本情况

笔者在调研中发现,各高校重视大学章程制定,在大学章程中均明确教代会制度是学校管理的重要制度和民主建设的关键环节,其基本内容是《规定》中的条规。各高校的教代会制度普遍较为健全,校务公开执行规范,教代会作用发挥良好。多数高校党委、行政重视支持教代会工作,创新教代会制度,在建设民主文化方面有一些特色和经验。但也有部分高校存在未及时对接遵循《规定》提出的新要求。同时,基于大学章程的视野,如何认识、研究和创新学校教代会制度,尚未在高校中形成共识,仍是一个全新的课题,可供借鉴的实践成果不多。

（二）教代会运作基本模式

教代会的领导体制和工作机制是"党委领导、行政支持、工会运作、教职工参与"。教代会会议期间主要通过年会制度和教代会提案工作制度发挥教代会民主管理的作用。教代会议题是教职工源头参与民主管理的抓手，教代会提案是教代会代表参与学校民主管理的重要形式。创新教代会闭会期间的工作机制，充分发挥闭会期间教代会和教代会代表的作用，是丰富教代会民主管理的重要渠道。调研发现，教代会闭会期间主要的工作机制和制度有：教代会专门委员会工作机制、教代会代表巡视制度、教代会通报会制度、教代会联席会议制度、教代会代表质询制度、教代会民主评议制度等。二级教代会是学校教代会制度建设的延伸和发展，是高校基层民主政治建设的重要内容和落脚点。发挥好二级教代会的作用，重点是加强二级教代会建设，确保二级教代会职权的全面落实以及民主管理的广泛性和具体化。

（三）新常态下对教代会建设的启示

扩大高校办学自主权是党的十八届三中全会提出的教育改革重点之一。笔者在调研中发现，大学章程对实践造成的影响就是办学的权力事实上正愈益向学校集中。从学校外部来看，政府转变管理职能，强化统筹指导、宏观布局和质量监督功能，推动高校面向社会依法自主办学、实行民主管理，发挥社会力量在高校公共治理、评估评价等方面的作用。这迫切需要学校大力推进开放办学。从学校内部来看，建立现代大学制度，就是要厘清党政权力、学术权力、教职工权力、学生权力的关系，保证学术自由，推动民主管理，建立党委领导、校长负责、教授治学、师生参与管理的规则和程序，保障教职工的主体地位及参与学校管理、决定学校事务的权利。在大学章程中完善教代会的制度建设，应对教代会的法律效力有所明确，彰显教代会的法律地位；在大学章程中界定高校内部权力关系，应创新做法来提高教代会的地位，体现教代会的不可替代性；在大学章程中强化教代会的职权效力，应根据高校形势发展的新情况进行完善和健全，以进一步强化教代会的权威性。

三、我校教代会建设现状与问题分析

（一）我校教代会建设现状

1.党政领导对教代会的认识不断增强

校党委对教代会重要性的认识较为深刻，把教代会制度作为体现教职工

的办学主体地位、调动教职工积极参与学校管理的基本制度;专题听取和研究教代会工作,及时作出决策,保证了教代会工作的顺利进行;通过教代会保证党的各项教育路线、方针、政策在我校的贯彻落实。

校行政领导重视和支持教代会工作,把召开教代会列入学校的工作计划;支持教代会履行职权,定期向教代会报告学校工作,认真听取代表的意见和建议;落实教代会作出的决定、决议,责成有关部门认真办理教代会提案,自觉接受教代会的监督;保证教代会的专项经费和组织建设。

2.教代会制度建设不断加强

我校建立教代会制度以来,坚持每年至少召开一次教代会,如遇重大事项即举行临时会议。《规定》颁布后,结合学校文件的"废改立"工作,及时调研修订了《浙江农林大学教职工代表大会实施细则》《浙江农林大学二级教职工代表大会实施细则》,并逐步制定了教代会代表选举、教代会提案征集、教代会代表列席校长办公会议、教代会代表考核机关工作和考评二级学院工作等各项具体制度。

3.教代会组织机构不断完善

学校实行教代会和工代会"两会合一、两委分设"的模式以及校、院两级教代会的工作格局。全校有正式代表294人,设16个代表团。教代会设大会主席团,会议期间由大会主席团主持会议。教代会执委会为教代会常设机构,下设住房、福利、提案、申诉处理4个专门委员会,在大会闭会期间负责决策咨询、提案督办、民主监督、民主评议等事项。工会是教代会的工作机构,在党委领导下做好教代会的会务筹备及闭会期间常务工作。学校落实《规定》要求,及时调整代表组成结构,实现了"两超两高",即教代会代表和教代会执委会中一线教师代表比例均超过60%,校教代会代表和二级学院分工会主席高职称比例大幅提高。

4.教代会的职权不断得到落实

我校重视教代会职权的落实,凡是《规定》中要求的内容,尤其是学校重大决策方面,如学校章程制定、学校发展规划、教职工绩效工资改革方案、岗位设置调整方案、创业实施办法等涉及学校发展及教职工切身利益的重大问题都提交教代会按规定程序进行审议表决,监督实施。学校认真征集和受理教代会代表提案,并将各代表团讨论意见进行系统梳理,交由相关单位和部门认真办理。在民主评议领导干部方面,主要形式是教代会代表全面参加校级、处级干部的推荐选拔和年度考核测评。

（二）存在的问题及原因分析

1. 教代会工作质量有待进一步提高

教代会工作仍存在"行政化""简单化""形式化"的现象,教代会制度建设与当前学校改革发展的新形势、新任务不相适应,教代会的作用还没有得到充分发挥。产生这种情况的原因有:一是对教职工关心的热点、焦点问题调研聚焦不够,致使大会的议题不够精准。二是学校和部门某些领导民主意识薄弱,权力行为任性,对代表们的意见与呼声重视不够,使得代表们参与民主管理的积极性受到挫伤。三是会议内容老套,形式单调,提交大会审议的问题务实性不强,致使会议影响力和实效性大打折扣。四是工会组织因为人员不足,在运行中又处于相对弱势地位,作为教代会的日常工作机构很难发挥应有的作用。

2. 教代会代表素质和参政能力参差不齐

从调研情况看,有一些代表在政治素养、民主意识、政策水平和参政议政能力等方面都存在不能适应现代大学制度建设要求的情况。部分代表参与学校管理的动力不足,参与教代会的荣誉感和积极性不高,表现为参会的积极性不高,不愿意提交提案和建言献策。部分代表只注重提高自身业务素质,而对教代会代表职责、权利、义务认识不清楚,表现为提案的质量不高或发表意见针对性不强。也有部分代表责任心和主人翁意识薄弱,不能全面、深入地了解表达广大教职员工的利益诉求,表现为平时的调研和征集教职工意见的主动性较弱,存在个人本位主义思想。

3. 教代会缺乏长效运行机制

教代会虽然能够坚持定期召开,但是每年教代会的会期较短,显然,全校一年的重要问题无法在这么短的会期内得到解决。代表们在教代会闭会期间,各自忙于工作,仅在开会期间才履行一下作为代表的权利和义务。虽然也建立了一系列闭会期的专门组织和工作制度,但从总体上看,仍存在着活动经常性不够、工作规范性不强、日常监督不力等问题。这是制约学校教代会工作健康、持续发展的一个突出问题。

4. 二级教代会制度建设依然滞后

各学院二级教代会虽然建立,但还没有被作为教职工参与学校基层民主管理的基本制度纳入学校的管理体系中。学院领导思想认识不到位,有些学院领导仅将二级教代会定位为发扬民主、听取意见的一种途径,影响了二级教代会的建立及作用的发挥。教职工对二级教代会的认识也不统一,认为教代会是形式上的民主。二级教代会的组织建设弱化,工会干部配备不力,体制架构不配套。二级教代会的职权范围、组织机构、民主程序等方面的规定也不够具体明晰,其各项职能的实施缺少相应的保障约束机制,这使得二级教代会在具体运行上存在较大的随意性,缺乏足够的刚性。

四、对策建议

(一)构建民主治理体系,努力提高教代会的地位

学校各级党组织要充分认识新常态下教代会工作的重要地位,切实加强对教代会工作的领导,将教代会工作纳入党委的重要议事日程,把教代会制度的执行情况纳入学校党组织建设目标管理和依法治校工作之中,建立和健全教代会的工作制度,支持和指导教代会依法依章独立负责地开展工作。应及时出台关于贯彻群团工作意见的实施方案,重视工会作为教代会执行机构的作用,增加教代会和工会专职人员职数;要建设具有学校特色的民主政治文化,营造人人关心学校发展、人人参与学校建设的良好氛围;实施重大提案由校领导领办制度,重大提案应提交学校党委会或校长办公会议讨论研究,确需教代会讨论决定的问题应列为会议议题。基层民主政治建设,对于教职工参政议政民主权力的体现,实际上更为直接、具体,可感可触。建设好基层民主治理体系,将能有效提升教职工参与民主管理的热情。要协助推进院务公开,探索建立公开运行机制和制度保障体系;坚持二级教代会年会制度,探索建立二级教代会提案工作制度;坚持二级学院党、政、工联席会议制度,建立二级教代会代表参与学院重大事项的讨论制度,不断扩大民主参与水平;指导学院结合实际,制定和完善二级教代会实施细则;完善二级学院教代会评议院系领导制度;完善对二级教代会培训、指导、评价机制,组织全校二级教代会经验交流和研讨会,提高规范化和科学化水平。

(二)深化学校民主管理,不断完善教代会制度建设

学校各级领导干部还需要进一步增强民主意识和依法治校的观念,牢固树立依靠广大教职工办好学校的思想,明确教职工是学校的主人、办学的主体和改革的动力。民主建设搞好了,教职工的积极性和创造性才能最大限度地得到发挥,学校才会充满生机和活力,学校的改革和发展才能顺利进行。改革越深入,越要强化教代会制度的建设。建立教代会的长效作用机制,要坚持教代会年会制度和按时换届工作制度;完善教代会提案征集、办理、监督和奖惩制度,建设网上提案平台;实施教代会议题征询制,不断丰富教代会民主管理内容;围绕学校战略和重点工作改进与创新组织制度,探索教代会工作机构建制"常设化"和"专门化";逐步建立教代会代表监督巡视制度,探索教代会代表

议事制、听证制、问询制和调研制,在教代会闭会期间继续高效地开展工作;重视发挥教代会执委会、主席团和各专门委员会的作用,建立联席会议制度,明确工作职责和议事规则。

(三)提高民主管理水平,强化教代会职权效力

要把有效行使教代会职权作为提高教代会效力的根本途径。其中,提高教代会代表民主管理水平和能力是加强教代会自身建设,提高教代会工作质量的重要环节。要不断优化教代会代表的组织结构,使教代会代表更具有代表性、群众性和广泛性,特别是高层次人才教师、青年教职工、女教职工要占一定比例,并吸纳大学生和非在编职工代表参与学校管理;加强教代会代表的教育培训,教代会代表和工会干部的学习培训纳入学校整体干部培训计划,并保障提供相应资源;完善教代会代表列席学校重要会议和活动的办法,形成长效机制;创新校务网上公开和代表网上培训工作,提高网上信息工作水平。强化教代会职权效力,要进一步推进校务公开,扩大公开内容和途径,建立校务公开档案资料立卷制度,保障教职工的知情权;要坚持源头参与学校重大决策,推进党、政、工联席会议、教代会代表列席校长办公会等制度;要切实做到有关学校发展、建设和改革等重大问题与事关教职工切身利益的问题,必须提交教代会讨论审议,让教职工代表充分发表意见,提出建议;在教代会履行审议通过权时,要全面推行票决制,真实反映教职工意愿;要统筹制定教代会代表民主评议制度,继续完善执委会成员考核机关职能部门工作,将评议考核结果与组织人事部门的考核结合起来。

【参考文献】

[1]楼成礼,王高明.进一步完善教代会制度 推进学校民主政治建设[C]//楼成礼.现代大学制度下高校工会工作探索与思考.杭州:浙江大学出版社,2013:1.

[2]孙红丽.完善高等学校教代会民主管理与民主监督的几点思考[J].管理实务,2012(16):83-84.

[3]白万洲,李喜迎.关于创新高校教代会工作的思考[J].高校工会研究,2011,1(17):55-57.

[4]张斌.现代大学制度架构下的高校民主管理[J].中国劳动关系学院学报,2007,5(21):79-82.

【作者简介】

张霞妃,浙江农林大学工会主席,副教授。

钱　潮,浙江农林大学工会副主席,助理研究员。

高校治理现代化与基层工会治理参与

傅夏仙

内容提要:高校治理现代化是国家治理现代化的重要组成部分,高校基层工会是高校治理的重要主体,应依据相关法律法规参与高校治理。当前国内高校基层工会工作片面,积极、主动、独立的治理参与存在不足。这既有现代治理理念缺失的原因,也有管控介入过深过细的原因,还有民主治理体系建设不到位以及治理力量不均衡等方面的原因。因此,应该从提高认识、构建现代化高校治理体系入手,提高基层工会参与高校治理的实效。

关 键 词:高校;基层工会;治理现代化;治理参与

党的十八届三中全会提出推进国家治理体系和治理能力现代化这一全面深化改革的总目标,在此背景下,高校治理现代化问题自然也成为讨论的重要话题并被提上议事日程。根据当下流行的联合国的定义,治理是指各种公共或私人组织、个人或机构管理其共同事务的诸多方式的总和。一般认为,与统治和管理相比,治理更多地表现为一种柔性且有节制的权力,是政治国家与公民社会的合作、政府与非政府的合作、公共机构与私人机构的合作、强制与自愿的合作,强调行为体之间的"合作"与"互动",并采用经过谈判的、集体制定的游戏规则,而且这不受之前建立的隶属或等级关系的限制。由此,高校治理也应是高校的所有者、管理者和利益相关者等多元主体对高校事务的合作管理。高校治理现代化的核心之一就是处理好校内外各种权力关系,形成内生的、能够激发各治理主体活力的可持续发展机制。高校基层工会是高校治理的重要主体,其参与学校治理的方式、深度以及制度化程度,都将直接影响高校治理的现代化水平。

一、高校基层工会参与学校治理的基本情况

(一)工会的性质及职能

本文所指的高校基层工会主要指高校工会和各学院工会。高校基层工会

工作的法律依据是《中华人民共和国宪法》和其他相关法律法规,特别是《中华人民共和国工会法》(以下简称《工会法》)(1992 年通过,2001 年修正)和《中国工会章程》(以下简称《工会章程》)(2013 年 10 月 22 日通过)。

《工会法》规定,工会的性质是"职工自愿结合的工人阶级的群众组织",其重要职能是"代表职工的利益,依法维护职工的合法权益","依照宪法和法律的规定行使民主权利","组织职工参与本单位的民主决策、民主管理和民主监督"。《工会章程》对工会的性质、职能,会员的权利与义务等有与《工会法》类似的规定。

(二)基层工会在参与学校治理方面存在的不足

基层教育工会是我国教育工会的基层组织,参与学校治理既是其法定权利,也是其基本职能和职责所在。西方有学者认为:"当代的重大挑战之一就是可治理性(govern-ability)的挑战。""因为'良好统治'的条件实际上是与深化民主的条件密不可分的。""'可治理性'(即治理能力以及找到指导公共行为之实际条件的能力)促使我们关注行为体之间的协商经验以及将其倡议进行梳理。"笔者调查发现,各高校基层工会为了学校的"可治理"做了并仍在做着大量工作,付出了很大努力,但他们的工作还有很大的提升空间,尤其是在参与学校治理方面,主要表现在:

1. 工作不全面

当前高校基层工会做得最多的,一是配合校工会为教职工提供各种福利和服务,如医疗保险、职工住房、孩子上学等等方面。二是慰问,如对教职工(包括离退休教职工)节假日慰问和生日慰问、教职工大病和家庭重大变故慰问、女职工生育慰问,等等。三是开展文体活动,丰富教职工文化生活。一方面通过支持各种协会开展活动,满足部分教职工的兴趣爱好;另一方面定期或不定期地组织教职工参加校工会组织的全校性的文娱活动,或独立组织本单位教职工开展小型文娱活动。从某种意义上说,这些都属于维护和保障广大教职工合法权益方面,广义上说,也是高校治理的重要方面。

但是,在"代表和组织教职工行使民主权利、参加学校的民主管理和民主监督"方面做得不够。在此方面,当前基层工会所做的最重要的工作就是配合校工会组织召开一年一度的全校教职工代表大会。在大会召开期间,可以说,工会组织教职工代表比较全面地参与了学校的治理过程,如审议并表决学校的相关制度和政策。但在教代会休会期间,由于缺少常规化、长效化的体制和机制,无法确保其正常参与学校治理。

2.独立性不够

高校治理结构是由党、政、工、团、学等机构或个人治理主体以及规范各自行为的相应规范和程序构成的结构体系。在此结构体系中,基层工会应是重要组成部分,是重要的治理主体之一,是高校治理目标、制度和价值的制定者、参与者与执行者。但目前存在的问题是,大多数高校的基层工会还没有成为所在高校的独立的治理主体,特别是在高校治理目标、制度、价值的制订与执行过程中,没有起到应有的作用,对学校党政部门的治理工作监督也不够。总的来说,无论是学校层面还是学院和部门层面,在政策制定与执行方面,基层工会主要是配合党政工作,协调干群关系,帮助落实各项政策,等等。作为治理主体之一,基层工会独立自主地参与决策和民主监督相对较少。重要表现之一是,一些高校的基层工会主席还没有参与其所在学院和部门的"党政联席会议"。究其原因,工会主席是否参与此类会议,不是法定的、强制性的。工会主席能否参与此类会议,实际上意味着能否参与所在部门的重要决策,能否真正成为所在部门的治理主体之一。不能参与的直接结果就是导致治理力量的不均衡,反过来又可能导致基层工会力量的弱化。

3.主动性缺乏

与独立性相关,高校基层工会工作也存在一定的主动性问题。当前,高校基层工会,除了组织教职工文娱活动、提供各种服务,参与学校管理的主动性往往不足。基层工会一般会组织本部门代表参加教代会,参与学校相关部门组织的各种检查,但在政策制定、治理参与、管理监督方面主动性不够。其结果是,基层工会的地位没有得到足够重视,作用也没有得到充分发挥,甚至在基层教职工的眼中,基层工会的工作是不重要的,基本上可以由部门办公室代理,——也确有不少的基层工会主席就由其所在部门的办公室主任兼任(有的学校甚至占60%以上)。当然,这也有其便于协同党政部门开展工作的一面。但是,无论出于什么原因或基于何种考虑,在教学科研人员占绝大多数的高校,该问题都一定程度上存在。

基层工会及其工作中所存在的以上问题,反映了高校基层工会在充分体现其治理主体的地位和职能方面,以及基层工会独立自主、积极主动参与高校治理过程方面都有很大提升空间;高校治理的目标、价值、制度等可以更充分地吸取广大基层教职工的聪明才智,同时也可以获得更多的群众支持。

二、高校治理现代化转型对基层工会参与的影响

高校基层工会的地位形成及其在高校治理中职能和作用的充分发挥,有其复杂的、深层的历史与现实根源。本文仅从高校治理现代化出发,探讨影响

基层工会参与高校治理职能充分发挥的主要原因。

（一）高校治理现代化理念的影响

我国高校是以国立公办为主,深受传统治理模式的影响,即受计划经济体制下的高校治理模式的影响,在治理和服务理念现代化方面还存在一定的问题。

在治理理念上,普遍存在"行政主导"倾向。主要原因是受"高校行政化"的影响。长期以来,我们一直把高校视同为党政机关,高校领导也习惯把师生作为管理对象,而不是共同治理的平等主体;学校基层部门及其领导、广大师生也习惯于此,包括基层工会在内的基层组织也少有强烈要求参与学校治理的现代化民主治理意识。

在服务理念上,面向师生、与师生需求紧密衔接的意识也不强。在"行政化"思维的主导下,当下高校的治理主要是"行政",而行政工作又沿用政府管理模式,行政人员以人为本的管理理念和现代大学的服务意识都有待提高。高校治理现代化的一个重要特征之一,就是把学习组织型和服务型的思维理念注入高校治理之中,并与实践很好地结合起来,从而实现高校的现代治理转型,提高高校在当下教育发展中的适应力、生命力和创造力。而服务的关键就是满足服务对象的需求。只有弄清服务对象的需求,治理者提供的服务才有效。高校治理的服务对象是全校教职员工和学生,就教职员工来说,基层工会对他们的需求当然最清楚、最有把握。因此,把服务作为重要工作导向的现代高校治理,理所当然应该重视基层工会作用的充分发挥,以使服务供给与需求准确对接,以提高服务质量和实效。这就要求高校治理者,特别是高校党政部门实现观念的根本转变,从高校治理现代化的高度,重视基层工会在高校治理中的重要地位和作用。

（二）政府对高校管控的影响

教育,特别是高等教育,兼具文化和意识形态功能,很难简单地由市场来决定,政府有必要对高校实行一定的管控,长期以来我们也是这么做的。有人认为,过去我国政府对高校实行严格管控是计划经济思维下的"全能政府"观念、权力试图配置和控制一切的必然。其实,究其根本原因,还是由高校本身的特点和我国的政治、文化与意识形态特性所决定的,从中国国情出发,政府对高校一定程度的管控有其必要性和必然性。但是,随着高教改革的全面深化,政府对高校如何管控就成为需要深入讨论的课题。

就目前的情况来看,政府不再对高校进行管控或放松管控,以及呼吁很久的高校"去行政化"改革恐怕都不是短期能够实现的。当前政府对高校管控的问题主要表现在,政府管控主要不是体现为政治领导和学生培养目标这些大的方向性的指导,而是主管部门对具体教学科研工作和日常管理工作的过多、过细干预。正是因为一定程度上存在主管部门干预过多、过细,如对学校领导任命、学校级别评定的干预和对学科点和科研经费、职称名额、招生专业和名额等的控制,使得高校不得不跟着主管部门的指挥棒转,高校自身的动力和活力无法得到有效释放和发挥,束缚了高校发展的自主性和创造性,使之无法按照治理现代化的要求来治理学校,包括基层工会在内的校内治理主体也无法正常发挥其职能和作用。因此,如何厘清高校和政府之间的治理职责和权限是我国高校治理现代化和长远发展的重要内容。

(三)高校民主治理体系的影响

随着中国特色社会主义民主政治建设的推进,我国高校的民主政治建设也取得了不少成果,基本建立起了一套基于民主政治的行政运行体系。但是,无论是在这套体系的形成过程中还是在其实际运行过程中,包括基层工会在内的高校内部各治理主体的民主参与都不够,民主治理体系也不够完善,主要表现为:

其一,党政部门、广大教职工的民主意识问题。由于长期以来深受行政化思想和实际存在的行政主导的治理模式的影响,一些高校领导把自己视为"官",在相关制度和政策的制定过程中,较少考虑应该由包括基层工会在内的各治理主体参与民主讨论,进行民主决策,以充分反映广大教职工和学生的意志和愿望。而广大教职工本身也深受行政化思维的影响,民主参与意识也不强,少有教职工认真对待基层工会参与学校治理之事,甚至不认同其为高校治理主体之一。这既有历史惯性、现有体制,或教职工意见不被重视而挫伤参与动力和积极性等方面的原因,也有一些教职工只关注教学和科研,对民主政治建设兴趣不大,甚至"参与冷漠"等方面的原因。

其二,高校民主政治组织建设和运行体系问题。高校的民主治理体系应该是党委领导,校长负责,各治理主体广泛参与的体系结构。这就要求高度重视以基层工会为代表的各种治理主体的平等、独立、自主的治理参与,加强以参与、监督、评价为核心的高校民主治理和现代化建设。因为我国高校长期存在政府主导和行政主导并存的"双主导"治理模式,校内各民主治理主体发展缓慢、影响力小,难以有效参与学校治理事务;校内民主监督体系不完善,监督力量来源狭窄,一定程度上依赖于各级领导的自律。

其三,高校民主制度问题。一是原则性强于操作性。如一些高校在规范性民主制度方面存在模糊的边界,缺乏严格的程序性规定和具体的实施方案,从而导致高校在治理方式上,名与实不符,影响高校民主政治建设,也影响基层工会对学校治理的参与。二是民主程序不完善。在一些决策的制定过程中,向基层工会征询意见多于基层工会直接参与政策制定。部分高校存在具体政策的制定与解释仍然停留在学校和相关职能部门层面的情况,基层工会的参与缺乏可以严格执行的法定程序。

(四)高校治理力量结构的影响

当今我国高校内部治理结构主要涉及政治权力、行政权力、学术权力、民主权力等公共权力的配置与制衡关系。由于种种原因,高校内部权力配置不均衡,存在政治与行政权力明显过强、学术权力较弱、民主参与不畅的问题。从根本上说,还是高校治理的现代化转型不到位。

高校治理现代化是一个系统工程,同样包括治理体系与治理能力两个方面。高校的现代化治理体系应该由价值体系、目标体系和制度体系共同构成。价值是定位,也是合法依据;目标是方向,也是所要完成的任务;制度是保障,也是具体政策措施。高校治理的价值体系是构成高校治理体系的基础,其被内化和普及程度直接影响治理参与者的行为及规则与程序的执行,其中最核心的价值应包括透明、参与、法治、责任、廉洁、公正、和谐等。高校治理的目标体系包括高校的可持续发展,合格学生的培养,教职工权益的保障与提升、有序与稳定,等等。目标建立在价值之上,是治理者必须完成的任务,也是对其考核和评价的基本内容。而这些目标任务的实现,则必须依赖于一系列制度作为保障,即依赖于治理的制度体系,且由各机构和个人等治理主体以及规范其行为的相应规则与程序组成,共同支撑并完成高校治理目标体系的实现。

高校治理现代化以及高校治理内部力量均衡,必然涉及基层工会及其定位问题。目前需要各高校把基层工会真正定位为学校治理的基本主体,不是表面上承认,而要实际上赋予其应有的权力,并制定相应的法定程序保障其权力实施。基层工会本来就是高校治理的重要主体,是学校治理目标、制度和价值重要的,也是基本的制定者、参与者与执行者;它既要行使其权利,也要担负其责任。没有给予基层工会清晰、正确的定位,体现了高校内部治理结构、权力结构的不合理。

三、提高基层工会参与高校治理实效的实现路径

正确认识基层工会是高校民主治理的重要主体这一基本定位,并把这一认识落实到高校治理实践中去,同时提高基层工会参与高校治理的有序性、规

范性和有效性,是当下推进高校基层工会参与学校治理之要。为此,必须:

(一)正确认识基层工会在高校治理结构中的地位

上文所述基层工会参与高校治理中的诸多问题,都与其民主政治职能定位有很大关系。高校基层工会不仅是为教职工组织娱乐、提供服务的群众组织,更是学校民主治理的重要主体。要真正推进基层工会参与高校治理,首先就必须对基层工会的民主政治职能及其定位有一个正确认识。作为学校治理的重要主体,基层工会有权也有责任参与学校治理的全过程。

这就要求转变传统管理观念,养成治理思维,特别是按照治理现代化的要求治理高校。首先就要求各级领导从根本上改变"官员"定位,彻底抛弃行政思维,把自己放在与教师、学生平等的治理平台上,共同治理学校。有学者指出:"首要的治理问题便是如何建立起一个有效的机制来动员这些主体彼此合作以解决共同面对的难题。"而治理的关键特征,一是"主体是多元的",二是"手段是复合的",即治理要求多主体独立、平等,共同合作治理。也就是说,学校治理不仅仅是各级领导的事,而是包括领导在内的全体教职工和全体学生的事,每个组织、每个个人都是利益相关者,都是学校治理者,都有权利和权力,也有责任参与学校治理,而且是彼此合作、共同治理。

其实,基层工会参与高校治理还有其独特优势。基层工会是基层群众自己的组织,是真正密切联系群众的组织,它最接地气,最能听到群众的呼声,也最能代表群众的利益,是群众最能认可的利益代言人,因此它的参与能够更好地维护和保障教职工权益。它的参与还有利于促进高校民主治理的制度建设,特别是有利于实现高校治理的透明、公正和合法。有基层工会参与的治理政策也更容易通过,更容易被教职工接受,更容易贯彻实施,取得预期效果。而且,基层工会集聚人才最多,最能发挥群体智力优势,它的参与,有利于促进学校稳定、有序、健康和可持续发展。

(二)构建高校现代化治理体系

必须把正确认识落实到实践中。这就要求从教育主管部门到学校各级领导,在学校治理过程中,真正把基层工会这样的群众组织作为学校治理主体,不仅聆听他们的意见建议,倾听他们代表基层教职工发出的呼声,使他们能够实实在在地参与学校治理的全过程——从制度与政策的酝酿、讨论、修改、决定到具体实施。任何环节没有他们的参与,都不是真正意义上民主的、各主体共同参与的现代大学治理。

因而,必须在国家治理现代化的大背景和大前提下重构高校现代化治理体系,提高高校现代化治理能力。高校治理现代化的实现,必然需要作为规范和操作系统的治理体系,也同样需要能够贯彻落实现代化治理体系的治理主体。构建高校现代化治理体系,必须构建高校的现代化价值体系、目标体系和规范体系(制度体系),解决高校的社会定位、近期和远期目标及其实现手段、治理主体(决策者和执行者)及其规范遵循等一系列问题,自然也包括基层工会的主体地位及其参与方式等问题。这些都需要在高校现代化治理体系构建过程中通过各主体充分参与,以真正民主的方式认真讨论,最终正式纳入到相关规范性文件中去。

　　构建高校现代化治理体系,近期的重要目标之一就是规范高校治理。规范治理,必然要求依法治理,要求克服或摒弃长官意志、随心所欲,要求把高校治理纳入法治化轨道,使高校治理现代化成为当前正在推进的依法治国的重要组成部分。基层工会依据宪法和其他法律法规,特别是依据《工会法》和《教育工会章程》参与学校治理,当然也是高校治理规范化、法治化题中应有之义。各高校应确认并落实基层工会的民主参与、民主监督权力,使之真正成为高校治理的基本主体。

(三)保证基层工会的参与规范、真实、有效

　　基层工会参与高校治理的规范性,包括基层工会参与的程序与内容两个基本方面。基层工会参与高校治理的内容与程序应有明文规定,任何人不得以任何借口阻碍或取消,而且必须保证其参与真实有效。人们习惯上比较重视内容,而对程序相对轻视。然而,没有程序的保证,内容也就无法实现。因此,在对基层工会参与内容已有法律法规明文规定的前提下,各高校应根据实际制定出基层工会参与学校治理的具体程序。这既是对基层工会治理参与有序化的规范,也是对其参与的真实性、有效性的保障,是基层工会有效参与学校治理的基本前提。

　　真实性,反映的是基层工会是否真正参与的问题。真实参与,不仅仅要求参与者在场,而且要求参与者在场的同时又能独立、自主地表达自己的意见和建议,即真实意思表达,要求不受胁迫,包括潜在的威胁。真实的参与不一定要发言,投票、举手、鼓掌,甚至沉默、弃权、离场,只要是真实的意思表达都是参与真实性的体现。一定要让基层工会的代表在参与治理的时候没有顾虑,真切地感觉到自己是一个独立、自主、平等的民主治理主体,完全可以真实地表达自己及所代表的教职工群体的意思。

　　有效性,反映的是参与者的意见与建议被重视的程度及其质量的问题。参与的有效,一是体现在参与者的意思表达有没有被关注、被重视,有没有在

学校的相关制度、政策中得到体现。当然,并不是说他们的意见与建议就一定要被采纳。稍有政治常识的人都知道,在政治实践中,每个参与者的意见都被采纳是不可能的。关键是,参与者的意见与建议没被采纳是否根据法定程序,是否有当场或事后正式的说明。二是体现在基层工会参与的质量上。这与参与者的能力有关。这需要基层工会的领导者、工会代表加强学习,了解大政方针,了解国情、民情、校情,掌握高校治理知识,此外,平时要多与教职工沟通交流,多了解他们的愿望与要求,也要多了解所在高校治理中的主要问题,以使自己所提出的意见与建议更有针对性,更符合国情、民情、校情,也使基层工会在不断参与的实践中锻炼成长,成为合格的高校治理主体。

【参考文献】

[1]The Commission on Global Governance. Our Global Neighborhood: the Report of the Commission on Global Governance[M]. New York: Oxford University Press,1995:4;转引自李泉.治理思想的中国表达[M].北京:中央编译出版社,2014:49.

[2][法]让-皮埃尔·戈丹.何谓治理[M].钟震宇,译.北京:社会科学文献出版社,2010:4,28,35.

[3]俞可平.从统治到治理[N].学习时报,2001-01-22(3).

[4]李泉.治理思想的中国表达[M].北京:中央编译出版社,2014:6.

[5]孙晓莉.多元社会治理模式探析[J].理论导刊,2005(5).

【作者简介】

傅夏仙,浙江大学马克思主义学院副教授,博士。

全面依法治校背景下高校二级管理权力规范运行的思考

朱　军

内容提要：高校校院两级管理模式已成为激发高校办学活力的重要管理手段。但在管理过程中存在责、权、利不平衡等诸多问题，需要从学校、学院、制度、管理等多角度入手，充分发挥二级学院的办学活力和作用。

关　键　词：高校；二级管理；权力运行；规范

依法治国是执政党领导人民治理国家的基本方略。2013年1月教育部发布了《全面推进依法治校实施纲要》。2014年10月28日，《中共中央关于全面推进依法治国若干重大问题的决定》发布，我国进入了更全面、具体、更有针对性的依法治国道路。这些重要的法规，明确规定了学校推进依法治校的目标任务，对学校按照法治精神与原则，转变管理理念和手段、方式提出了系统要求。

随着高校内部管理体制改革的不断深入，许多学校已经实施了校院两级管理模式。所谓校院两级管理，是指按照一定的目标和原则，整合和优化学校教育教学资源，形成学校、学院两级管理层次，通过学校分权和管理重心下移，转变学校管理部门的职能，明确学校和学院的职责与权限，形成学校宏观决策、学院实体化运行的管理模式。我国高校的校院两级管理是在吸收了西方国家"专家治校""专家治教"等管理思想的基础上，经过一段时期的实践与探索，逐步形成的具有中国特色的一种管理模式。这一管理模式在促进学科整合、教育资源优化配置的同时，规避了传统校系管理体制下办学效率不高的弊端，激活了高校二级学院的办学活力，有效地提高了高校办学质量。

一、校院两级管理模式下二级管理权力构成及其运行途径

随着高等教育的快速发展，高校二级学院已逐步形成较大的办学规模，承担着人才培养、科学研究、社会服务和文化传承等重任，管理着一定数量的学科专业建设经费，在人事、财务、资产等方面具有相对独立的自主权和学院事务的决策权。概括起来讲，主要分为行政决策权、人事权、理财权、学术权等，

并逐步实现常态化、制度化。从《高等教育法》和目前我国大学的运行状况分析,二级管理的权力运行机构主要为学院党政联席会、学院学术委员会、二级教职工代表大会、院工会、院学生会以及一些常设机构等。

二级管理的权力运行途径主要有:学院的行政决策权主要体现在学院党政领导对学院的日常管理上。党委领导主抓师生的思想政治教育工作,行政领导主管学院教学、科研等相关事务,最终的行政决策通过党政联席会议审定。人事权主要体现在人才引进、教师岗位聘任和聘期考核上;理财权主要体现在教学管理经费、科研经费、学生管理经费的支配上,具体权力的执行由学院党政领导负责;学术权主要体现在对学术事务的管理,如对教师、学科及学术团队教学、科研的学术水平、学术价值、学术成果及各项学术活动的评估、决策,由学术委员会负责实施。

二、二级管理权力运行存在的主要问题

尽管目前大多数高校正在实施和推进校院两级管理,但在具体实施和权力运行过程中,还存在着以下一些问题:

(一)学校管理层面,权、责、利界限不清

由于受过去长期形成的高度集权的管理模式影响,许多管理权力仍集中在学校决策层和职能部门,管理重心过高,权、责、利不对称。学院丧失主体地位,权责失衡,责大权小。

(二)学院管理层面,党政职责不清

近年来,部分高校对二级学院领导体制改革进行了多种尝试,如有的实行院长负责制,有的实行党委领导下的院长负责制,也有的实行党政共同负责制,等等。但不论何种体制,都或多或少存在权责划分不清的问题,主要表现在:党政领导缺乏全局观,相互之间关注的不是工作,而是谁说了算的问题;有的事争着管,有的事都不管;还有少数领导比较强势,重大问题不沟通,全凭个人意志作决定。

(三)民主管理层面,体系建设不完备

目前,高校二级教代会制度已普遍建立,并且呈现出制度不断完善、内容不断丰富、领域不断拓展的良好态势。但是,在二级教代会的建设中,民主权力的实现体系还存在着一些不容忽视的问题,亟待研究和解决。

首先,许多领导包括教职工对二级教代会是学校实现民主管理的基本载

体,认识不到位,行动不自觉。教代会更多地被理解成是应上级的要求成立的,教代会的召开是一种规定的程序,而其应有的民主决策、管理、监督的本质功能却被虚弱化了。教代会事实上成为一种走过场的形式。

其次,二级教代会的组织建设薄弱。首先是常设机构无专职干部。学院工会主席均为兼职人员,地位不高,腰杆不硬,难以承担二级教代会的各项职责。同时,部分教代会代表的素质不适应工作需要,缺乏责任感和使命感,不能切实履行民主管理和民主监督工作的职责。

再次,二级教代会的运行机制不健全。一是教代会制度不健全。有的学院没有教代会实施办法和工作规范,使教代会流于形式。二是职权行使不够。教代会被赋予的审议决定权和评议监督权,许多情况下只是停留在文件概念层面,并没有得到切实执行。

(四)学术管理层面,学术行政两权失衡

学术性是现代大学制度的一项基本特征,并且具有相对独立性。尽管多数二级学院内部设置了一些行使学术权力的各种委员会,如学术委员会、教学指导委员会、学位评定委员会等,但行政权力在高校管理中仍占有重要地位。多数委员会的设置缺乏明确的章程,学术权力组织的活动,缺乏制度化、规范化,随意性大。学术权力得不到充分体现。

三、二级管理权力规范运行分析

(一)进一步理顺学校与学院之间的责、权、利关系

学校应将与学院直接相关的事权、财权、物权及学术权力下放给二级学院,让学院成为真正的办学主体。学校则通过制定发展规划,建立目标责任制及各项评价考核制度,来发挥统筹指导、综合协调、控制监督的作用。

(二)建设好一支干净干事的领导班子

领导班子的优劣好坏直接关系一个单位、一个部门事业发展的兴衰成败。因此,学校对学院管理的一项根本,就是抓好二级学院班子建设,这是"牛鼻子"。只有抓好这一点,校院两级管理之路才能走得通畅顺达。

(三)充分发挥民主管理功能与作用

教职工代表大会、学生代表大会等组织形式是师生参与学校民主管理的重要机构。学院二级教代会是教职工参与学院民主管理和民主监督的最普

遍、最基本的组织形式,是有效监督学院各项制度、措施落到实处的重要保障。学院党委要加强对二级教代会的领导,严格执行教代会章程。二级学院应配设教代会(工会)专职人员,负责开展日常工作。定期召开学院二级教代会。凡是涉及学院重大问题和重要事项,必须提交学院二级教代会讨论、审议。学院党政领导干部每年要向二级教代会代表述职,接受代表测评。

(四)强化学术权力,增强学校管理特色

大学是做学问的地方,大学教师对自己所从事的学术领域的事务,拥有决策权。这是学校管理与党政机关管理存在的一个本质区别,也是现代大学制度建设的重要表征之一。就目前而言,就是要强化学术权力的刚性,加大学术权力的权重,真正使学术权力成为学校权项中的一个重要组成部分。

(五)加强党政联席会议制度的建设

学院党政联席会议是学院事务的最高决策机构。作为学术权力、行政权力、民主管理和监督权力的交汇平台,学院党政联席会议制度体现了现代大学制度中的中国特色。加强学院党政联席会议制度建设,也是落实高校办学自主权,实现学校管理重心下移,促进学院乃至学校办学事业健康发展的关键之一。当前我们应该进一步做好的是促进党政联席会议的制度化、规范化,把这一制度上升到法制化的层面加以建设完善,使民主集中的科学决策议事规则以法条的形式固定化,使依法治校落地生根。

【参考文献】

[1]林健.大学校院两级管理模式中的权责划分[J].国家教育行政学院学报,2009(11):37-43.

[2]刘亚荣,李志明,等.高校校院两级管理模式研究[J].教育与经济,2012(2):12-15.

[3]朱光俊,杨治立,等.二级学院管理体制与运行机制的构建与实践[J].重庆科技学院学报(社会科学版),2013(11):164-167.

[4]程改荣,吕明.浅谈校院两级管理模式下院级管理体制的构建[J].安徽工业大学学报(社会科学版),2008(3):148-149.

[5]关雪梅,武宝林.大学章程制定中完善二级学院管理体制机制的探讨与分析[J].黑龙江教育学院学报,2015(10):1-3.

【作者简介】

朱军,浙江农林大学农业与食品科学学院党委副书记,教育学硕士。

二级教代会建设相关问题调查与对策研究

——以浙江某本科高校为例

王富强　吕筱萍

内容提要：加强并完善新形势下二级学院教代会建设，既是深化高校民主政治建设的必然要求，又是落实依靠教职工办学、维护教职工合法权益的迫切需要。二级学院教代会制度作为现代大学制度下高校民主政治建设的新形式，需要我们结合高校实际，以问题为导向，深入研究，寻求对策，健全规范。

关　键　词：二级学院；教代会；问题；对策

一、引言

近年，重视发挥教职工代表大会在民主管理与监督方面的功能已经成为政府、高校的共识。2011年底，教育部颁布了《学校教职工代表大会规定》（教育部令第32号）。2014年5月，浙江省委教育工委、浙江省教育厅、浙江省教育工会联合颁发了《浙江省高等学校教职工代表大会工作规定》，提出要建立健全教职工代表大会制度，依法保障教职工参与学校民主管理和监督，完善现代大学制度，促进学校依法治校。

为全面了解掌握当前高校两级管理体制下学院教职工代表大会（以下简称二级教代会）建设的现状与问题，进一步加强改进二级教代会建设，充分发挥二级教代会的职能作用，我们组织开展了管理重心下移背景下二级教代会建设与功能发挥的专题调研。调研主要通过问卷调查、走访调研等形式进行。

本次调查问卷选取浙江某本科高校经济学院、信息学院、食品学院、法学院、人文学院、外语学院等16个学院作为样本学院；学院的选取在类别、规模、排名等方面力求分布合理，并具有广泛的代表性。调研发放问卷800份，回收786份，783份列入有效范围进行统计分析，本次调研属于有效问卷调查。同时，我们还分别与相关学院分工会主席及学院的分管书记进行了交流与访谈。采集的有效数据用Excel、SPSS录入处理，并进行了分析。

二、调研结果分析

(一)基本情况

1. 二级教代会的主要形式

调查结果显示,全体教职工大会是二级教代会的主要形式,占比53.91%。调研中发现,同一学院的教职工对自己所在学院的教代会形式回答不一,说明部分教职工对教代会的形式不是很了解,对教代会和全体教职工大会的概念模糊。

2. 二级教代会的召开情况

本次接受调查的教职工中,50.41%的教职工认为教代会每年召开一次,31.82%的教职工认为教代会每年召开两次及以上,17.77%的教职工认为教代会召开每年一次也不能保证。

3. 二级教代会审议表决的方式

调查结果显示:大部分教代会采取无记名投票的表决方式审议涉及本单位改革发展的重大问题和教职工切身利益的事项,14.83%的教代会采用举手表决的方式审议事项,22.88%的教代会采用无记名投票和举手表决的方式,6.78%的教代会采用其他方式审议事项。

(二)二级教代会建设及作用发挥情况

1. 二级教代会建设情况和民主管理作用发挥程度

接受调查的绝大部分教职工认为教代会建设和民主管理作用发挥较好,分别有36.54%、44.23%的教职工认为建设和作用发挥很好、较好,仅1.15%的教职工觉得建设和作用发挥较差与很差。可见,该校各二级教代会的建设情况和民主管理作用发挥普遍较好。

2. 民主管理方面进一步规范和完善的必要性

调查结果显示:有13.51%的教职工认为教代会的民主管理方面非常需要进一步规范和完善,有62.93%的教职工认为需要进一步规范和完善,分别有8.88%、14.67%的教职工觉得无所谓、不需要进一步规范和完善。可见,现行的二级学院教代会建设的民主管理方面尚未达到大多数教职工的期望,需进一步加强和完善。

3. 学院党政领导对教代会建设的重视程度

接受调查的37.86%的教职工认为学院党政领导非常重视教代会建设,45.27%的教职工认为学院党政领导比较重视教代会建设,有16.87%的教职工认为党政领导的重视程度不够,甚至认为党政领导很不重视。

4. 二级教代会的决议受学院的重视程度

接受调查的 32.27% 的教职工认为很重视,45% 的教职工认为比较重视,20% 的教职工认为一般,不到 3% 的教职工认为教代会作出的决定、形成的决议得不到学院的重视。

5. 二级教代会讨论、审议和表决的内容

调查中发现二级教代会曾讨论、审议和表决的内容:排在前三位的是教工考核、发展规划、分配方案,分别占比 61.36%、57.95%、53.03%,行政报告和财务状况的占比都在 48% 左右,年度计划、改革方案、聘任方案、奖惩办法的占比在 40% 和 44% 之间,队伍建设占 34.47%,福利制度占比较小,仅为 23.11%。

6. 学校对二级教代会建设应重视的内容

调查结果表明学校对二级教代会建设主要应重视的内容有:认为学校主要应重视加强指导、检查监督的教职工都占 61.36%,其次为经费支持、严格规定,各占 55.68%、51.89%,认为教代会建设主要应重视状况公示、表彰先进的教职工各占 44.32%、33.33%,而认为教代会建设主要应重视批评教育的仅占 18.94%。可见,多数教职工希望学校加强对二级教代会的指导、检查和监督。

三、调研发现的主要问题

通过上述对 16 个学院的二级教代会建设和作用发挥的专题调研分析,我们发现主要存在以下问题:

(一)领导不够重视,认识不够到位

调研中发现,近 40% 的教职工认为学院领导对二级教代会建设及决议的重视程度不够。有的认为学院已经有一套比较完备的议事制度,比如学院党政联席会议、院务会议等,尤其是院务会议,都有各系、室负责人参加,没必要另开教代会;有的认为,学院教职工的人数不多,有关事项在大会上一通报,一般所有教职工都知道了,再开教代会不过是搞形式、走过场,不会有什么实质性效果等。这些错误认识或多或少带有明显实用主义的思想与偏见,是导致二级教代会建设难以深化的根本原因。同时,从本次调研结果分析来看,不少教职工对二级教代会相关工作了解程度不够,认识也不够到位。有些教职工对自己所在学院的教代会的形式、召开情况、表决方式等还存在分歧,说明这部分教职工对教代会工作不够关注,缺少了解,也反映出所在学院教代会工作还不够深入。

（二）制度不够健全，职权落实不够

调研中也发现，该校有的学院至今没有结合本学院实际制定相关的切合学院实际的二级教代会实施细则或规范，调研的相关学院虽然坚持每年召开教代会，但存在随意调整或缩减教代会议程、议题情况。同时，由于缺乏有力的制度保障，包括相应的制约措施，二级教代会各项职能的实施存在着很大的随意性，各项职权的落实也不够均衡。有些学院工会仍停留在处理一般性的事务中，习惯以开展教职工文体活动和教职工福利保障等工作为主，没有认真组织落实教代会的职权，或难以承担二级教代会主要推动者和组织者的责任，说明部分学院存在教代会工作失位、民主监督缺失现象。

（三）队伍建设弱化，作用难以发挥

调研中我们发现该校二级教代会制度的普遍建立，使学校教代会制度得到进一步延伸、完善和加强，促进了校、院改革与发展。但是，由于作为教代会日常工作机构的分工会目前没有专职人员编制，兼职分工会主席的待遇既缺乏制度保障，又缺乏激励机制，干好干坏一个样，不同程度上影响二级教代会建设的进程和作用的有效发挥。调研中我们发现，有的学院兼职工会主席没有任何补贴，全靠无私奉献坚守；还要克服本职、兼职工作压力加大等诸多矛盾与困难，致使部分兼职工会主席任期一到即选择退出。以上这些都不同程度地制约、影响了二级学院教代会作用的发挥。

四、加强和改进的对策建议

加强和改进二级教代会建设既是学校和二级学院民主管理、民主监督的客观需要，又是推进二级学院科学管理、民主决策，实现科学发展的必然要求。

（一）加强教育培训，切实提高对二级教代会的认识

针对思想上认为学院有党政联席会议、院务会，再建立二级教代会是多余之举，甚至担心会给自己惹麻烦、添乱子的错误认识和顾虑，应结合"七五普法"，重点加强学院领导干部有关《高等教育法》《工会法》及《高校教职工代表大会工作规定》等的教育培训，从依法治院、民主管理、院务公开、落实监督等全方位、多维度提高对二级教代会建设重要性的认识，旗帜鲜明地克服"工作忙，没空搞；怕麻烦，不想搞；有私心，不肯搞"的错误思想，切实防止形式主义和走过场，进一步推进和加强二级教代会建设。

(二)完善工作机制,促进二级教代会可持续发展

针对不重视教代会建章立制,导致教代会程序不规范、随意性大,教职工关心的重大问题不能纳入议程,导致教代会职权不能得到全面落实,以及教代会形成的决议贯彻不力等,我们应根据 2014 年《浙江省高等学校教职工代表大会工作规定》,结合学校、学院的实际情况,修改完善校、院二级教代会的实施细则,以有效指导、推进二级学院教代会工作,规范其运行程序、组织形式以及职权范围,进一步确立二级教代会在学院管理中的重要地位。同时随着二级学院管理体制的深化,应建立健全二级学院教代会(分工会)考核激励机制,为巩固二级教代会制度、落实二级教代会职权、维护教职工主人翁地位、推进民主建设提供制度保证,从而推进二级学院教代会制度建设向纵深发展。

(三)强化队伍建设,确保二级教代会作用的发挥

学院工会干部队伍直接影响学院教代会的建设、作用的发挥。一方面,尝试改革工会干部选任,分步推进“社会化—职业化”的专、兼职队伍建设;同时,切实加强对学院工会干部的培训,不断提高他们的履职能力,努力从“文体型、福利型”干部转变为“服务型、维权型”干部。另一方面,落实分工会主席在学院的保障待遇,增强职业荣誉感,让他们政治上有关心、经济上有保障、职业上有发展,从而解除其后顾之忧,提升工作积极性,逐步改变过去那种主要依靠学校布置任务开展工作的做法,积极履行教代会工作机构职责,有效推进二级学院教代会建设和作用的发挥。

【参考文献】

[1]刘亚荣,李志明,等.高校校院两级管理模式研究[J].教育与经济,2012(2).

[2]林健.大学校院两级管理模式中的权责划分[J].国家教育行政学院学报,2009(11).

[3]楼成礼.现代大学制度下高校工会工作探索与思考[C].杭州:浙江大学出版社,2013.

[4]李婧玮.我国高校教职工代表大会法律地位及运行机制研究[J].陕西师范大学学报,
　　2013(28).

[5]李豪杰.教代会制度的失灵以及对策探讨[J].工会论坛,2011,2(17).

【作者简介】

王富强,浙江工商大学工会主席,教授。

吕筱萍,浙江工商大学工商管理学院,教授。

工会参与创新社会管理的问题研究

谢薇薇　　徐文静

内容提要:随着市场经济的不断发展及经济体制和社会结构的变革,创新社会管理成为必然要求。工会作为代表工人阶级权益的基层组织,在社会管理中有着重要的地位,也是政府创新社会管理的主力军。本文分为三个部分,从工会参与创新社会管理的理论依据展开研究,找准工会参与创新社会管理的切入点,并最终提出参与创新社会管理的新思路。

关 键 词:社会管理;工会;职工权益

社会管理是指政府和社会组织为促进社会系统协调运转,对社会系统的组成部分、社会的不同领域以及社会发展的各个环节进行组织、协调、监督和控制的过程。创新社会管理是指在现有社会管理条件下,运用现有的资源和经验,依据政治、经济和社会的发展态势,研究并运用新的社会管理理念、知识、技术、方法和机制等,以实现社会管理新目标的活动或者这些活动的过程。

工会作为党联结职工群众的桥梁纽带,是国家政权的重要社会支柱,是职工群众的代表者和利益维护者,在参与社会管理和公共服务方面,具有不可替代的地位和作用。工会能够落实广大职工的知情权、参与权、表达权、监督权等,调动和发挥广大职工的积极性,维护职工的合法权益,推动广大职工最关心、最直接、最现实的利益问题的解决,促进社会关系的和谐稳定。这与政府进行社会管理创新一脉相承,也是政府创新社会管理的主力军。

一、工会参与创新社会管理的理论依据

(一)社会学依据

从社会学视角看,在现代市场经济条件下,社会主体日益多元化,社会组织不断多样化,社会自主管理的呼声日渐增高,在这种背景下,政府已不再是社会管理的唯一主体,除了政府之外,社会管理更需要其他社会主体的协同和参与。工会是工人阶级自愿结合的群众组织,也是我国重要的社会政治组织

之一。作为体制内最大的社会组织(会员人数 2013 年已超过 2.8 亿),其广泛的代表性决定了工会在社会管理格局中不可或缺的地位,即在"党委领导、政府负责、社会协同、公众参与的社会管理格局"中的重要协同者身份,也决定了其参与社会管理的必然性和必须发挥出的独特作用。

(二)法律依据

工会参与社会管理是法律赋予工会的权利和义务,是工会履行职责的必然要求。《工会法》规定:"维护职工合法权益是工会的基本职责","工会通过各种途径和形式,参与管理国家事务,管理经济和文化事业,管理社会事务","工会在各级政府机关组织起草或修改直接涉及职工切身利益的法律、法规、规章时,拥有参与权"。在国务院、人社部、国家安监局、原卫生部等部门出台的有关职工就业、医疗救助、社会保障、安全生产等文件中,也要求工会协助政府开展工作,维护职工的合法权益。

二、工会参与创新社会管理的切入点

增强职工主体参与意识。工会要教育和引导广大职工增强履行民主权利与义务的责任感,提高职工在民主制度下的参与意识和参与能力,规范职工参与的行为和秩序,提升职工参与的层次和水平,使社会管理创新具有广泛的群众基础。

协调社会利益关系。工会参与利益关系协调,关键是要协调好劳动关系,站在职工的立场上,维护职工合法权益,妥善解决和处理单位与职工的劳动矛盾,促进单位与职工的和谐发展。同时,工会要积极参与社会利益的协调,保持职工群体与其他社会阶层群体的利益平衡,推进社会各方面利益均衡发展。

强化服务社会功能。在面对职工群众公共服务需求全面快速增长,职工群众对提高生活水平和质量有了新期待的形势下,工会必须要积极参与到以保障和改善民生为重点的社会建设中来,协助党委政府着力抓好就业,合理调整收入分配关系,推进社会保障体系建设,推进住房保障体系建设,努力满足职工群众在教育、劳动就业、社会保障、医药卫生、住房等方面的基本需求,使发展成果惠及全体职工。

三、工会参与创新社会管理的路径探讨

现代社会管理具有三个突出特点:一是社会管理主体是多元的;二是社会管理是以服务为主要内容的;三是社会管理是以维护和增强社会权利为价值取向的。创新社会管理必须体现这些特点,工会参与创新社会管理也应当把

握这些特点。

(一)转变社会管理理念,适应社会转型期现状

改革开放三十多年来,我国社会结构和利益格局发生了重大变化,工会组织应根据当前我国社会转型期现状,全面掌握社会管理方面的新问题和新规律,不断提高社会管理能力。

1.转变传统社会管理理念,创新参与式社会管理。随着社会的多元化发展和参与主题的多元化,公民个体已成为社会管理创新中的一个基本元素,因此,工会要教育和有效引导职工增强履行民主权利与义务的责任感,提高职工在民主制度下的参与意识与参与能力,规范职工参与的秩序与行为,提升职工参与的层次和水平。

2.积极参与法律、规章的制定过程,确保政策法规的科学性,从源头上维护职工的合法利益。工会通过参与社会立法和共决规章制度才能真正反映职工的利益诉求,准确表达职工意愿,扭转职工在社会管理中的弱势地位。

3.加强对法律和政策的深度研究,密切关注现行法律和政策对职工的影响,主动提出立法(修法)和政策建议,积极宣传工会主张,扩大工会在立法和社会政策制定中的影响力。

4.加强执法监督,完善工会劳动法律监督体系。对严重侵犯职工劳动权利的违法行为,各级工会应依法联动维护职工权益,要将工会监督转变为行政监督和司法监督,切实保障职工社会权利的实现。

(二)大力提高工会参与创新社会管理的水平,发挥工会的教育、服务职能

工会要紧紧围绕构建和谐社会的需要,不断提高自身能力建设,提升工会参与社会管理的水平。

1.不断加强政治理论、业务技能、法律法规的学习,提高持续学习的能力,努力建设学习型工会组织,善于用新的知识和新的理论指导工作。着力提高工作能力,充分发挥工会资源优势,积极推动工会制度化、规范化、标准化建设,把工会组织建设成切实维护职工权利、构建和谐劳动关系的组织者、推动者。

2.把握好工会与本单位党政及上级工会组织的关系。要自觉接受党的领导,主动争取行政支持。要处理好与上级教育工会等方面的关系,接受双重领导。按公务处理规范要求,建立健全汇报工作和通报工作的制度,详细阐述工会的实际情况、面临的难点,进而争取支持。在维护群众权利时,要注意始终围绕党政大局,从大局出发,做好群众各项思想工作和服务工作。

3.履行工会教育职能,提高职工参与社会管理的主体意识和参与能力。工会应在职工中进行法制宣传和教育,提高职工知法、懂法和守法水平,使职工依法规范自身劳动行为、经济行为和社会行为,理性面对和处理劳动纠纷、家庭纠纷和社会矛盾,从根本上保障职工合法权益。

4.提高工会服务职工的能力和水平,切实发挥集体协商制度和职代会制度的作用,着力提高职工生活福利待遇。需要通过加强工会职工民主管理制度(教职工代表大会)和平等协商集体合同制度两大维权机制建设来实现。通过集体协商,在全面掌握单位发展情况的前提下,主动向单位行政方面提出逐步提高职工生活福利待遇的要求,使职工随着单位发展及时分享发展成果。

(三)以构建和谐社会关系为目标,维护职工合法权益

工会要始终把职工的合法权益作为自己一切工作的出发点和落脚点。要切实维护职工合法权益,促进社会公平公正,坚持单位发展与维护职工权益相统一,充分发挥工会在构建和谐劳动关系,推动单位健康发展过程中的重要作用,谋求单位与职工"双赢"。

1.畅通职工利益诉求表达的渠道。要通过在单位普遍建立工会组织,实现中央提出的工会应"扩大覆盖面,增强凝聚力"的工作要求,切实发挥已建工会组织在代表和反映职工利益诉求方面的基础作用;要完善职代会制度和集体协商制度,提高职工民主管理水平和协商对话与谈判能力,保障职工的诉求表达权、协商谈判权和在劳动过程中的民主管理权,切实发挥出两项制度在职工利益诉求表达上的主渠道作用。

2.要突出人文关怀和心理疏导,缓解职工面临的心理压力。可以建立职工诉求站,接待职工来访和来信,倾听他们的述说,回应他们的需求;可以建立"心理关怀室",在职工面临劳动争议或突发事件时及时介入,进行必要的心理干预和心理调适,使职工纾解心理困惑,消除心理压力和心理失衡状态,理性从容地面对劳动争议和突发事件。

3.要对职工利益诉求给予积极回应。要对职工进行有关法律法规的宣传教育,增强职工群众的法律意识,引导职工将利益诉求表达纳入到法治化轨道,以理性、合法的形式表达自己的利益要求;要建立完善配套的机制,如完善职工困难保障机制等,使职工的合理诉求得到切实落实。要协调并督促有关部门采取措施解决职工的诉求,及时化解社会矛盾,减少社会冲突。

(四)增强高校工会在参与创新社会管理中的作用,充分调动知识分子参与创新社会管理的热情

当前,我们正处在思想、文化多元化发展的时代,一些不道德、不健康、违背社会核心价值的非主流意识形态不断张扬,如果不及时妥善协调解决这些问题,就会引起思想文化混乱,影响社会主义核心价值体系建设,甚至引发社会危机。思想观念的多元化,要求高校工会必须加强和创新社会管理,有效引导各种社会思潮,积极建设社会主义核心价值体系,推动社会主义和谐社会建设。处在各种思潮较为活跃的高校环境中,高校工会必须密切联系教职工,通过加强教职工思想政治工作,加强校园文化建设,在参与创新社会管理中,完成好时代赋予高校的使命。

【参考文献】

[1]李颖.如何在人事管理工作中强化工会作用[J].理论探索,2015(12).

[2]苏力.事业单位人事制度改革工会组织在职工职业生涯规划中的作用[J].管理科技,2014(30).

[3]姚玉琳.工会组织参与社会管理的研究[J].山西大学学报,2013,28(1).

[4]王镜超.工会枢纽型社会组织参与社会管理研究——以南京市为例[D].南京:南京师范大学,2013(5).

[5]周红云.中国社会管理体制改革:现状、原因与方向[J].甘肃行政学院学报,2013(5).

[6]丁元竹.中国社会管理的理论建构[J].学术期刊,2014(2).

[7]闫慧云.社会管理创新视角下的工会职能定位研究[J].内蒙古大学学报,2012(8).

[8]郎国清.推动构建和谐劳动关系是工会参与加强和创新社会管理的有效载体[J].工运研究,2011(19).

[9]徐岩.对工会院校推动工会参与社会管理创新的实践与思考[J].工运研究,2011(11).

[10]中华全国总工会研究室.2010年工会组织和工会工作发展状况统计公报[J].工运研究,2011(11).

[11]郭学勤.工会参与社会管理的路径选择[J].工会理论研究,2012(5).

[12]程梅芹.要发挥工会组织社会管理的作用[J].工会论坛,2008,14(5).

[13]刘超,胡伟.政府社会管理中的公众参与:模式、经验与启示[J].吉首大学学报(社会科学版),2007,28(1).

【作者简介】

谢薇薇,浙江传媒学院工会主席,副教授。

徐文静,浙江传媒学院工会办公室副主任,助理研究员。

高校参与文化构建与干部作风建设的思考

吴 勇

内容提要:构建参与文化是高等教育内涵发展的必然产物,是高校民主治理的重要体现和实现途径。高校干部作风与参与文化构建存在必然联系,要以党的群众路线实践活动和"三严三实"教育活动的开展为契机,通过加强干部作风建设来推动参与文化的有效构建。

关 键 词:高校干部作风;参与文化;民主

"推动高等教育的内涵式发展",是党的十八大为高等教育在新的时期所指的发展方向,是科学发展观在高等教育领域的生动体现。要实现高等教育的内涵式发展,就必须构建与之相适应的现代大学制度,尤其是要着力推进高校内部管理体制改革,形成统一、灵活、民主、高效的科学管理制度和运行机制。由此,教职员工及高校学生在学校管理及发展中的主体地位将越来越被认同和重视,他们有效行使参与学校事务的权利也将成为其中的重要内容。在这一过程中,高校各级管理干部扮演着极其重要的角色,由于所处岗位的特殊性,他们的思想观念和工作作风对高校落实民主治理进程将产生深远影响。因此,以党的群众路线和"三严三实"教育活动深入开展为契机,进一步加强高校干部作风建设显得尤为重要。

一、高校参与文化的内涵

随着现代大学制度建设的持续推进,学术文化、法治精神和人文情怀成为高校引领社会先进文化的重要内容和标志。参与文化是高校法治精神和民主管理的集中体现。首先,法治精神的核心要义是"权利本位","法律是国王","程序正义"。作为高校生活的主体,不论是管理者、教师还是学生,首先要对自己权利主体的身份加以认可,才能够有参与学校建设事业的自觉。而且,以《高等教育法》、学校各类管理规范为准则,才能引导高校生活主体有序参与学校建设。同时,民主管理并非群体激情的表达,而是理性思考的汇聚。依据管理规范,主动地凝聚众人智慧才能有效参与高校建设。参与文化的本质是一种理性协调高校相关各方的合法权益的方式,通过落实积极有效的政策措施和实施平台,树立各方的民主参与意识和主体权利观念,最终形成学校民主治理的长效机制。

高校参与文化的内涵主要体现在四个方面:一是面向校内外的开放式参与。主要表现在参与高校治理既包括校内师生的参与,同时又包括社会资源的参与。二是基于平等尊重的有效参与。高校内的科研人员与行政人员、教师与学生,只是角色分工不同,在参与学校事务过程中其权利和人格应受到充分尊重。同时确保参与的有效性,杜绝形式主义和表面文章。三是突出主体的主动参与。高校内不同的群体都是高校的组成单元,都具备在校园内的主体地位,在学校的管理和发展过程中都应享有天然权利,而主动参与即是有效行使自己的权利。四是涵盖育人各领域的广泛参与。高校对内职责分为教育、管理和服务,从其承担的社会责任来说又分为人才培养、科学研究、社会服务和文化传承,参与的广泛性体现在高校工作的所有环节均可成为各方参与的平台。

二、构建高校参与文化的实践意义

1.有效落实党在新时期教育方针和政策的重要举措

"立德树人"不仅是知识技能的传授,更包含了思想品德的养成、身心健康的培塑和创新实践能力的提升。面对当前在校学生人数众多、学生个体需求多样、学生群体差别各异、学生培养领域广泛等实际情况,要有效推进"三全育人",就必须调动一切可利用资源参与到高校人才培养中来,为广大青年学生的成长发展提供保障,这既是高校"以人为本"教育理念的直接体现,也是党的群众路线在高校育人工作中的生动反映。

2.构建现代大学制度,推动校园民主的重要标志

现代大学制度就是在政府的宏观调控下,大学面向社会,依法自主办学。完善的大学制度应该有健全的治理结构,决策、执行、监督机制能相对独立并互相制约;要有专家治教学术自由和师生民主权利的保障机制,还要有科学客观的质量评价和保障机制,以及内部矛盾协调机制和安全风险防范机制。

高校民主管理是现代法治社会实施管理的一个重要特征,它既是依法治校的需要,也是高校改革和发展的基本保证。要构建中国特色的现代大学制度,必须建立健全保障大学民主管理的制度。而这当中,以教职工和在校大学生群体为核心的大学利益相关者的广泛参与是大学民主管理得以实现的基础和重要标志。

3.高校全面实施素质教育,提升人才培养工作水平的有效平台

《国家中长期教育改革和发展规划纲要(2010—2020年)》明确提出,"坚持

以人为本、全面实施素质教育是教育改革发展的战略主题"。因此,从当前全面实施素质教育的要求出发,将学习和实践相结合,是有效开展素质教育的根本途径。学生通过各类平台参与学校具体的教育和管理工作,一方面体现了大学生在校园中的主体地位和发展的自主性,另一方面也提供了锻炼的机会和平台,对于学生综合素质的提升和民主法治意识的培养具有积极意义。

三、加强参与文化构建以推动高校干部作风建设的深化

1. 多方参与可以开拓干部的视野

现代高等教育置身于社会全方位开放且迅速转型过程中,面临现实种种难题,在知识创新、文化传承、人才培养、服务社会方面呈现出复杂情状。具有开阔视野、具备战略管理能力是当前高等教育改革对高校干部提出的必然要求。为此,构建机制推动校内师生及社会资源有效参与高校治理,能够帮助高校干部把握战略长远性,着眼经济社会和科学教育领域改革发展的全局,深入细致地对影响发展的校内外因素进行系统分析,拓宽战略视野。

2. 有效参与可以提升干部的工作效能,提高科学决策水平

随着高等教育改革的持续深化,高校干部整体素质不断提升,但也必须看到,在部分干部中确实存在一些亟待解决的问题,如:作风浮躁,在深入群众、深入基层、深入教学科研第一线解决实际问题上存在官僚主义和形式主义;一些干部在关系到学校发展重大问题的决策上,议而不决和个人说了算的现象仍不同程度地存在等。因此,加强高校干部作风建设就要求高校干部深入实际,求真务实地参与到高校各项实际工作中。这样的参与才能够真正提高效能,为学校带来更多有价值的信息,提高管理层的科学决策水平。

3. 主动参与能够深化干部队伍的民主作风

我们强调主动参与包含两方面的主体,即广大的师生和高校干部。一方面,广大师生主动地参与到学校的各项决策和管理,通过行使自身权利促进高校的发展和民主化进程,从而带动干部队伍的民主作风。另外一方面,高校干部充分发扬民主作风,密切联系群众,拓展民主渠道,搭建师生深入参与高校事务的平台,使广大师生对学校事务有更多了解和参与,从而进一步推动自身作风建设。

四、创新干部作风建设以促进高校参与文化构建

1. 转变思想、更新观念,为参与文化的有效构建提供内在动力

思想作风是党的作风建设的灵魂,是行动的总开关。转变高校干部思想、更新观念作风,要求广大干部必须认真学习和坚决贯彻党的理论路线和方针

政策,始终坚持解放思想、实事求是;要尊重群众的实践,注意吸取群众创造的新鲜经验;要研究新情况,解决新问题,正确认识和妥善处理工作中的各种矛盾,以求真务实的作风推进各项工作。高校干部的思想转变、观念更新能够为参与文化提供内在的动力。高校干部主动地参与到学校各项管理中,对新政策和建议发表意见以及参与投票,能够促进参与文化的构建,进一步带动高校各项工作的发展。

2.内联外拓、创设平台,为参与文化的有效构建提供良好外部环境

所谓"内联外拓"就是强调校内资源的联合与校外资源的拓展。作为高校干部,必须及时转变工作方式,积极寻求社会资源,加强同社会资源的联合,形成联合育人的良好局面。从平台建设来讲,应从实践教学基地建设、师资队伍建设以及与社会实际职业的对接度等几方面来考量。具体来讲就是,集成高校与社会力量共建校内教学实训基地和共建校内外教学实习基地;选派青年教师深入企业进行生产实践培训,鼓励与支持教师承接企业项目和聘任企业专家作为实践教学兼职教师;加强教学与科研、生产的结合,注重专业知识和生产实际应用的有机结合等。

上述平台的建设,一定会形成集成高校与社会优质教育资源协同实践育人的良好局面,从而使高校人才培养服务经济社会发展,提升全社会主动参与高校人才培养的责任意识。需要强调的是,社会参与学校工作是高校参与文化的重要组成部分,能够为高校参与文化的构建提供良好的外部环境。

3.发扬民主、激发潜能,为参与文化的有效构建提供多方支撑动力

高校民主的主体是全体师生员工、各群体成员,民主管理机构包括教职工代表大会、工会、团委、学生会等,民主所包含的内容包括政治事务、经济事务、行政事务、学术事务等。高校通过民主管理,让广大师生员工拥有知情权、建议权、决策权、监督权,把他们的智慧和才能充分发挥出来,这是办好一所学校的关键所在。只有充分发扬民主精神,增进民主意识,建立健全民主管理和民主监督机制才能理顺各种关系、激发创造潜能、克服各种困难、促进高校可持续发展。高校干部能够正确行使个人的权利,而不是手握权利不懂得如何使用并且不能实现有效参与,只能停留在形式化表面化的参与,达不到最终的目标。因此,高校领导干部要注意加强工作中的协调、沟通和配合,注重实效,拓宽和畅通民主参与渠道,从而为构建参与文化提供支撑动力。

4.学以致用、提升效能,为参与文化有效构建提供持续保障

学风是高校干部工作作风的衡量标准之一,直接关系到干部科学文化知识水平、观察问题和解决问题能力的提高。高校干部不仅要重视学习,用科学的理论武装头脑,还必须突出学习的时代性和针对性,将理论与实践结合起

来,把学习中的重点、现实中的热点和工作中的难点有机串联。只有这样,才能提高干部科学判断形势和灵活应对复杂局面的能力,才能为增强素质、做好工作、转变作风奠定基础,才能为参与文化的构建提供智力支持和持续保障。

五、结论

高校干部作风建设是构建参与文化的重要前提。高校干部肩负着高校各方面的领导责任,对参与文化的形成和发展始终起引领和主导作用。而高校干部作风是其世界观、人生观、价值观的外在反映,是其党性修养、道德境界、工作能力的具体表现,对参与文化的形成和发展影响最直接、作用最具体、检验最切实。高校干部只有具备优良的作风,才能正确把握参与文化的方向,合理选择参与文化建设的途径等。

现代学校领导方式应是民主与集中的有机结合。一方面,它要求决策权和管理权集中于领导者手中,以实行统一而有效率的领导;另一方面,它又必须在科学和民主的基础之上广开言路。因此,一个优秀的干部应具有广阔的胸怀,支持群众参与监督和管理。

【参考文献】

[1]湖南省中国特色社会主义理论体系研究中心中南大学基地.内涵式发展:高等教育的必然选择[N].人民日报,2013-01-22(07).

[2]夏季亭.民办高校构建现代大学制度的优势与挑战[J].中国成人教育,2012(1).

[3]钟秉林,赵应生,洪煜,等.中国特色现代大学制度建设[J].北京师范大学学报(社会科学版),2011(4).

[4]祝木伟,李德福,龚成,等.对高校组织文化构建的审视与思考[J].教育与职业,2012(23).

[5]蔡颂,何美芬.试论科学发展观与高校干部作风建设[J].当代教育论坛,2008(36).

【作者简介】

吴勇,宁波大红鹰学院学工部部长,副教授。

关于优化大学内部治理结构的若干思考

孟婷婷　陈玛莉　梅　青

内容提要：高等教育改革的目标在于建立现代大学制度，而建立现代大学制度的重要基础在于优化大学内部治理结构。文章在剖析我国大学内部治理结构存在的问题的基础上，就如何优化大学内部治理结构问题提出了若干对策与建议。

关键词：治理结构；优化；大学

我国全面深化改革的重要领域之一是教育领域的综合改革，作为教育改革先驱的高等教育改革，其目标在于建立现代大学制度。而现代大学制度的建立不仅有赖于转变教育观念，理顺大学与政府、大学与社会、大学与大学等相互之间的关系，而且取决于大学内部治理结构的完善，在我国新一轮大学内部管理体制改革的进程中，优化大学内部治理结构是推进高等教育改革亟须解决的理论与现实问题。

（一）

所谓大学内部治理结构，是大学内部管理体系与制度安排的总和。优化大学内部治理结构作为深化高等教育改革的重要基础，对于激发高校办学活力、提升教育品质具有重要意义。通观我国高校现阶段实际，许多高校内部治理在不同程度上存在结构失衡、效率低下、运转不灵等现象，成为制约深化教学、科研及人才培养方式的改革，乃至建立现代大学制度的绊脚石。

——自主办学意识缺失。一方面，政府过多干预大学内部事务，并且习惯于采用行政思维管理大学，通过行政审批与行政指令控制大学资源配置、教学与学术活动，大学许多事务必须听从行政长官的意志，遵循行政规定，大学自主办学成为一句空洞的口号；另一方面，大学自主办学意识比较薄弱，学校过度依赖政府，"等""靠""要"的思想根深蒂固，甘愿成为政府的附属机构，习惯于按政府指令和社会通行的"游戏规则"办学，在一定程度上丧失了作为独立法人实体的目标和意识，自主办学意识不强。

——内部组织结构不合理。我国大学内部组织结构几乎都照搬传统的行政机关模式,学校党政组织一般都有校、院两级机构,且行政等级分明;党政群机构大而全,职员均被定为"干部"身份。而学术组织的体系明显薄弱,专职人员缺少,职能不明确,制度不完善,活动开展也相对较少且困难。学术委员会、学位委员会、教师专业技术职务评聘委员会等学术组织大多挂靠在行政部门,日常运作由相应行政部门人员负责,学术组织存在虚化、弱化现象。党政群机构与学术组织之间层次不清,权责不明,尤其是一些重要学术职务被视为行政职务。概言之,大学尚未真正建立以"学术为本"为特色,适合大学发展的内部治理组织体系。

——依法民主治校滞后。近几年来,依法民主治校虽然取得了一些成绩,但仍普遍存在诸多不足,如:有的学校教代会、学代会工作流于形式,作为民主管理重要载体的作用发挥不明显,其他民主管理制度体系不健全,教职工参与学校重大事务决策途径不畅通,行使民主管理与监督未覆盖到学校工作领域各个方面与工作层级;有的学校内部管理制度设计不科学,工作人员有过多的自由裁量权;有的学校内部管理制度模式陈旧,管理制度缺乏系统性、逻辑性;有的学校对制度的执行不够严格,一些制度形同虚设,不能发挥应有作用;有的领导缺乏法治精神,对法律法规、规章制度合意的执行,不合意的就曲解甚至不执行;有的干部程序与规矩意识淡薄,随意变通既定程序;有的学校没有形成决策支撑法律顾问机制,对重大问题和涉及群众利益的问题的决策及管理的合法性缺少规范的审核机制,致使许多管理事务和利益保障偏离法制精神,以致频发本可以避免的上访、信访与诉讼。

——内部权力分配失衡。众多大学内部权力组织的功能定位、职责界限模糊,导致内部权力分配失衡。一则,大学行政权力凌驾和挤压学术权力,以致行政决策替代或干预学术决策。学校的办学定位、办学规模、招生专业、学科建设、学位授予、科研课题立项、职称评定等学术事务几乎由行政权力主导,学术组织很少或者难以参与讨论和决策过程。再则,过于强调党委与校长的决策权力,决策主体单一,决策过程封闭,决策制衡机制缺失,教师、学生等利益相关者参与治校流于形式。另外,党委领导下的校长负责制背景下书记与校长的关系、集体领导与个人分工负责的关系等也未完全厘清与明确。

——大学章程建设滞后。大学章程是学校依法治校、自主管理的基本依据和法律基础,是大学治理的纲领。由于对大学章程的地位、作用、意义认识不足等原因,许多高校迄今没有章程或者没有能实际适用的章程。从部分大学出台的章程内容来看也大都雷同,有关治理结构、决策机制、运行机制等重要方面表述不到位,难以体现独特的办学理念、办学特色与文化;从制定与修改的程序来看,大学之间程序各异,随意性较大,缺乏统一规范,由此制定出台的章程很难发挥应有的法律效力,甚至成为为完成任务而为之的摆设。

(二)

《中共中央关于全面深化改革若干重大问题的决定》明确指出,全面深化改革的总目标是完善和发展中国特色社会主义制度,推进国家治理体系和治理能力现代化。结合高校实际,这一改革总目标必然要求高校在国家深化改革的总框架下和总过程中,完善高校内部治理结构,以适应国家治理体系和治理能力现代化,特别是教育治理体系和治理能力现代化的要求,提升自身治理水平,提高办学能力。教育部领导在全国教育工作会上明确提出了完善高校内部治理结构的任务。而完善或优化高校内部治理结构首先应当是政府的责任。从传统计划经济体制转向社会主义市场经济体制,是一场革命性的变革,必然要求政府转变职能,由直接管理为主转向间接管理为主,由微观管理为主转向宏观管理为主,由以审批项目、分钱分物为主转向以搞好规划、协调、监督和服务为主。宏观管理高等教育事业的发展,应回归到主要管理高等教育的指导方针、整体布局、办学条件与规格标准和评估制度等事项。这些都需要由政府从经济和社会发展全局加以研究和制定,并通过立法、经济和必要的行政手段,进行宏观领导和管理。这是我国高等教育事业健康发展的客观要求。转变政府职能,改变政府集中过多、统得过死的体制,目的是落实大学办学自主权,充分调动学校办学的积极性,有助于大学按教育自身的发展规律办事。在过去很长一段时期里,政府管理高等教育将宏观管理和大学微观管理的许多权力集一身,政校不分问题突出,以致该管的没有管好,不该管的却管得过多,严重束缚了大学办学的能动性、积极性。新中国成立后,国家对大学领导关系虽几经变革,但仍停留在简单的权力"下放"与"上收"上,没有真正解决好政府管理职能的转变,存在着"一放就乱,一乱就收"的现象。管理体制的转轨需要行政手段"抓大放小",其他手段逐步强化。尤其依法治校工作,是政府对高等教育进行宏观管理的基础。政府职能部门必须以壮士断腕的气概与不改不罢休的精神推进自身职能转变,把本该由大学自行管理的事务还给大学。

当然,优化大学内部治理结构更需要大学自身的努力。笔者认为,完善大学治理结构的核心要义,是要在大学内部建立一整套利益平衡机制。这种平衡机制既要确保现代大学职能的实现,也要符合中国大学的实际。具体来说,这套平衡机制的构建,应从三个层面着手。第一,要构建外部参与内部治理机制,平衡大学内部利益相关者和外部利益相关者的关系。这一治理机制旨在打破传统的行政管理观念和封闭的办学体制,推动大学主动适应经济社会发展需要,打破学校内部自我决策的传统方式,形成政府、社会人士、大学管理者、师生等共同民主讨论或决定大学发展的治理模式,为社会参与大学决策和管理搭建一个开放的平台,如近年来,一些学校设立了董事会、理事会,和社会机构共建二级办学机构,管理重心下移学院,强化基层学术管理等,均值得探索或借鉴。第二,要构建以"学术为本"、以学术发展为核心的权力体系,平衡大学内部行政力、学术力和教职工监督力之间的关系。三种力的存在都有自身合理性,应当关注与协调三者间的关系,使三种力始终围绕学校的学术乃至整体发展规划目标各司其职,相互配合,保证内部管理顺畅、高效和有序。推进党委领导下的校长负责制,党委领导并不等于党委管理,党委领导应集中体现在思想引领、政治引导与方向把握上,积极探索构建以党委领导为核心,校长行政管理,教授有效治学,教职工民主监督相呼应的现代大学领导组织体系。第三,构建高效有序的权力运行与约束机制,平衡决策权、执行权与监督权的关系。从国外大学的经验来看,其在本质上是决策层、执行层和监督层分离。在精简学校内部行政党群机构的同时,健全学术委员会、教学指导委员会、学位委员会、教师专业技术职务评聘委员会等学术组织,制定科学的成员产生办法,着力保证在学科建设中有真知灼见的教授成为学术组织的主体,适度控制有党政领导职务的教授进入学术组织。明确学术委员会等学术组织的性质与职权范围,细化学术权力咨询审议、学术权力独立决策的具体事项,逐步使学术委员会成为学术评议、审议、论证、决策的最高决策机构。制定学术组织章程,健全学术组织的议事规范与活动规则,规范学术组织议事程序,定期组织活动。同时,强化教代会制度建设等,推进校务公开与民主管理各项制度的实施,由此不仅有助于避免权力过于集中甚至腐败,而且能够最大限度调动与利用学校各方面的资源,提高决策的科学化、民主化、合理化水平,增强执行的有效性。

与此同时,要大力推进"大学自治"。《高等教育法》规定"高等学校自批准设立之日起取得法人资格","高等学校在民事活动中依法享有民事权利,承担民事责任",但从现实情况看,大学普遍存在产权结构不合理、产权不明晰等现象,国家的财产所有权、政府的行政管理权和大学自主办学权并未真正分离,没有真正确立大学独立法人地位。因此必须推进大学法人治理,构建政府与大学之间的委托—代理关系,政府成为委托人,大学法人成为代理人,实现政府代表国家和人民对大学拥有的所有权与管理经营权的分离,大学真正拥有独立的自主权、管理权。这种契约关系的建立便于理顺政府与大学的关系,有助于大学确立独立法人地位,并为社会力量办大学提供了参与的可能。同时要尊重大学办学规律,建立相应的法人治理结构,以及相互制约、协调发展的组织体系与权力运行机制。建立全面、系统、科学的学校制度体系;积极探索中国特色的大学董事会制度,为学校科学决策提供咨询和帮助,发挥连接大学与社会的桥梁与纽带作用,拓宽筹集办学资金渠道,密切产学研合作,促进服务地方经济建设和服务社会功能的发挥。

优化大学治理结构,必须加快大学章程建设。大学章程建设必须坚持以人为本的核心理念,彰显现代大学精神,章程作为现代大学制度载体,也是现代大学精神的载体;必须体现学校特色和制度特色,在遵循《高等教育法》、学术条例等法律法规的同时要立足校情、突出特色、有所创新。章程制定程序上应当注重规范性与合法性,由校长牵头组织各方面人员成立专门组织负责章程制定,充分征求广大师生员工的意见和建议,并提交学校教职工代表大会审议,由学校党委会讨论通过,由校长签发生效,使章程真正具备法律效力。

另外,优化大学治理结构应加强教职工职业道德建设。学校出台规章制度应渗透、贯彻社会主义核心价值观,以及与之相符合的学校主流价值观,弘扬教书育人、管理育人、服务育人的良好风气,推进师德师风建设和党风廉政建设,弘扬正能量。

优化大学内部治理结构是一个系统工程,也是一个动态变革和渐进深化的过程,必须进一步解放思想,更新观念,重视制度顶层设计,精打细磨,多管齐下,协同推进,使学校真正成为自主办学、自我发展、自我约束的主体,为建立现代大学制度打下坚实基础。

【参考文献】

[1]王晶.依法治校视域中的现代大学制度建设研究[D].青岛:中国石油大学,2010.

[2]钟秉林.关于大学"去行政化"几个重要问题的探析[J].教书育人,2010(33).

[3]孙旭东.高等院校党委领导下的校长负责制探讨[D].长春:吉林大学,2009.

[4]唐翠萍.我国公立高校内部管理体制的实践反思与现实选择[J].教育研究与实验,2010(4).

[5]赵永贤.坚持和完善党委领导下的校长负责制[N].新华日报,2011-02-15(B07).

[6]毕宪顺.权力整合与体制创新——中国高等学校内部管理体制改革研究[J].教育与职业,2006(13).

【作者简介】

孟婷婷,浙江省教职工心理健康教育服务中心办公室主任,浙江工业大学讲师。

陈玛莉,浙江省教职工心理健康教育服务中心教师。

梅　青,浙江省教职工心理健康教育服务中心教师。

第二部分

权益维护

新时期高校劳动人事争议特点及工会参与调解作用研究

王高明　　楼成礼

内容提要:现代大学制度要求加快教育管理体制改革。高校管理体制改革特别是高校人事和分配制度改革步伐的加快,使高校的劳动人事争议逐渐增多。如何把劳动人事争议化解在基层,解决在萌芽状态,维护高校和谐稳定,是高校工会工作的新课题。发挥高校工会在劳动人事争议调解中的作用,创新调解工作机制,依法及时化解矛盾,维护教职工的合法权益,是工会职责的要求,也是构建和谐校园及和谐社会建设的需要。

关　键　词:工会;劳动人事争议;调解;作用

一、高校劳动人事争议调解工作的重要性

1.贯彻落实党中央精神的必然要求

工会参与劳动人事争议调解,促进矛盾化解,保障高校和谐稳定,是贯彻法治中国的重要内容。党的十八届四中全会确立了"建设中国特色社会主义法治体系,建设社会主义法治国家"的总目标,党中央关于依法治国的整体部署,对工会工作提出了新要求。工会是党联系职工群众的桥梁与纽带,要引导职工群众对依法治国的理解,引领正能量的潮流;要密切联系职工群众,强化为民服务意识,提升为民服务能力。在高校改革不断深化和社会价值多元化的今天,利益主体多元,利益纠葛交织,社会矛盾多发。工会要创新工作机制,积极参与劳动人事争议调解,使职工群众的意见有序有效表达,使职工群众的矛盾有效化解。

2.维护职工权益的必然要求

工会参与劳动人事争议调解是维护广大职工群众合法权益,为职工群众做好事、办实事、解难事的重要途径。随着高等学校的快速发展,人事制度和分配制度改革,使劳动关系、利益关系和分配方式呈现多样化,处于全新的劳动关系调整机制下的教职工,为了维护自身合法权益,演变成劳动人事争议的逐渐增多和突出。在新的现实背景下,高校工会要结合高校的实际,针对新时

期的经济关系和劳动关系的发展变化,以教职工为本,主动参与劳动人事争议调解工作,维护教职工的合法权益,更好地发挥教职工为学校服务的积极性和主动性,维护学校的发展和稳定。

　　3.构建和谐社会的必然要求

　　构建社会主义和谐社会,是我们党从全面建设小康社会、开创中国特色社会主义事业新局面的全局出发提出的一项重大任务。构建和谐劳动关系是建设社会主义和谐社会的重要基础,是工会参与社会管理、推动社会建设的切入点和着力点。工会参与劳动人事争议调解工作是参与社会管理,依法及时化解矛盾,构建和谐劳动关系的重要途径。高校工会要针对新形势下的工作内容方式的新变化,充分发挥工会组织在劳动人事争议调解中的作用,自觉承担起和谐社会建设的历史任务,妥善协调各方面利益关系,营造良好的人际环境和校园环境,保障学校快速发展。

二、高校劳动人事争议是工会维权工作中不能回避的重要问题

　　高校劳动人事关系深刻变化给高校工会和人事部门提出了新的要求。劳动人事争议成为高校工会维权和人事管理工作中不能回避的一个问题。为此,各级教育工会积极探索加强劳动人事争议调解工作的机制和途径。例如:北京市教育工委、北京市教委、北京市教育工会早在 2004 年底联合下发了《关于做好高等学校劳动人事争议调解工作的意见》,以适应高校聘用合同制的实施。许多高校依据《劳动法》参照企业在工会设立了专门的劳动争议调解委员会,以便在劳动争议发生时能尽快妥善处理学校内部劳动争议,维护单位和职工双方的合法权益。为加强对劳动争议调解工作的指导,2007 年中华全国总工会下发了《关于进一步加强劳动争议调解工作的若干意见》,强调要充分发挥工会在发展和谐劳动关系、构建社会主义和谐社会中的重要作用,建立健全劳动争议协调机制,推动工会维权机制建设。意见的下发,有力地推动了全国各高校劳动争议调解工作的深入开展。浙江大学成立了劳动争议调解委员会,出台了浙江大学劳动争议调解委员工作规程。北京科技大学等高校也相继成立劳动人事争议调解委员会,并出台了工作意见、工作规程等相关文件,各高校劳动争议调解工作不断向前推进。这些工作意见、工作规程和文件为高校工会协调劳动关系、发挥高校工会在劳动人事争议调解中的作用提供了可操作性的指导,推动了高校工会劳动争议调解工作。但由于目前各高校劳动人事争议的解决多是依照政策性行政文件,从国家层面劳动人事争议调解的法规政策还不够完善。在劳动人事争议调解法律法规还落后于实际的情况下,完善调解组织建设,创新调解工作机制,对发挥高校工会在劳动争议调解

中的作用,减少高校劳动人事争议的发生具有重要的意义。

三、当前高校劳动人事争议的主要表现形式

1. 学校人事管理制度改革产生争议

一是学校人事管理制度改革,实行聘任或聘用制,因编制、岗位、自身条件等原因,有些教师被落聘而待岗,被低聘而降级,被列为多余而提前退休等,自身利益受到影响而与校方产生争议。二是人才流动产生的争议。人才由单位所有向社会所有的转化中,学校为维护正常的教学、科研秩序,与教师签订有关协议,特别希望高层次人才在一定时段内为学校发展服务。当教师由于种种原因提出向校外流动时,往往会受到学校的规章或所签订的协议的制约。例如,某大学教师被山东某高校聘为助教,聘期为三年。聘任期间其在学校不知情的情况下,参加了研究生入学考试。校方认为,该教师应该按照学校制定的《关于教职工进修、进站、出国等问题的若干规定》支付违约金 1 万元,否则不予办理调档手续。该教师与学校因经济补偿金问题未能达成一致,拒绝支付违约金并起诉到人民法院,要求学校无条件办理调档手续。

2. 劳动关系变化产生争议

主要因教师辞职辞退产生争议。在教师提出辞职、学校予以辞退的过程中,由于双方观念及对事物的理解不同或规章协议的执行等原因而产生争议。还有因终止、解除劳动合同产生争议。在劳动合同的终止或解除劳动合同的理由、程序、时效等方面当事人双方产生分歧。例如,浙江某高校校卫队保安俞某,1987 年至 2007 年 12 月在学校工作,2008 年提起劳动仲裁,要求签订无固定期限劳动合同,为其补缴 1987 年至 2007 年 12 月的各项社会保险和加班工资。经仲裁委裁决,学校支付俞某 2007 年 1 月至 10 月加班工资 4890.33元;驳回俞某其他申诉请求。一审法院判决学校支付俞某一次性生活补助11424 元、加班工资 6496.83 元及经济补偿金 1624 元,合计 19544.83 元;驳回俞某的其余诉讼请求。二审法院维持原判。俞某对判决仍然不服。

3. 职称评审、出国深造产生争议

一是专业技术职称评审产生争议。主要对评审条件、评审政策的调整、现行的职称评审制度以及评审结果等不理解,有看法,有分歧。二是国内外培训、深造产生争议。教师由学校(政府)出资或由学校和教师共同出资前往国内外在职或非在职培训进修获取更高学历,学校要求教师学成后回校服务,教师在取得深造资格前,一般都向学校作出承诺,但到学业完成前后又发生变化,产生争议。例如某高校一名教师 2003 年请假出国一年,期满后申请续假一年均获学校同意。但续假期满后,该教师未及时返校报到,也未再向学校办

理请续假手续,属于持续旷工状态。2008 年,该高校根据原人事部人调发
〔1992〕18 号文件《全民所有制事业单位辞退专业技术人员和管理人员暂行规
定》及该校考勤管理文件,经校长办公会研究决定,对该教师作出了辞退决定。
本人不服,于 2009 年向省人事争议仲裁委员会提起仲裁。

4.评优评奖、工资福利等产生争议

评优评奖产生争议。当奖励及福利待遇与评优评奖挂钩时,评优评奖工
作便受到重视。在评比条件、对人对己客观公正评估等方面,常会产生分歧。
因学校合并、转制等原因,工资政策发生调整,有的教职工的工资减少,学校后
勤管理体制改革深化,校办产业关停并转,分流人员待遇不落实,没有按政策
办理解聘或辞退手续而产生争议的情况比较多。

四、当前高校劳动人事争议的主要特点

1.劳动人事争议呈现增长态势

大部分高校推进了人事分配制度改革,一方面劳动关系向市场化和多元
化发展,另一方面教职工的法律意识、维权意识明显增强。随着《劳动合同法》
《劳动争议调解仲裁法》的贯彻实施,劳动者运用法律武器解决劳动纠纷的现
象大量增加。两方面的变化共同导致劳动权利义务冲突大量凸现。有些高校
对劳动争议重视不够,没有充分发挥工会等基层组织的调解作用,未能及时采
用有效的方式与劳动者沟通协商,从而导致双方矛盾激化,对簿公堂。

2.非事业编制人员成为争议主体

高校劳动人事争议的主体是非事业编制工作人员,非事业编制人员数量
多、流动性强,人事管理难度大,许多学校还没有出台完善的非事业编制人员
管理规定,基层用人单位在管理中随意性较大,容易导致劳动人事争议。劳动
报酬、保险福利和劳动合同案件是劳动人事争议的焦点。高校集体劳动争议
的高发区是校办企业和学校发展征地。

3.劳动人事争议主要通过仲裁机构和法院解决

目前,高校的劳动人事争议大多是通过劳动仲裁机构和法院解决。一方
面,劳动者不愿意找单位工会或人事部门调解,认为工会和人事部门只会站在
用人单位的立场,不会考虑劳动者的利益。而劳动仲裁机构和法院是中立的
第三方,会公平考虑双方的利益。另一方面,有的劳动人事争议原因很复杂,
处理难度大,仅仅依靠调解很难解决问题。

4.劳动人事争议解决时间跨度长

大多数劳动人事争议都是历史遗留问题,劳动人事争议具有时间跨度长
的特点。由于劳动人事争议产生时间早,成因复杂,各种矛盾交织在一起,使

争议处理难度加大,调查取证困难,导致争议问题从产生到解决的时间跨度较长。劳动人事争议审理结果中职工胜诉比例逐渐增大,从近年高校人事劳动争议案件处理结果来看,职工胜诉比例不断增加。主要有两方面原因:其一,有些高校规章制度不够健全,致使高校在劳动人事争议案件审理过程中处于被动;其二,职工法律意识增强,逐渐懂得运用法律手段解决争议,维护自身权益。

五、高校工会在劳动人事争议调解中的作用

劳动人事争议是劳动关系发生矛盾的表现,直接反映了劳动关系双方当事人之间的利益冲突。劳动人事争议如果不能及时妥善解决,就会损害当事人的合法权益,还可能导致矛盾激化,引发突发性事件,影响校园和谐稳定与社会安定团结。工会的性质和职能决定了参与劳动人事争议调解是工会协调劳动关系、维护职工合法权益的重要职责,工会在劳动人事争议处理过程中应发挥更重要的作用。

1.化解和协调处理劳动人事争议

具体来说,工会在处理劳动人事争议中的作用主要是:参与劳动人事争议协商,主持劳动人事争议调解,参加劳动争议仲裁,支持职工依法提起诉讼,为职工提供法律咨询服务,以及预防劳动人事争议的发生。目前《企业劳动争议处理条例》规定:"劳动争议发生后,当事人应当协商解决;不愿协商或协商不成的,可以向本企业劳动争议调解委员会申请调解;调解不成的,可以向劳动争议仲裁委员会申请仲裁。当事人也可以直接向劳动争议仲裁委员会申请仲裁,对仲裁裁决不服的,可以向人民法院起诉。"现时劳动争议处理机构遵循的最重要原则即为调解原则。依照《劳动争议仲裁委员会办案规则》和《民事诉讼法》的规定,一起劳动争议案件走完所有程序,正常情况下也要一年。可见,尽量将劳动争议化解在萌芽状态,避免被拖入旷日持久的法庭诉讼,对于双方当事人都有好处。

2.建立劳动公益诉讼制度

工会建立劳动公益诉讼制度,是强化工会依法化解劳动人事争议的重要途径。在劳动公益诉讼中,工会可以作为劳动公益诉讼的提起主体。因为工会可以聘请法律、经济和管理等方面的专业人员,比劳动者个人有更强的诉讼能力,能更有利地维护劳动者的合法权益。当用人单位的劳动违法行为侵害的对象分散、劳动者个人受损害较小时,个人一般不可能提起诉讼,工会组织有公益诉讼起诉资格则能够弥补这种不足。

3.从源头参与减少劳动人事争议发生

为减少劳动人事争议发生,高校工会要将健全校、院两级教代会制度建设作为从源头上建立健全参与机制的重要举措,加强民主管理与监督,使广大教职工拥有更多的知情权、参与权、表达权、监督权。要建立和完善工会民主参与的制度,落实源头参与和过程参与,让教职工在第一时间内能反映意见和建议;在研究制定涉及教职工切身利益的重要政策时,让教职工参与讨论和制定,并努力推动其在教职工代表大会上通过。高校工会要向学校建议吸收工会、教代会代表参加关于教职工切身利益的专门机构。教职工自己参与政策制定,或者即使有些规定教职工不能参与制定,也要让他们了解或向他们解释原因,而不是表面上的走过场,从心理学、社会学角度讲,这样做会使教职工更愿意接受并自觉遵守政策,可以大大减少劳动人事争议的产生。

4.参与建立劳动人事争议预防机制

劳动人事争议预防,是指将劳动人事争议事后处理转化为事前采取积极措施应对预防,力争将劳动人事争议解决在萌芽状态,从而达到预防劳动人事争议发生的目的。由于劳动人事争议具有一定的潜伏性,一般从争议产生到爆发,都有一个时间过程,这就需要高校工会能够深入基层,了解情况,调查研究;还要掌握学校劳动人事关系动向,分析和预测劳动人事关系发展趋势,针对劳动人事关系中存在的问题,及时提出相应对策,消除劳动人事争议隐患。如果问题处理得当,就有可能避免一般争议演化为劳动人事争议。

5.建立劳动法规执行的监督检查制度

高校工会要做好劳动法规执行情况的监督检查,参与学校有关制度的制定。要对非事业编制人员用工性质多的后勤等部门,开展劳动法规执行情况的监督和相关制度落实情况的检查。切实加强对劳动合同的管理,依法参保是解决劳动人事争议的重点,不少劳动人事争议都是由非事业编制人员的社会保险问题引起,特别要对非事业编制人员依法参保状况加强监督检查,从源头防止劳动人事争议的发生。

6.加大法律援助的力度

根据对当前劳动人事争议案例的调查分析,绝大多数劳动人事争议案件中,劳动者败诉的主要原因是涉诉劳动者没有聘请代理律师,涉诉者本人又缺乏法律知识,使其诉讼能力受到限制。高校工会应为合法权益受到侵害的教职工提供无偿法律服务。法律援助形式主要有:设立法律咨询接待日,开展普法教育活动,增强教职工法律意识;帮助诉讼代理,主动为处于弱势地位、经济困难和特殊案件的教职工提供法律援助,通过法律途径为教职工解决困难,维护权益。浙江大学2004年就设立了工会法律咨询室,校工会聘请专业律师为教职工免费提供有关劳动争议、房地产、婚姻、遗产、财产分割等民事纠纷方面的法律咨询与支持,有效地调处了一些劳动人事争议案件,依法维护了教职工合法权益。

【参考文献】

[1]周显志,陈慧华.论我国劳动争议处理机制之完善[J].中国劳动关系学院学报,2006
　　(1).

[2]陈建有,刘强.对高校劳动争议问题的思考[J].湖北大学学报(哲学社会科学版),2006
　　(2).

[3]王全兴.劳动法学[M].北京:高等教育出版社,2008.

[4]朱峰.农民工权益落实遭三大瓶颈,工伤索赔认定难拖不起[EB/OL].(2006-04-28).
　　http://news.sina.com.cn/c/2006-04-28/10249741249.shtml.

【作者简介】

王高明,浙江大学工会,助理研究员。

楼成礼,浙江大学工会常务副主席,研究员。

提升高校教师职业幸福感的调查与思考

林良夫　赵建明　赵小俊

内容提要：本文在问卷调查的基础上，分析了高校教师职业幸福感的现状，进而将提升教师职业幸福感和建设世界一流大学协调起来，从以目标促进取、以制度保透明、以关爱暖人心等三个方面，分析了通过凝心聚力促发展以提升高校教师职业幸福感的策略。

关 键 词：高校教师；职业幸福感；凝心聚力

对于教师这样一种需要高度奉献精神的职业来说，精神享受重于物质回报。社会在努力提高教师物质待遇的同时，更应关注教师的主观幸福感。教师职业幸福感，是指教师在教育工作中，通过不懈努力，实现自己的职业理想，实现自身和谐发展而产生的一种自我满足、自我愉悦的生存状态。这种主观幸福感是衡量教师心理状态与生活质量的重要因素，影响到教师的工作积极性以及整个心理健康水平。因此，我们要在正确评估教师职业幸福感的基础上，把握教师的需求结构，整合各种社会资源，实施有效的人文关怀。

一、高校教师职业幸福感调查分析

为了解高校教师的职业幸福感，为高校管理者和高等教育研究者的工作提供理论和实践数据，我们于 2014 年 12 月对浙江省某高校教师进行问卷调查研究。

(一)对象、工具与方法

1. 调研对象

选取浙江省某高校的教师作为调研对象，共发放调研问卷 250 份，回收有效问卷 228 份，有效回收率为 91.2％。

2. 研究工具

(1)《综合幸福问卷》(Multiple Happiness Questionnaire，MHQ)，该问卷由南京师范大学苗元江教授编制，分别考察了综合幸福所包括的 9 个维度，另有 1 个项目考察整体幸福感水平。其中各维度指标以大于等于 5 分为高分，小于等于 3 分为低分，负性情感维度反向计分。该问卷的同质性信度在 0.6742～0.9056 之间，效度良好。

（2）职业倦怠问卷使用中文版《职业倦怠量表》(MBI)，主要包含了 3 个分量表，分别测量情感衰竭、去人格化、低个人成就感。共有 15 道问题，采用 7 级评分，依次表示其感受出现的频率，其中情感衰竭和去人格化评分越高表示倦怠程度越重，个人成就感分值越低表示倦怠程度越重。总量表同质性信度系数为 0.7461，具有较高的信效度。

3.统计方法

数据结果使用 SPSS 17.0 软件进行分析。

（二）调查结果

1.综合幸福感问卷调查结果

浙江省某高校教师的总体幸福感以及各维度的得分均处于中等水平，未达到 5 分的高分标准，但各项目得分均高于 3 分(3.52～4.45)；其中负性情绪是反向计分，为 2.23。此外，自述幸福感得分高于 5 分(6.32±1.30)，代表被试认为自己的综合幸福感偏向于比较幸福。具体数据见表 1。

表 1　浙江省某高校教师综合幸福感问卷描述性分析

维度	平均分($\bar{x}$)	标准差(s)
生活满意	3.56	0.80
正性情绪	4.45	1.02
负性情绪	2.23	0.91
生命活力	3.54	0.80
健康关注	3.97	0.95
利他行为	3.82	0.86
自我价值	4.06	0.68
友好关系	3.92	0.96
人格成长	3.52	0.68
自述幸福感(AVH)	6.32	1.30

2.职业倦怠问卷的描述性结果

高校教师的职业倦怠总分和情感衰竭、去人格化量表得分低于 3 分，分别为(2.85±0.30)分、(2.42±0.68)分和(2.28±0.75)分，而低成就感得分高于

3 分(3.54±0.72),说明高校教师的职业倦怠程度较低。

3.各人口学变量的差异比较

(1)对综合幸福感和职业倦怠无显著影响的因素。经独立样本 t 检验,性别、出生年月、职称在综合幸福感和职业倦怠方面无显著性差异。

(2)不同婚姻状况高校教师的综合幸福感及职业倦怠比较。婚姻状况在一定程度上影响了高校教师的总体幸福感。在生命活力、利他行为方面,均可见已婚、未婚高校教师得分均显著高于丧偶或离异教师。在自述幸福感方面已婚高校教师得分最高。

在职业倦怠方面,婚姻状况因素在高校教师的职业倦怠方面差异无统计学意义。

二、提升高校教师职业幸福感的思考

高校教师职业幸福感不仅受职业观、成就感、个人期望等个体心理因素影响,更是透视了社会运行机制的效能,反映社会整合程度的状况。要提升广大高校教师的职业幸福感,高等学校在坚持以人为本,努力把握教职工心愿的最大公约数,切实解决广大教职工最关切的问题的同时,更要坚持质量提升、内涵发展,全面形成凝心聚力促发展的氛围,将广大教师的工作融入建设世界一流大学的壮丽行列中,激活广大教师职业幸福感的内生动力。

(一)以目标促进取

共同的目标是一个组织的灵魂。凝心聚力促发展的根本在于用目标来统一思想,激发进取,使广大教职工心往一处想,劲往一处使,形成合力,产生效力。

第一,努力实现价值统一。不可否认,目前一部分教师对学校的建设目标和发展战略缺乏认同或漠不关心,游离在学校发展的主力军之外,使职业幸福感成为无根之萍。因此,高校要自下而上地围绕学校的教育教学工作、学科与人才队伍建设、科研与社会服务、文化传承与创新,展开全面而深入的大讨论,使广大教师对建设世界一流大学的目标和"六高强校"战略进一步形成共识,建立愿景,并落实到每个教职工的行动中,充分发挥目标的整合功能。要凝练学校的核心价值观,努力在"勤学、修德、明辨、笃实"上下功夫,切实将社会主义核心价值观的精神实质与根本要求,转化成广大教职工自身的价值判断和行为指南。要统筹布置学校的进取文化,来激励人,鼓舞人,感召人。

第二,建立健全利益共享机制。要让广大教职工深刻地感受到,在建设世界一流大学的进程中建功立业是非常光荣的,以事业激励广大教职工。要有计划、有步骤地指导、帮助、支持教职工成长成才,要精耕细作,而不是广种薄收。要充分考虑广大教职工的利益诉求,特别是教职工的自我发展需求,将教职工的利益和学校的利益紧密结合起来,使广大教职工在努力实现学校目标的同时,自身的利益充分得到满足和保障。

第三,建立多元多层的发展通道。建设世界一流大学是一个系统工程,根本在于人才培养、内涵发展、质量提升,而不仅仅表现在一些量化的指标上。学校里的每一个教职工只要立足本职,努力工作,都能为建设一流大学作出自己的贡献,也都应获得安身立命之所。要避免教师个人利益在学校中得不到一点满足,导致其与学校离心离德。因此,用目标而不是单一的量化指标来引领广大教职工的发展,尤为重要。

(二)以制度保透明

在高校管理过程中,由于信息不对称,存在模糊空间,部分教师对学校的决策产生隔阂、猜疑,形成误解,从而挫伤积极性,影响幸福感。要减少猜忌、达成理解、形成共识,必须坚持公开、透明。如何做到公开、透明?制度保障是关键。

第一,注重建章立制,完善制度体系。凡事立规矩制度在先,做到议事有规矩,办事有规则,对事不对人,制度面前人人平等,防止制度的"显性缺失"。学校的制度能否发挥作用,根本在于制度是否合理。什么样的制度是合理的?我们的理解是制度必须是"效率优先,以人为本,民主管理,高效执行"。所谓效率优先,指制度建设必须服从学校工作大局,要以建设世界一流大学,实现科学发展为目标。所谓以人为本,指制度建设在规范人、教育人的同时,要充分地尊重人、理解人、帮助人、激励人,要合乎基本的人性,带有人情味。所谓民主管理,指制度建设必须紧紧依靠广大教职工,通过开放民主,实现广大教职工参与决策,提高制度的合理性和合法性。所谓高效执行,指制度建设必须同时强化制度执行力,保障制度文化从"文本化"向"人化"迁移。

第二,推行校务公开,接受群众监督。首先,教代会代表从源头参与学校的决策,学校的各种领导小组、委员会等组织机构都有教代会代表和教职工参加,共商大事,参与民主决策、民主监督,为校务公开提供了组织保障。其次,坚持施行向教代会代表和全体师生员工通报工作的制度,使教职工知情、参与、监督。特别是关系广大教职工切身利益的职称评定、岗位聘任、职务升迁、业绩考核、福利待遇等政策信息,一定要及时、客观、全面地公开,让大家平等地分享信息。近年来,浙江大学举行了多次"书记有约""校友有约"校情通报会,效果非常好,建议更为经常地开展校情通报工作,特别要注意安排利益相关群体参与沟通和交流。像人才专用房申购和销售管理办法就更应听取广大青年教师的意见和建议。

第三,刚性执行与柔性执行相结合。制度的刚性执行是十分必要的,但柔性执行也不可缺少,因为制度面对的是有生命、思想、个性、感情的人,如果一味生硬执行,往往收不到应有的效果。因此,在照章办事公正执行的同时,还要全面、辩证地分析问题,考虑实际情况,给予人文关怀,力求执行公正服人。如在岗位聘任过程中,要考虑教师的职业发展特点,对年轻教师要以考核科研为主,随着教师年龄的增长,要逐步加大教学考核的比重。在现有岗位类别的基础上,可灵活增设教学推广岗、科研推广岗。为了消除过于刚性执行所导致的抵触,学校在出台每一项关系教职工切身利益的制度后,应及时开展教育培训,宣传造势,营造氛围,让师生更深切地感受到学校制度所要达至的愿景,明确自己的权力、责任和行为的边界,不断提升教职工的自我约束和自我管理水平。

(三)以关爱暖人心

学校以师生为本。教师之于学校,犹如树叶之于树根。根深则叶茂,叶茂促根深,两者密切联系,同生共荣,是一个命运共同体。因此,推进关爱工程,是提升教师职业幸福感,进而凝心聚力的润滑剂。

第一,以人为本,关心教职工生活,为教职工办实事。要建立一系列工作机制,积极帮助教职工排忧解难。包括坚持"三必访"制度(住院、生育、困难教职工必访);关心教职工的诉求,维护教职工的合法权益;强化学校爱心基金的功能;全面开展对困难教职工的补助慰问工作;做好引进人才等子女入学入托的咨询、联系和协调工作,努力解决教职工的后顾之忧。

第二,积极营造进取向上的氛围,促进青年教师的成长。要建立青年教师工作平台,如通过成立青年教师联谊会,积极组织开展各种联谊交流活动,举办青年教师学术论坛或学术活动,组织参观交流,开展青年教师爱岗敬业系列活动和各类体育比赛,促进青年教师相互了解,提升青年教师对组织的认同感。要营造较好的学术氛围,如定期举办学术沙龙,组织骨干教授介绍当前研究领域的国际前沿、自己团队或实验室最新进展、跨学科合作设想,进一步开拓青年教师的学术视野。要更加广泛地开展青年教师教学技能竞赛,提高青年教师教学能力。各级领导干部应深入青年教师群体,与青年教师开展面对面的沟通与交流,了解思想动态,帮助做好专业发展规划。

第三,开展多彩活动,加强文化建设。一个单位有活动才有活力,有活力才有凝聚力。学校各级党委、行政要支持工会组织开展丰富多彩的活动,创建教职工联谊品牌,不断丰富教职工活动的文化载体,活跃群体气氛,帮助教职工缓解压力、放松心情、促进身心健康发展。要加大资源投入,从活动经费、活动场地等多方面支持"教职工之家"建设和师生交流吧建设。要积极推进教职工文化建设创新工作,如浙江大学农学院工会开展"岁月有情""健康相伴"和"睿智一生"主题活动,其中"岁月有情"是为全体员工每月一次举办生日会,当月生日的老师们一起庆生,分享人生感悟,增进同事情谊。"健康相伴"是定期举办健康沙龙,提醒教师关心健康,关爱自己。"睿智一生"是通过读书报告会或学术沙龙分享学习体会。通过组织开展系列活动,拓展教职工文化建设的广度和深度。

总之,所谓"凝心",就是统一思想,形成共识;所谓"聚力",就是将广大教职工的力量整合到实现共同目标的行动中。凝心聚力促发展,是学校的核心竞争力,也是广大教师职业幸福感获得的根本保障。

【参考文献】

[1]胡文彬,王雪艳,罗根海.天津地区高校教师主观幸福感的调查[J].职业与健康,2014(4):500-502.

[2]王勤,陈婵,楼成礼.体面劳动与高校知识型劳动者的诉求[J].学校党建与思想教育,2013(24):83-85.

[3]赖新.浅谈教师职业幸福感[J].改革与开放,2009(12):193-194.

[4]江雪,李羽洁.教师主观幸福感研究述评[J].中学时代,2014(12):20.

[5]林良夫,楼成礼.充分发挥高校院级工会保障教职工体面劳动的独特功能[C]//楼成礼.现代大学制度下高校工会工作探索与思考.杭州:浙江大学出版社,2013.

【作者简介】

林良夫,浙江大学农业与生物技术学院党政办公室主任,副教授。

赵建明,浙江大学农业与生物技术学院党委书记,讲师。

赵小俊,浙江大学农业与生物技术学院组织人事科副科长,讲师。

新时期工会在高校教师权益保障中的作用研究

谢薇薇　徐文静

内容提要：当前处理教师权益保障问题越来越成为我国高校工会工作中的重点难点。高校工会教师权益保障工作也越来越受到广泛关注。本文对我国高校工会教师权益保障工作的现状与问题进行了认真分析，并在此基础上，提出新媒介强化高校工会教师权益保障工作的对策与路径。

关 键 词：工会；高校教师；权益保障

教师是高校教职工队伍的重要组成部分和生力军，是高校未来的中坚力量。建设高素质的高校教师队伍，是维持高校教学与科研高水平的根本保证。近年来教师的权益保障诉求问题引起了各高校工会组织的重视。特别是，教师聘任制的实施使得高校与教师的关系发生了变革，从而也使高校教师的权益保障面临新的挑战。而作为代表职工利益，以维护职工合法权益为基本职责的高校工会组织，回应广大教师的权益保障诉求日益成为高校工会的工作重心之一。当前高校教师权益保障遇到哪些困境？又如何解决这些困境？这些都是本研究亟待发现和解决的问题。

一、当前高校教师权益保障中的困境

维护教师合法权益，是高校工会的首要工作职能，是《工会法》《劳动法》等法律法规赋予高校工会的基本职责。同时，维护好教师的合法权益也是调动广大教师依法参与教育教学和民主管理工作积极性的需要，是高校民主管理的重要内容之一。但就整体建设与发展上看，目前我国高校教师权益保障中存在着一定的问题，主要体现在：

1.高校教师权益保障主体矛盾突出

教师工会组织的非独立性不利于维护教师的合法权益。目前教育系统的工会组织在法律上属于社会团体法人，但实质上仍是一种行政化组织，工会组织领导的产生途径民主化程度不足，这决定了工会组织领导更多是对行政领导负责而不是对教师负责，使工会组织等同于学校的行政工作部门，而行政教育系统的教育工会主席更是典型的政府公务人员,这样的职务来源很难形成面向工会会员负责的职务立场,如果工会具有了国家机关的性质或者被用人单位所驾驭和控制,工会的法律角色和地位就不可避免地发生扭曲变异,工会代表劳动者、保护劳动者的神圣使命就难以完成。

2. 高校教师权益保障内容不明确

目前高校对教师工会组织工作内容的认识错位不利于维护教师的合法权益。长期以来,人们对工会工作的内容通常理解为吹拉弹唱、打球照相、搞慰问、发福利、组织旅游、评比颁奖等。这种认识不仅存在于部分学校领导的观念之中,也存在于一些工会组织负责人和工会会员的观念之中,在教育组织系统中形成了"错误共识"。这种不正确的认识阻碍了寻求维护教师权益路径的主观努力和客观行为。目前我国部分高校工会维权的视野还停留在计划经济时代,对政治权益和广大教工的业余体育活动的关注度比较高,忽视了以教师为主体的教工的利益需求的关注,导致在维权的内容上发生了偏颇,难以代表广大教师的权益要求;同时,目前很多的高校工会在工作思路上仍然强调教师的责任与义务,在问题的处理上广大教师要"服从学校规定,从大处着眼"等,对高校教师合法的利益要求及利益诉求则采取了漠视的态度,最终导致教师寻求新的利益诉求方式,对工会则丧失信心。

3. 高校教师权益保障与维权缺乏强有力的法律支持

我国《工会法》关于职工的劳动权、报酬权、休息权的规定基本采用"有权参与""有权要求""有权提请"的表述,表明工会维权只有交涉权、建议权、调解权、协商权而没有决定权,这就意味着工会组织必须借助于政府、企业、事业组织的配合才能实现法律赋予的权益,如果上述组织不予配合,工会组织的权益将难以实现,事实上造成了工会维权的弱势性。即使是作为维护教师权益有效途径的教师代表大会,也存在着职权虚化、流于形式的倾向。譬如,劳动合同是教师与学校之间确定权利和义务的协议,但是由于合同主体双方,即学校与待聘教师的实际地位存在差异,签订的合同具体条文中,可能存在不利于教师的法律隐患或者漏洞。这就导致教师与学校在履行聘用合同期间,可能会产生各种各样的争议,特别是教师解聘、辞聘等问题的争议,对教师的权益影响重大。

二、解决高校教师权益保障困境的对策

高校工会是以知识分子为主体的教师群众自愿结合的工会基层组织,因此,维护教师的合法权益理所当然地成为高校工会组织的基本职责,是高校工会组织"维护、建设、参与、教育"四项职能之首,居于四项职责的核心主导地

位。只有抓住"维护"这一工作重点,工会工作才抓住了根本,工会组织才能立足于广大教师之中,取得教师的信赖,才能最大限度地维护、调动和激励广大教师的积极性、创造性,更好地为教育教学改革服务,推动学校各项事业的发展。因此,高校应不断加强以下几个方面的工作。

1. 进一步加强高校教师权益保障相关机制建设

首先,在工会组织机构方面,可以逐步推动工会自身建设的民主化,通过直接选举产生对会员负责的工会组织负责人。依据《工会法》第九条规定,各级工会委员会由会员大会或者会员代表大会民主选举产生,各级工会委员会向同级会员大会或者会员代表大会负责并报告工作,接受其监督。工会会员大会或者会员代表大会有权撤换或者罢免其所选举的代表或者工会委员会组成人员。《中国工会章程》也有类似的规定。同时,在教师工会组织中成立专业的教师维权委员会。尽管很多教育系统的工会组织已建立了这种机构,但维权作用发挥不够,渠道不畅。工会组织可以借助于"依法治校"政治话语的强劲传播之势,由具有维权意识和维权能力的教师职工组成维权委员会,或者聘请律师事务所的职业律师作为工会组织的法律顾问。此外,还可以通过增加教师在教代会代表中的比重、构建教代会制度下的教师诉求回应渠道、拓展教师网络诉求回应渠道来加强参与渠道建设;提高工会干部队伍的业务能力和水平,加强工会"教职工之家"的软硬件建设,加强工会宣传,进一步提升工会工作水平。

2. 建立高校教师权益保障协调维护机制

随着事业单位人事制度的不断改革和民办学校的不断出现,教师与学校已经形成了实质上的劳动关系,适用劳动法律规范已经不存在法律上的障碍。工会有权参与教师聘用合同普通文本的制定,就有关教师与学校双方的权利义务规定发表意见。工会可以发挥组织优势,协调劳动关系,缓和教师与学校之间的矛盾,代表职工进行集体谈判,订立集体协议,代表教师参与纠纷调解、仲裁甚至诉讼。强调工会维权作用并非意味着与学校或者教育行政机关对抗,事实上工会维权的过程是协调劳动关系的过程。工会维权是一种双向服务,及时对教师基本权益和职业权益进行维护,也是对学校各项工作的促进,例如:通过对教师的知情权、参与权、监督权和管理权的维护,能够调动教师的民主参与、民主监督的积极性和创造性,共同谋划学校事业的发展;通过维权行为健全教师合法权益保护制度,使教师能够安心进行教学科研工作,形成和谐的教育环境,提高学校行政管理行为的可接受性,提高工作效率。事实上,学校与教师之间的利益相关性给工会维权行为提供了更大的空间。工会应寻求多种途径,积极维护教师的合法权益。

3.加强高校教师权益保障中工会地位功能的建设

对工会来说,首先,要保证参与制度建立的"话语权"。各级教育工会应当把工作的重点放在源头参与上,积极参与改革实施方案的讨论和制定,从源头上维护教师的合法权益,这包括:一方面要通过教代会提案形式讨论审议学校制定的改革方案;另一方面,工会要深入群众调查研究,通过参加学校有关会议的机会,把教师合理的意见和建议提交到规章制度尤其是聘任合同的制定讨论中。工会发挥维权作用还可以从推行校务公开,建立监督制约机制入手,依据教代会的授权以及工会劳动法律监督工作条例的内容,对学校贯彻实施劳动法律法规的情况进行监督和落实。在监督过程中,教育工会具有调查权、提出意见权、交涉权以及提请教育部门责令改正权。其次,工会维权工作由统一维护向分类维护转变,文体活动由集体化管理向人性化管理迁移,工作定位从游离于中心工作之外向渗透到中心工作之中转变,进一步提升工会回应效度。

【参考文献】

[1]韩奕.浅议高校工会在建设青年教师队伍中的作用[J].院校管理,2015(6).

[2]董超成.浅析高校工会职能在维护教职工权益保障中的作用[J].社会,2014(2).

[3]李婧玮.我国高校教职工代表大会法律地位及运行机制研究[D].西安:陕西师范大学,2013.

[4]张赛赛.完善高校教师聘任制 加强高校教师权益保护[J].山东大学学报,2010(5).

[5]李俊霞.论我国教育工会在教师权益保障中的地位和作用[D].广州:华南师范大学,2004.

【作者简介】

谢薇薇,浙江传媒学院工会主席,副教授。

徐文静,浙江传媒学院工会办公室副主任,助理研究员。

新时期高校工会维权困境与对策研究

金国锋

内容提要：高校工会肩负代表和维护教职工合法权益，服务和促进学校中心工作的重任，对学校的建设发展具有十分重要的积极作用。然而实践中，受限于维权工作体制机制不健全、工作模式固化、工会队伍自身业务能力不足等原因，工会维权经常是"有名无实"，成效寥寥。本文针对高校工会维权困境进行了一定的思考和分析，希望能对相关问题的研究和解决有所裨益。

关　键　词：高校工会；维权困境；对策研究

一、引言

当前，我国高等教育逐步迈入深化改革的关键阶段，各类矛盾和问题逐步显现，高校工会组织作为桥梁和纽带起着联系学校和广大教师，代表和维护广大教职工合法权益、服务和推进学校中心工作的重要作用，对学校的和谐稳定、健康发展有着不可替代的关键作用。党的十八大报告特别指出："要正确处理人民内部矛盾，建立健全党和政府主导的维护群众权益机制，畅通和规范群众诉求表达、利益协调、权益保障渠道。要全心全意依靠工人阶级，健全以职工代表大会为基本形式的企事业单位民主管理制度，保障职工参与管理和监督的民主权利。支持工会、共青团、妇联等人民团体充分发挥桥梁纽带作用，更好反映群众呼声，维护群众合法权益。"这无疑给工会工作和广大工会工作者打了一剂强心针，对工会维权工作开展具有十分积极的推动作用和现实意义。

然而，实践中伴随高校改革和社会环境的剧烈变化，特别是近年来人事管理制度改革、多元化社会思潮影响等内外因素的不断冲击，一些老问题、新现象不断暴露和涌现，教职工维权案件呈逐年增长趋势，但受限于管理体制机制束缚、固有工作模式影响、工会组织自身队伍能力水平不足等因素，工会维权的实际作用发挥却寥寥无几，角色处境稍显尴尬。高校工会组织如何妥善应对环境变化带来的新挑战，有效履行法定职责，切实维护广大教职工的合法权益,是摆在广大高校工会工作者面前的一大难题。

二、高校工会维权困境分析

(一)宏观政策层面:法律政策规定含糊,操作性和执行力不足

一是《工会法》条文表述含糊,部分条文可操作性不强,难以有效操作落实。例如第 25 条规定:"工会有权对企业、事业单位侵犯职工合法权益的问题进行调查,有关单位应当予以协助。"但如果对方不配合、不协助怎么办? 法条缺乏明确的约束机制。再如第 26 条规定:"职工因工伤亡事故和其他严重危害职工健康问题的调查处理,必须有工会参加。工会应当向有关部门提出处理意见,并有权要求追究直接负责的主管人员和有关责任人员的责任。对工会提出的意见,应当及时研究,给予答复。"但对方应该在多久的时间内予以处理和答复,如果不研究、不答复又该怎么办? 法条还是没有明确的处理意见。这就容易导致工会维权难以得到有效的执行和落实,维权过程往往是旷日持久、久拖不决。

二是《工会法》对侵犯教职工合法权益的行为缺乏有效的惩戒举措,实际维权成效难以保障。《工会法》虽然列明了工会组织维权的途径和方法,但对于违法侵权行为的惩戒依然"苍白无力",缺乏有效的惩治举措和力量保障。企业、事业单位的违法成本过低,甚至很多时候违法惩处仅仅是一张"空头支票",难以有效兑现。

(二)中观管理层面:教代会职权虚化现象突出

教代会制度是教职工参与学校民主管理的基本形式和主要载体,但实践中不少高校的教代会工作流于形式,职权虚化现象比较突出。很多高校的教代会虽然能定期举行,但往往是"时间紧、任务重":从代表的选举和构成到会议议程、议题设置,很多时候都是行政主导、事先设定。会议内容经常避实就虚,一些教职工普遍关心、关注,涉及生存发展的维权提案或议题审议往往流于形式,很难落实,存在不少走过场或走形式的现象。更有甚者,由于教代会本身不具备强制执行力,很多已经通过的决议或提案在不少时候也得不到有效的解决和落实,教代会的权威和地位未能得到有效保障。

(三)微观落实层面:工会维权能力不强,工作成效不足

一是工会组织自身维权能力不强。客观来说,工会维权陷入当前的尴尬境地固然有外在环境和先天不足方面的原因,但很多时候工会组织和工会干

部队伍自身的维权意识淡薄、维权能力不足也是一个重要原因。事实上，当前不少高校工会组织和工会干部从自身素质到工作理念、工作模式都还停留在旧有模式中，工作开展只对上负责，不对下负责，深入群众、为群众排忧解难的意识和能力相对不足；一些人观念陈旧，专业结构不合理，不能很好地掌握政策和法律法规，距离"懂法律、善协调、敢维权"的岗位要求还有不小的差距。

二是工会组织维权职能过窄，成效过低。实践中，不少高校工会组织对自身定位不准，片面地把工会维权职能理解为开展文体活动、发放福利待遇，认为能够做到信息上传下达，帮助推进落实学校中心工作就万事大吉。而在学校重大决策事项研究、规章制度落实、信息透明公开等很多涉及教职工切身利益的工作方面却经常疏于参与、少有监督、鲜见追责，维权视线明显过窄、过小。特别是当发生一些侵害教职工合法权益的情况时，工会组织主动介入、据理力争地为广大教职工维权服务的情况少有发生，维权工作的成效难以显现。

三是群众对工会维权工作存在一定的认识误区，认可度有待进一步提高。实践中，不少教职工对工会维权工作缺乏足够的认识和了解，不少人甚至不知道工会还有"维权"一说，当自身合法权益受到侵害或有其他利益诉求时，很少会想到求助工会组织来解决问题。不少教职工对工会组织的信任度也还不够高，认为工会并没有实际权力，不能真正代表教职工的利益诉求，不如直接向相关职能部门反映。这就导致工会组织在不少时候处于无权可护、不被需要的尴尬境地，维权工作难以有效开展。

三、高校工会维权工作的对策和思路

(一)宏观层面:完善法律制度,优化制度运行,努力营造良好的维权环境

一是要进一步修订、完善工会维权的有关法律制度和工作体系，切实强化工作执行机制。特别要对《劳动法》《高等教育法》《教师法》《工会法》《中国工会总章程》等有关的法律法规和工作制度及时进行梳理和修订，建立健全法律体系和工作机制，将工会维权的有关标准、程序、侵权行为和侵权后果、管理部门、权责边界等具体问题进行明确的界定和阐述，切实避免职能划分不清、相互扯皮、投诉无门、执行无力等现象。重点是要有效加大对违法侵权行为的惩治力度，不仅要追究民事责任，构成渎职等违纪违法行为的，还应积极落实刑事追责，从而有效加强工会维权的实效性、威慑力和执行力，切实减少违法侵权行为的发生。

二是要有效利用各类积极因素，充分调动全社会力量，努力营造优良的工会维权外部环境。要积极利用报纸、杂志、广播、电视、微信、微博、手机 APP

等多种媒介和手段,通过普法教育、规范管理、塑造典型、强化宣传、营造氛围等多种举措,不断拓展和提升工会维权工作的参与面、影响力和实效性,努力营造和构建工会维权工作良好的外部保障机制和社会环境支持。

(二)中观层面:改革管理机制,重塑运行模式,着力构建维权工作体系

一是要改革高校工会的管理机制。通过减少和避免过多的行政命令和直接干预等方式赋予工会组织更多的独立性和自主权,逐渐将学校对工会管理的模式从直接管理向宏观指导调整和转变。重点是要做好以下两个方面的调整:一要改革工会人事管理机制,特别是干部考核选聘机制,逐步实现高校工会队伍的专业化和专职化,切实提升工会队伍自身的独立性和自主性;二是改革工会考核评价,变传统的学校考核为上级工会、学校、教职工三重考核评价机制,确保工会工作考核评价的全面性和客观性。

二是重塑高校工会运行模式,建立健全工会维权体系。通过调整工作机制和运行模式,切实提升工会组织的履职意识和履职能力,积极推进工会维权体系建设。具体来说,一要有效强化教代会职能,通过明确大会职能、规范代表选举、健全议事规则、强化提案落实等形式,进一步明确教代会在学校民主决策、民主管理和民主监督中不可替代的地位和作用,凡是涉及重大决策和事关教职工切身利益的重要事项均需教代会审议通过,坚持按规则办事,决不搞形式、走过场。二要强化工作监督,通过校务公开等形式着力推行阳光管理,努力确保广大师生员工享有知情权、参与权和监督权,保证权力在阳光下运行。三要构建有效的工会维权救济体系,特别是要建立健全人事劳动争议救济制度,积极主动介入人事纠纷和争议事件的处置工作,协助教职工向上级组织或仲裁部门提请仲裁处理,确有必要的可以协助开展司法诉讼维护合法权益。

(三)微观层面:强化意识,主动学习,切实做好维权工作

一是要强化维权意识,树立法治观念,切实推进依法治校。工会组织要抓住一切机会努力向学校领导、中层干部和广大师生积极灌输法治观念,培养他们的维权意识,引导各级机构和部门坚持依法依规办事,自觉维护广大师生群众的合法权益,鼓励和引导广大师生群众依法维权、主动维权。

二是要主动学习,认真钻研,有效提升工会干部队伍素质。首先,切实加强思想理论学习,认清定位,明确思路,掌握方法,时刻牢记作为广大教职工的"娘家人"的神圣职责和使命,自觉维护广大师生群众的合法权益。其次,切实加强法律法规和具体实务知识的学习,他山之石可以攻玉,要充分利用各种学习机会,取长补短,开阔眼界,提升能力。再次,要学以致用,坚持客观分析和

实践演练,避免照搬照抄的本本主义和经验主义。

三是要积极介入,主动作为,切实强化源头维权。首先,主动参与和监督学校重大决策的研究和制定。特别是在事关广大教职工切身利益、长远利益和学校建设发展的关键问题上要敢于迎难而上、据理力争,在源头上维护教职工的合法权益。其次,主动深入基层、深入一线,切实密切与师生群众的血肉联系。特别是在学校改革发展的关键时期,一定要密切关注群众思想动态,把群众普遍关心的意见和合理性建议及时传递给学校领导和职能部门,在源头上解决矛盾的根源和问题。再次,主动发挥桥梁优势,切实做好上传下达和沟通反馈工作。通过经常性召开各类座谈会、意见征求会,开展师生群众走访活动等,积极发现问题、解决矛盾,形成共识、谋求共赢。

四是要敢于开拓,善于创新,着力提升维权工作成效。首先,要创新工作理念,敢于打破陈规,勇谋新篇,逐步实现从"娱乐工会、福利工会"到"维权工会、服务工会"的转变。其次,要创新工作方法,结合实际积极探索工会维权工作的新途径、新方法,采取更多喜闻乐见、形式多样、行之有效的举措以不断提升工会维权工作的质量和成效。再次,要创新工作机制,积极探索工会牵头、全员参与、齐抓共管的工会维权工作机制,努力实现工会维权的全覆盖、无死角。

四、结语

高校教师是一个相对特殊的工作群体,他们文明开化而又特立独行,因此,做好高校教师的维权工作,是一项极富挑战的"技术活"。实践中还应注意把握好几个工作原则:

一是要坚持以人为本原则。工会维权的立足点和出发点都是为了更好地维护和保障教职工的合法权益,体现学校组织的人文关怀,因此,我们在工作中必须坚持以人为本,着重关注师生群众之所急所想,充分发挥工会组织尊重人、关心人、理解人、服务人、激励人、凝聚人和帮助人的积极作用。

二是要坚持依法维权原则。工会维权必须充分运用法律武器来开展工作,既要保证维权内容和要求的合法合理性,也要注重维权途径和方法的合法正当性。维权内容和要求的合法合理性是指我们维护的是教职工依法应该享有的各项权益,违法或没有法律依据、无理取闹的维权则不在此列;维权途径和方法的合法正当性是指维权行为必须在法律法规允许的框架内开展,绝不能违法违规维权。

三是要注重协调一致原则。工会维权必须注重协调一致,既不能只讲权利不讲义务,也不能只谈义务,只讲奉献,无视或忽视教职工的合法权益。简单来说,就是要正确处理好权利与义务、整体与局部、集体与个体等几个层面的关系,协调一致,和谐发展。

四是要坚持全面维权原则。实践中,工会维权在很多时候集中在维护福利待遇等经济权益上,很少涉及其他内容。但这绝不意味着工会维权仅仅维护经济权益,相反,高校作为一个知识分子聚集的场所,师生员工普遍具有较高的文化素质和综合素养,他们在精神文化、民主法治、知情参与等其他更多方面也有着很多具体的诉求,工会组织开展维权活动时应充分兼顾、全面考量,不可有所偏废。

当前,高校工会维权工作还处在探索、尝试阶段,很多制度规范、体制机制还不健全,实践中制约因素还有很多,工会维权的主客观环境尚未有效形成。这就需要高校工会组织和广大工会干部能不断解放思想、开拓创新、迎难而上,在实践中研究新情况、解决新问题,努力调动一切积极因素,形成合力共促发展。希望本文的分析和思考能对今后的改革和探索有所启发、有所裨益。

【参考文献】

[1]胡锦涛.坚定不移沿着中国特色社会主义道路前进 为全面建成小康社会而奋斗——在中国共产党第十八次全国代表大会上的报告(2012年11月8日)[M].北京:人民出版社,2012.

[2]张亮程.推进高校民主政治建设开创工会工作新局面[J].大理学院学报,2003(2).

[3]蓝素琼.新时期中国共产党党群关系探究[D].福州:福建师范大学,2006.

[4]彭超.中国工会权力的宪法规制研究[D].湘潭:湘潭大学,2011.

[5]杨明宏,王德清.民主视阈中教代会制度的理论诠释[J].教育学术月刊,2009(4).

[6]王太平.正确处理"四个关系"推进校务公开工作[J].学校党建与思想教育,2004(1).

[7]郑禹.建设阳光高校是民主管理的必然选择[J].阜阳师范学院学报(社会科学版),2010(2).

[8]张家宇.工会职能的法治思考[J].河南工程学院学报(社会科学版),2014(3).

[9]苏晓云.高校工会组织与和谐校园的构建[J].曲靖师范学院学报,2008(1).

[10]彭列汉.高校工会维权困境与对策新思考[J].学理论,2010(29).

[11]武玉昆.在构建和谐社会中高校工会应发挥的作用[J].工会论坛——山东省工会管理干部学院学报,2007(6).

【作者简介】

金国锋,浙江财经大学东方学院,讲师。

关于新时期高校教职工利益表达途径
及其优化问题的若干思考

倪洪尧

内容提要:新时期高校教职工群体呈现新的特点,建设和谐校园,离不开教职工利益表达途径的多元、顺畅和有效。本文简要分析了目前高校教职工利益表达的主要途径及存在问题,提出了优化高校教职工利益表达途径的对策建议。

关 键 词:高校教职工;利益表达;途径;问题;优化

构建社会主义和谐社会,是党中央提出的重大任务。高校是整个社会的有机组成部分,对构建和谐社会具有重要的作用。新时期高校教职工群体呈现出新特点,要建设和谐校园,形成全体教职工各尽所能、各得其所又和谐相处的喜人局面,离不开高校人力资源、人力资本和各种利益的公正合理配置,离不开教职工积极性、主动性和创造性的充分调动,更离不开教职工利益表达途径的多元、顺畅和有效。顺畅、有效的利益表达途径本身也是高校必要的安全阀,是缓和各种矛盾、保持高校稳定和谐的重要因素,同时对于高校教职工不满情绪及负能量来说,又是一种泄洪装置。因此,深入研究高校教职工利益表达问题,对和谐校园建设具有重要意义。

一、新时期高校教职工群体的特点

1.阶层分化日益明显

在高校内部,教职工因其身份、职业和占有资源的不同,客观上形成了相应阶层,一般可归纳为四个阶层:

一是领导干部阶层:目前的体制决定了学校中层及以上领导干部掌管主要资源,实际行使行政管理职权,是整个学校结构中的主导性阶层,对于学校各方面都具有决定性的影响力。

二是高层次人才阶层:主要包括学校在发展壮大中不可或缺的学科带头人、学术骨干、正高职称人员等高层次、高素质、有影响、有代表性的人员,这一阶层往往在学校教学科研工作和学科建设中充当重要角色,作出重要贡献,也因此享受较多政策倾斜和优惠,可更多地利用各类资源。

三是一般人员阶层:主要包括一般的专业技术人员、实验技术人员和管理人员,是高校教职工群体中数量最多的一个阶层,他们大多拥有较为丰富的专门知识和较强的业务能力,承担着学校大量的基础性工作,是维持学校正常运转的重要力量。同时,这一阶层还具有较强的流动性,其成员可以通过不同方式进入领导干部阶层和高层次人才阶层。

四是工人阶层:主要是集中在后勤保障服务、教学科研辅助(如教学实验农场)等系统内从事体力、半体力劳动的一线工人。较其他阶层来讲,该阶层的影响力、受关注程度都不高,但是他们对学校的改革发展稳定大局却起着不容忽视的作用。

上述四个阶层在占有资源、分享成果、表达诉求、获取利益等方面的地位不尽相同。第一、二阶层人员往往互相交叉,而且有不断强化的趋势,在高校中处于相对强势的地位,第三、四阶层处于相对弱势的地位,而且从发展趋势看,存在强者恒强弱者更弱的可能性,由此可能会因利益失衡而导致各阶层对立乃至引发尖锐矛盾,从而影响学校改革发展稳定的大局。

2. 收入差距有所扩大

随着改革的不断深化,高校分配制度上的平均主义逐步被打破,具有不同学历、不同职称,在教学科研工作中发挥不同作用、作出不同贡献的高校教职工,其工资、津贴(奖金)收入及住房标准、获取进修提高机会等待遇方面的差距拉大。而且,各学科、各部门教职工的收入也不平衡,年轻教师和工人的收入相对比较低,而他们往往又是负担较重的群体。收入差异过大容易挫伤教职工的积极性,不利于全校各部门、各阶层人员主动性、创造性的发挥。

3. 利益冲突始终存在

高校内部始终存在着教职工的利益集团之间的冲突、管理人员与教职工之间的利益冲突等。伴随着高校的发展,由分配政策所导致的待遇上的差距,使高校教职工不同群体之间不断出现新的利益冲突和矛盾,成为影响高校发展的重要因素。在近些年的高校教职工群体性事件(如静坐、集体上访)中,有相当一部分是因为教职工的切身利益直接受到侵害引发的,大多是教职工自身利益未满足或学校管理不当而引发的利益型突发事件,如子女入学问题、住房问题、环境污染问题等。近些年来,高校群体性事件尽管大小不一,程度不等,但发生之后,不仅干扰了正常的教学科研秩序,而且在一定程度上也影响了学校和社会的安定团结。

4.维权意识不断增强

高校教职工的权利意识、参与意识、维权意识不断增强,也愈来愈敢于言说和敢于维权;同时,教职工维权途径也显示出外化特征,常放弃主动在校内寻求工会等维权组织的帮助,而往往选择上级部门、新闻媒介等外部力量来维权,在感觉维权无门时甚至在互联网上匿名进行利益表达和发泄等,有可能造成难以估量的负面影响。

二、目前高校教职工利益表达的主要途径

1.团体(组织)表达

主要通过工会、民主党派、教职工民间组织(如教授委员会、女教师联谊会、青年教师联谊会等)表达有关的教职工的利益诉求。但团体本身的地位、功能的强弱等影响利益表达的效果。

2.工会和教职工代表大会(双代会)代表的个体表达

双代会代表以代表提案或联名提案的方式将教职工所关心的利益问题等提交会议的提案组,由会议提案组对各种提案进行归类之后,分别交由不同的学校管理部门处理,从而使相应问题进入到学校的议程中。代表的代表性、责任心等将影响利益表达的实际效果。

3.上访(信访)表达

主要包括直接面见决策者(如校领导),或者通过信访部门、校长信箱等进行利益表达,由于其利益表达距离短,作用直接,常常被人们视为最有效的表达方式。一般可分为个人上访和群体上访,但是上访往往被视为非常态的上诉行为,其中群体上访、越级上访尤其被视为具有对抗色彩甚至政治色彩的事件。

4.临时代表的个体表达

主要是学校在制定某项政策或实施某项制度前后,临时召开座谈会、听证会等,临时参会的代表既可以代表自己,也可代表某一阶层表达有关的利益诉求,使共性问题引起校方的重视或改进。但临时参会代表的代表性、责任心、现场表达能力、会议召集者的总结吸纳能力等均将影响利益表达的实际效果。

5.大众媒体表达

大众媒体具有信息传递的范围广、时间短、影响力大和影响直接、权威性强等特点,既可增强利益表达的效能又可提高利益表达的理性,是常被教职工群体尤其是相对弱势的青年教职工群体使用,也较有效的利益表达途径。

6.抗议

作为一种直接的利益表达途径,抗议是教职工向校方表达利益诉求和要

求的最直接的方式,如采用到学校首脑机关门口集体静坐、示威、堵门甚至更极端的方式来表达自己的利益诉求。在其他途径无法表达利益诉求的情况下,抗议就有可能成为最后的利益救济方式,但它直接影响学校的稳定甚至可能引发冲突。

三、目前高校教职工利益表达途径的主要问题

如上所述,教职工利益表达的途径虽然比较丰富,但有效程度普遍不高,当求助的机构不作为或面对话语霸权、强势背景时,某些途径就显得形同虚设了。

1. 团体（如工会）表达的功能有待强化

高校工会组织作为教职工利益的代表者和维护者,理应积极履行"维护、建设、参与、教育"四项社会职能,高校工会组织不仅是广大教职工利益的代表者,广大教职工基本权益的维护者,学校民主决策、民主管理、民主监督的参与者,也是学校管理层和广大教职工之间联系的纽带,并且工会组织还肩负着为广大教职工服务、缓解学校方方面面的矛盾,促进学校和谐与稳定发展的重任。但目前,高校工会的强烈的依附色彩使得其缺乏独立性,高校工会职能发挥中"虚位""缺位"的现象依然存在,甚至一些工会干部也认为工会无钱、无权,说话不灵,无非是组织一些活动,认为工会就是"福利型""活动型"的群众组织,"活动型工会""福利型工会"的形象在教职工的心目中仍然未得到改变。高校工会的教职工利益表达和维护的功能有待进一步强化。此外,诸如民主党派、教授委员会、女教师联谊会、青年教师联谊会等团体在教职工利益表达方面发挥的功能作用也极为有限。

2. 双代会代表的个体表达不充分

据调研,高校双代会代表中第一、二阶层相对强势群体的人数往往占多数,以某大学下属某学院为例,参加校双代会的 21 名代表中 100％是第一、二阶层人员,全校的代表情况也可见一斑。各阶层群体利益代表人数的不平衡,尤其是第三、四阶层代表的稀少或缺失,会造成相对弱势阶层如青年教职工或工人群体的利益得不到应有的表达和重视,甚至被忽视,进而可能使其利益受到损害。另一方面,双代会代表的兼职性也使其主动到群众中去、倾听群众呼声、了解群众愿望的时间受到限制,从而影响教职工利益的全面有效的表达;有的代表甚至都不清楚自己的代表身份的意义是什么,责任是什么,简单地认为就是开开会、提提建议,有的代表受"提案无用"的思想和中国社会长期形成的"媚权情结"的影响,往往会随大流、少表达甚至不表达,因此,始终保持"沉默"的双代会代表也大有人在。

3.临时代表的个体表达存在随意性和局限性

学校在制定某项政策或实施某项制度前后，临时召开座谈会、听证会等，而参会的临时性代表的产生及利益的表达有很大的随意性和局限性，大多是临时指定人员参会，随意表达，或者临时性代表因毫无准备而无从表达，有的慑于参会领导的威仪而不敢真实表达，从而影响利益表达的代表性和有效性。

4.上访（信访）表达亟待完善

由于高校信访部门反馈机制不够健全，一些问题反映后不能得到及时答复，会使教职工对信访部门失去信心。另外，信访部门的处境也相对尴尬，有很多问题错综复杂，一般只能起到接待、向有关部门反映的作用，既不能立案，也没有适当的结案监督机制，信访部门协调不成功后似乎也无权解决。另外，出于稳定等因素考虑，上访尤其是越级上访往往受到限制或非常态处置。

5.媒体表达存在选择性、随意性和突发性

市场经济条件下的大众媒体往往为吸引观众眼球，追求轰动效应，对利益表达诉求存在选择性，而且媒体人员的素质、偏好、判断能力等也影响着媒体表达的有效性；另一方面，随着互联网的高速发展，匿名的利益表达越来越多，存在很大的随意性和突发性，而且鱼龙混杂，肆意传播，容易造成意料不到的负面后果。

四、优化高校教职工利益表达途径的对策建议

1.依法治校，做到程序公正，政策一致

学校要坚持依法办事，在法制的轨道上求稳定、谋发展。管理部门应严格依法行政，做到执行的一致性。在解决教职工的利益表达问题上，不能只讲人情、谈条件，特别是不能绕开法律和制度来解决问题，政策要一视同仁，前后一致，杜绝随意开口子、搞特殊，尤其是不能让教职工有"大闹大解决、小闹小解决、不闹不解决"的错误认识，用政策的一致性维护学校的公平和正义。

2.主动收集教职工的心声民意

学校党政管理部门有责任有义务主动、积极地倾听民声、了解民意。一是经常性开展调研，及时、准确、真实地收集并反映教职工的利益诉求，为学校决策提供信息参考；二是加强与民间调查机构的联系与合作，重视民间调查机构的调研信息，在条件允许的情况下做到资源共享，提高信息的利用率；三是利用互联网等新型传媒进行信息搜集和分析，尽管网上信息内容庞杂多样，既有大量进步、健康、有益的信息，也有不少糟粕，但因为网络具有虚拟性、隐蔽性、发散性、渗透性和随意性，越来越多的人愿意通过这个途径表达自己的真实想法，有必要高度重视这个平台所提供的各类信息，开展信息汇集和整理分析，

对于全面掌握教职工的心声民意很有意义。

3.引导教职工群体用合法理性的方式表达利益诉求

一是引导群众增强以理性合法形式表达利益诉求的自觉意识。通过多种形式,加强对群众的政策法律法规教育,提高政策覆盖面和透明度,提高正面宣传解释的效果,不断解决教职工的思想认识问题,使教职工正确辨别利益表达的合理性和合法性,明白哪些事该做,哪些事不能做,增强以理性合法形式反映问题的自觉意识。

二是引导群众通过法定程序表达利益诉求。让教职工在宪法和法律范围内活动,在不损害学校公共秩序、公共利益和他人正当利益的情况下表达利益诉求。对教职工以合法形式提出的合理的、符合实际的利益诉求,要全力加以解决。同时,要加大对《信访条例》等法律法规的宣传执行力度,从而引导教职工增强法制观念,明确法律界限,规范行为导向。

三是引导群众增强自我教育的意识。充分运用校报校刊、广播电视、校园网络等大众传媒,加强正面宣传、反面教育的力度,尤其在对突发性群体性事件的新闻报道中正确引导教职工明辨是非、顾全大局,并从中得到启发,进行自我教育、自我调整,正确认识利益的冲突和矛盾,合理合法地表达利益诉求。

4.立足于相对弱势的教职工群体尤其是青年教职工群体,完善制度化的利益表达途径

一是要完善双代会制度。制度安排的作用之一,就是使得利益表达的行为正常化、理性化、合法化。必须以制度化的形式规定各阶层教职工代表名额,尤其是要保证相对弱势的教职工群体尤其是青年教职工群体的代表名额,让不同的利益主体都有表达自己利益诉求的平等机会,防止学校的决策向强势教职工群体倾斜;同时,要明确规定双代会代表的权力和应尽的义务,切实履行代表职责,充分吸收并表达教职工的心声民意,不辱双代会代表的使命,坚决杜绝"代表"虚设。

二是要完善信访制度。严格执行信访回复制度,推行信访受理责任制和失职责任追究制度,对所有来信来访做到件件有接待、事事有解决,将教职工的利益表达及时反映到相关部门,并对问题的解决进行跟踪督查,限期解决,对于教职工不合理的或虽然合理但一时无法解决的要求,要耐心细致地做好思想工作,杜绝久拖不决,预防和及时化解矛盾,确保教职工利益表达途径畅通有效。

三是要完善重大决策听证制度、信息公开制度和监督制度。进一步落实教职工的知情权、监督权和决策参与权,不断拓展教职工的监督渠道,搭建教职工参政议政的平台。只有从制度上保障落实教职工的话语权、参与权、知情

权和监督权,才能让不同阶层教职工群体的利益诉求都得到充分表达。

四是要完善教职工民主评议管理者的制度。将各级管理者的管理作风和管理行为置于教职工的评议之下,使各级管理者的管理行为得到有效制约,实现对教职工合理利益表达的尊重与保护。

5.重视以团体组织为依托的利益表达途径

团体组织比个人具有更强的表达能力,以高度的组织化来代替分散的个体利益表达,使团体组织成为高校与教职工之间的缓冲器。一方面,各种团体组织可扮演各阶层"代言人"的重要角色,直接代表各教职工阶层,向学校表达意愿,参与政策制定,协调学校政策和教职工群体利益间的冲突;另一方面,各种团体组织可作为教职工和学校以外的"第三方",对于平衡利益各方、在教职工与学校之间实施有效沟通等具有不可替代的作用。为此,首先要加强高校工会组织的自身建设,淡化行政色彩和依附性,使工会真正成为教职工权益的代表者和维护者,成为教职工利益诉求最为有效的表达组织;其次是鼓励、发展、扶助校内民间组织如教授委员会、女教师联谊会、青年教师联谊会、工人联谊会等,使其成为各阶层教职工利益表达的重要团体组织。

6.拓展制度外的利益表达途径

重点是构建以大众媒体为基础的利益表达途径。大众媒体尤其是互联网络,具有信息传播快、传播直接、影响广泛等特点,在利益表达上有其他表达途径不可比拟的优越性。随着信息网络技术日新月异的发展,大众媒体在高校教职工利益表达中发挥着愈来愈重要的作用,是教职工监督和利益表达的重要途径,通过大众媒体作出的利益表达,可直接抵达学校决策层,避免了信息失真,使教职工的利益要求能进入学校决策核心层的视野,很容易为学校高层所注意和重视。因此,在优化现有各种利益表达途径的同时,更要借助现代信息网络技术,构建多层次的教职工利益表达平台,充分发挥大众媒体收集信息、引导舆论和实施监督的职能。

同时,在不影响和谐稳定的大背景下,可以给予教职工群体对涉及自身合法利益的诉求自由讨论的空间。

此外,考虑到学校党政管理部门在利益格局中的相关性和冲突性,为了消除教职工在利益表达时的顾虑,深度发掘和整理教职工的意愿,有条件的高校不妨聘请专门的研究机构,作为独立的第三方来研究教职工的思想状况,把握教职工的利益诉求,再传递给学校领导者和各部门管理者。

【参考文献】

[1]中华人民共和国工会法 中国工会章程[M].北京:法律出版社,2009.

[2]楼成礼.现代大学制度下高校工会工作探索与思考[C].杭州:浙江大学出版社,2013.

[3]曾绍元.高校师资队伍建设实践与研究[M].北京:中国人民大学出版社,2004.

[4]毕孟琴,刘霞.构建和谐高校所面临的问题及对策[J].陕西教育(高教版),2009(2).

[5]赵光侠.社会转型期弱势群体利益表达的困境与出路[J].政治文明,2007(1).

[6]刘瑞贤.高校青年教师成长道路与特点[J].中国高教研究,2008(2).

[7]周多刚,吴春霞.利益表达机制与和谐社会的构建[J].广西社会科学,2007(7).

【作者简介】

倪洪尧,浙江大学农业与生物技术学院党政办副主任,助理研究员,六级职员。

浅析养老保险制度改革对事业单位的影响

——以浙江省高校为例

徐艺宁

内容提要：《国务院关于机关事业单位工作人员养老保险改革制度的决定》的颁布是我国养老保险制度改革进程中尤为重要的一步，对我国机关事业单位尤其是高校事业单位而言既是一个挑战也是一个机遇。正确认识养老保险制度改革、做好养老保险制度改革以及应对养老保险制度改革带来的一系列问题成为当前的首要任务。

关　键　词：养老保险制度；改革；高校事业单位

养老保险作为国家社会保障制度的重要组成部分，是国家和社会根据一定的法律法规，通过保险的手段在劳动者达到国家规定的解除劳动义务的年龄，或因年老丧失劳动能力而退出劳动岗位后为解决其基本生活而提供的一种社会制度的安排。我国养老保险制度始于1951年，经历了从无到有、从局部到全面的发展与改革的过程。2015年1月3日国务院颁布了《国务院关于机关事业单位工作人员养老保险制度改革的决定》（国发〔2015〕2号），决定从2014年10月1日起机关事业单位实行社会统筹和个人账户相结合的基本养老保险制度，这意味着自新中国成立以来形成的"双轨制"格局的全面终结，也意味着我国养老保险体系的统一向前迈进了一大步。

一、改革的意义

1.有利于社会公平与和谐

社会主义和谐社会是人类孜孜以求的美好社会，是中共十六大提出的重要目标和发展任务。而公平作为和谐社会的基本特征及必要前提，在养老保险制度改革中也是不容忽视的重要因素之一。"双轨制"形成于新中国成立初国家财政需集中进行国防建设的时期，在国情下，无法全面推行养老保险制度，因此，养老保险制度从大型企业向小型企业推进，机关事业单位暂不实行。但随着经济发展，国力逐渐强盛，企业职工与机关事业单位职工退休养老金的不均衡引起了社会的强烈不满,企业职工对养老金的公平性提出了极大的质疑,直接影响了社会的和谐发展。因此,在当前社会形势下,"双轨制"的改革及建立统一的社会保障制度势在必行。

2. 有利于人力资源流动

由于"双轨制"在统筹机制、管理体制、待遇设计、经费核拨、法制建设等方面均有较大的差异,这在一定程度上阻碍了人力资源跨地区、跨行业、跨部门的流动,对人力资源合理配置造成了一定的非市场影响。就高校事业单位而言,高校教师普遍受高等教育熏陶,具有较高的专业技能,由于工龄计算、养老金限制,高校教师大都以系统内流动为主,从中西部流向东部,从地方流向省部,却鲜有从体制内流向企业的情况,这对我国经济发展、企业创新造成了一定的阻碍。因此,突破双轨限制,促进人力资源流动,对我国经济和社会发展具有举足轻重的意义。

3. 有利于缓解老龄化问题

随着社会的发展,特别是医疗卫生条件的极大改善,人口老龄化的问题不断凸显。2014年底,我国60岁以上的老年人已突破2亿,占全国总人口的15.5%。据专家预测,到2020年底,我国65岁以上老龄人口将达到世界老龄人口的24%。人口年龄结构变化产生的一系列问题,例如我国劳动年龄人口比重下降、需赡养的老年人比重上升、政府应用于老人的财政支出增加等,强烈要求健全和完善养老保险等相关制度,同时这也成为我国可持续发展的一个重要支撑点。

二、改革的现状与难点

1. 加重单位和财政负担

在养老保险改革前,我国机关事业单位人员的离退休费均来源于国家财政拨款。但新的决定出台后,一方面国家调高机关事业单位工作人员基本工资标准,岗位工资和薪级工资相较于原标准均增长了近一倍;另一方面单位按照职工工资总额的20%缴纳基本养老保险,按照职工工资总额的8%缴纳职业年金,这两项加起来就让单位额外支出全年职工工资总额的28%。这无形中增加了单位的运作成本,尤其是高校单位,更增加了人才培养的压力。据不完全统计,高校培养一个人才,仅全年的五险一金支出就高达人均5万余元。目前,国家和地方仅对工资调标经费保障来源作出了解释——"机关事业单位工作人员工资标准所需财政资金按行政隶属关系和现行经费保障渠道解决,对部分地方所需经费,中央财政通过增加均衡性转移支付给予适当补助",但是却迟迟未对实行社会统筹与个人账户相结合的基本养老保险制度资金缺口作出解释。综上现实问题可见,养老保险制度改革对单位和地方财政带来前所未有的压力。

2.实际增资低于人均300元

据人社部新闻发言人透露,按全国平均水平计算,全国机关事业单位工资调标与养老保险扣缴后人均月实际增资可达300元。以浙江为例,由于浙江省属于我国东部经济较发达地区,高校事业单位绩效工资水平较全省平均绩效水平高出3万元之多,尽管浙江省依据本省实际情况对"增不抵缴人员"设立了单独的"临时性补贴",即以2014年10月为时点职工净增资低于100元/月的补齐为100元/月,但是就目前在杭省属高校来看,绝大多数学校人均月实际增资不足100元,低于预测的全国水平的1/3,且各高校有1/3的人员在此次改革中实际工资增资为负数。因此,此次养老改革的标准是否适应机关事业单位,尤其是经济发达地区的机关事业单位,且之后养老金实行"老人老办法、新人新办法、中人逐步过渡"的制度能否调节好新老人退休金的差距,以及如何妥善处理好视同缴费年限等问题都是值得担忧和思考的。

3.人才管理难度加大

"双轨制"并轨可谓是一把双刃剑,养老保险制度改革,一方面为体制内外人员的流动搭建了一座桥梁,另一方面给机关事业单位留住人才提出了一个巨大的难题。以当下社会情况为例,改革前,"公务员热"是因为机关事业单位独有的福利和退休待遇吸引了大量的高学历高技能人才;改革后,人员可自由流动,加之市场配置的调节,机关事业人才或因高薪流向企业,或因政策引导流向创新型行业,这对机关事业单位人才管理和队伍稳定提出了极大的挑战。

三、意见与建议

1.做好养老改革宣讲工作

每一项改革都需要得到人民的支持才能顺利推行,养老保险制度改革亦是如此。在各机关事业单位推行养老保险制度改革的同时要做好政策宣讲工作,让单位职工读懂政策、理解政策,从而支持政策。就这次改革而言,特别要做好"中人"养老保险十年过渡期及视同缴费年限的解释,举例说明新老办法差别及政府确保待遇水平不降的用意,解除"中人"对本次改革的疑惑与担忧。同时,要做好对"新人"的宣讲,确保各职工配合其养老保险信息的准确入库与后续对接。

2.建立健全职业年金制度

机关事业单位尤其是高校单位,人员类型复杂,利益关系错综,单位在改革的当口需要协调好各方面的关系。职业年金作为养老保险制度的重要补充,建立健全高校事业单位非编制聘用人员职业年金制度对稳定非编制聘用人员队伍、建立多层次养老保险体系、减轻国家养老金支付的财政负担均有重大意义。

3.改革完善相应配套机制

养老保险改革迫使机关事业单位调整相应配套机制,为留住单位内部人才,稳定内部管理,单位应适时调整收入分配制度、人事管理制度及相应的职工福利。尤其是高校事业单位,职工多为高学历高层次人才,为调动教职工积极性,在绩效分配范围内,应寻求新的薪酬增长机制,确保高校人才收入与企业相比具有相对的竞争性。

4.调整单位职工队伍结构

"双轨制"是双刃剑,在改革大潮下,机关事业单位更应抓住时机,扬长避短。以高校事业单位为例,一支稳定的高素质的人才队伍固然是保障高校向前发展的重要因素,但高校单位不应局限于如何留住人才,而应研究以更具有灵活性的聘用方式,将企业实践人才引入高校,将实践与教学相结合,以人才吸引人才,彻底开放人才流动渠道。

四、结语

机关事业单位尤其是高校事业单位的发展与国家政策制度顶层设计息息相关,在顺应改革的同时,机关事业单位应审时度势,适时调整单位发展战略,与国家共步伐齐发展。本文仅对当前养老保险制度改革中实际遇到的一些问题进行了框架性分析,若有不足待各位研究者指正。

【参考文献】

[1]熊丹.对机关事业单位养老保险制度改革的思考[J].改革与开放,2015(19):36.

[2]蔡锋奎,杨曦,凌碧兰.机关事业单位养老保险并轨改革背景下高校人力资源工作面临的挑战与策略[J].现代经济信息,2015(18):28-29.

[3]李友根,向扬,蒋晓川.基本养老保险制度改革中的利益协调问题研究[M].成都:西南交通大学出版社,2013.

【作者简介】

徐艺宁,浙江财经大学人事处,硕士研究生。

法治中国视域下的工会职能研究

周红锵

内容提要：新时期工会在新形势下面临着新的任务，如何加强工会职能，为职工提供及时有效的法律服务和援助，引导和帮助职工通过正常途径依法伸张利益诉求，促进社会公平正义，更好地维护职工的合法权益，可以从源头、过程、结果几个方面来展开。

关 键 词：法治中国；工会职能

自党的十八大以来，习近平总书记对于全面依法治国、建设法治中国提出了一系列新思想新观点："依法治国是党领导人民治理国家的基本方略，法治是治国理政的基本方式，要更加注重发挥法治在国家治理和社会管理中的重要作用，全面推进依法治国，加快建设社会主义法治国家。"十八届三中全会通过的《中共中央关于全面深化改革若干重大问题的决定》中提到，要"建设法治中国，必须坚持依法治国、依法执政、依法行政共同推进，坚持法治国家、法治政府、法治社会一体建设"。第一次专门研究法治建设的中央全会——十八届四中全会审议通过的《中共中央关于全面推进依法治国若干重大问题的决定》，是第一个关于加强法治建设的专门决定，决定详细阐述了构建社会主义法治国家的路线图。工会作为职工自愿结合的工人阶级的群众组织，在新的历史时期如何融入法治中国的建设实践，根据新的要求不断增强和完善工会的职能，是工会面临的迫切任务。

一、我国工会职能的嬗变

什么是工会？英国韦伯夫妇将工会定义为："工会者，乃工人一种继续存在之团体，为维持或改善其劳动生活状况而设者也。"《牛津法律大辞典》则将工会定义为"现代工业条件下雇佣工人自我保护的社团"。可见工会是工业时代工人运动的产物，其职能是保护工人自身的权益。工人运动的概念，从广义上说，包括工人阶级的政党运动、工会运动以及相关的工人妇女运动、青年运动等，从狭义上说，即指工会运动。中国的新式工会是仿效发达国家的工会组织起来的。但是,因为旧中国半殖民地半封建社会的社会性质,工会运动往往是反对外国殖民主义和封建主义统治、剥削的斗争。中国共产党成立以后,就开始积极领导工人运动,1921年在上海成立的中国劳动组合书记部就是中国共产党早期公开领导工会运动的领导机关。从中国工会的早期历史可以看出中国的工会运动始终与中国人民的革命斗争紧密结合在一起,并在中国共产党的领导下得到蓬勃发展。工会的职能也是紧紧围绕革命斗争这一目的展开的,对于工人自身权益的保护正是通过工人争取自身的解放得以实现。

新中国的工会运动则与共和国的历史一样经历了曲折的变迁,从新中国成立初的蓬勃发展到沉寂,最后再到20世纪70年代后期的重生,1950年、1992年、2001年三次工会立法,对于工会职能的定位也与工会运动以及当时的社会经济状况密切关联。如改革开放以后,虽然存在着各种形式的劳动争议,迫切需要维护劳动者权益,但是组织、教育和动员广大职工群众积极投身于经济恢复和经济建设则是工会面临的更重要的任务。然而,1993年确立的社会主义市场经济制度,使得非公经济快速发展,经济关系和劳动关系日趋复杂,企业劳动关系逐步市场化,劳动用工、劳动报酬和保险福利等制度都进行了市场化改革。劳动关系"强资本、弱劳动"客观存在,劳动者的权益因为没有法律的相关规定而存在被践踏的现象,虽然1995年《劳动法》为劳动者维护自身的权益提供了强有力的法律保障,但是劳动者个人的力量毕竟有限,无法对抗整个企业或者资本的压制,因此工会这个"娘家人"就成为劳动者的坚强后盾。正是在这样一种现实要求下,2001年《工会法》进行了第二次修订。修订后的《工会法》和后续的《中国工会章程》规定了我国工会的四项职能:维护职能、教育职能、参与职能和建设职能。而作为工会活动基本法的《工会法》第六条在明确规定工会的基本职责是维护职工的合法权益以外,还具体规定了工会维护的职工合法权益的种类,即:工会通过平等协商和集体合同制度,协调劳动关系,维护企业职工劳动权益;工会依照法律规定通过职工代表大会或者其他形式,组织职工参与本单位的民主决策、民主管理和民主监督;工会必须密切联系职工,听取和反映职工的意见和要求,关心职工的生活,帮助职工解决困难,全心全意为职工服务。由此可见,在以上四项工会职能中最核心的是维护职能。

二、法治中国总目标对工会职能的要求

党的十八届三中全会通过的《中共中央关于全面深化改革若干重大问题的决定》中提到,要"建设法治中国,必须坚持依法治国、依法执政、依法行政共同推进,坚持法治国家、法治政府、法治社会一体建设"。从法治国家、法治政

府和法治社会三者的关系来讲,法治社会是基础,是建设法治政府的目标,也是建设法治国家的条件,更是法治进程的最终目标。法治社会是指全部社会生活的民主化、法治化,是依国家的法制和社会自治性的法规规范,各类社会主体(包括社会基层群众性组织、各事业企业组织、各种社会团体等非政府组织)及其社会权力,在民主法治的轨道上的自主自治自律,在法治范围内对国家权力的监督与制衡,以及各社会群体和公民个人的思想、观念、行为、习惯都渗透着民主的权利和权力意识与法治精神,形成社会的法治文明与生活方式。党的十八届四中全会通过的《中共中央关于全面推进依法治国若干重大问题的决定》提出要"发挥人民团体和社会组织在法治社会建设中的积极作用",这对工会工作提出了明确的要求。法治社会的主要组成部分是各种社会团体,工会作为社团法人,是法治社会建设的重要力量。工会工作的法治化建设是法治国家、法治政府、法治社会一体建设的重要组成部分,也是贯彻落实党全面推进依法治国战略部署的必然要求。

2015年3月,为全面贯彻党的十八大和十八届二中、三中、四中全会精神,构建和谐劳动关系,推动科学发展,促进社会和谐,中共中央、国务院提出《关于构建和谐劳动关系的意见》,进一步强化了工会的法律地位和基本职能。

自改革开放以来,虽然我国的经济体制发生了极大的变化,但是劳动关系的本质没有发生变化,劳动者依然是国家和社会的主人翁,劳方和资方的关系依然是人民内部关系。当然,由于我国企业类型多,不同的所有制企业和用工模式的多样化,使得劳动关系的主体以及利益诉求多元化,对劳动关系的治理提出了新的挑战,因而对工会的职能也提出了更高的要求。例如全国总工会公布的典型违法案件和劳动事件就反映出我国在劳动用工领域存在着就业歧视、恶意欠薪等现象。如何化解劳资矛盾,切实维护普通劳动者的权益与尊严,是目前工会职能中较为突出的一块内容。

有专家指出,我国经济体制的变化对劳动关系产生的影响主要表现在三个方面。一是影响劳动关系的因素复杂多变。在市场化、工业化、城镇化、信息化、全球化等因素相互作用与叠加影响下,我国劳动关系始终处于快速动态变化过程中,新情况、新问题不断涌现。二是劳动者的诉求日益多元。劳动者的维权意识逐步增强,不仅更加关注法定权益的实现,而且要求增加工资和改善劳动条件、共享发展成果的愿望更加强烈,权利诉求和利益诉求同时出现。三是劳动关系矛盾日趋复杂。计划体制改革过程中的历史遗留问题与市场经济条件下新出现的矛盾相互交织,个别权利争议大量存在与集体利益争议逐渐增多同时并存,劳动关系问题与其他经济社会问题相互关联、互相影响,增加了劳动关系矛盾的处理难度。

按照我国《工会法》的规定,工会是职工自愿结合的工人阶级的群众组织,那么面对复杂多变的劳动关系,工会如何保障农民工的合法权益,如农民工能否加入工会,工会除了监察权以外,是否可以拥有行政权,工会怎样脱离企业获得独立地位,更好地为职工维护权益等等,这些问题都对工会工作和工会职能的发挥提出了新的要求,也成为构建和谐劳动关系的重要内容。因而维护职工合法权益,构建和谐劳动关系成为新时期工会职能发挥的新要求。

三、法治中国建设中如何加强工会职能

工会职能在新形势下面临着新的任务,如何加强工会职能,积极给职工普及法律知识,为职工提供及时有效的法律服务和援助,引导和帮助职工通过正常途径依法伸张利益诉求,促进社会公平正义,更好地维护职工的合法权益,可以从源头、过程、结果几个方面来展开。

首先,源头上要抓住收入分配、集体协商、民主管理、社会保障等重点,积极参与涉及职工权益、工会活动的法律制定。围绕当前相关改革任务,工会要加强与有关部门的联系,及时掌握改革动态,积极反映职工群众诉求,参与改革方案的制定修改,努力从源头上保障职工群众的切身利益。同时完善《劳动法》《劳动合同法》《劳动争议调解仲裁法》《社会保险法》《职业病防治法》等法律的配套法规、规章和政策,健全劳动保障法律法规体系,使职工权益的保障有法可依。

其次,从过程来看,主要是通过劳动合同和职工代表大会的方式,落实和细化相关法律的规定。如帮助和指导职工签订劳动合同,代表职工签订集体合同特别是劳动安全卫生、女职工权益保护、工资调整机制等专项集体合同,依法参与涉及职工切身利益的规章制度或者重大事项的制定和完善,推动企事业单位依法、民主、科学管理,依法代表职工表达诉求、协调利益。建立健全由人力资源社会保障部门会同工会和企业联合会、工商业联合会等企业代表组织组成的三方机制,根据实际需要推动工业园区、乡镇(街道)和产业系统建立三方机制。加强和创新三方机制组织建设,建立健全协调劳动关系三方委员会,由同级政府领导担任委员会主任。完善三方机制职能,健全工作制度,充分发挥政府、工会和企业代表组织在共同研究解决有关劳动关系重大问题中的重要作用。

最后,从结果上来看,第一要健全违法行为预警防控机制,完善多部门综合治理和监察执法与刑事司法联动机制,加大对非法用工尤其是大案要案的查处力度,严厉打击使用童工、强迫劳动、拒不支付劳动报酬等违法犯罪行为。第二要完善工会劳动法律监督和劳动争议调处等制度,如加强企业劳动争议

调解委员会建设,推动各类企业普遍建立内部劳动争议协商调解机制,推动乡镇(街道)、村(社区)依法建立劳动争议调解组织,支持工会、商(协)会依法建立行业性、区域性劳动争议调解组织等,推动严格执法,调处劳动关系矛盾,及时有效把职工各项权益落到实处。特别是对侵犯职工合法权益的事情,工会要代表职工与企事业单位交涉,要求采取措施予以改正,拒不改正的,请求政府及其职能部门依法作出处理,切实维护好职工的合法权益。

【参考文献】

[1][英]韦伯夫妇.英国工会运动史[M].陈健民,译.北京:商务印书馆,1959(1).

[2]牛津法律大辞典[M].北京:光明日报出版社,1988:889.

[3]史探径.中国工会的历史、现状及有关问题探讨[J].环球法律评论,2002(2).

[4]郭道晖.法治国家与法治社会、公民社会[J].政法论坛,2007(5):10.

[5]中国公布劳动关系典型案例凸显深层矛盾[EB/OL].(2015-02-03).http://news.xinhuanet.com/2015-02/03/c_1114241307.htm.

[6]人社部部长尹蔚民解读《关于构建和谐劳动关系的意见》[EB/OL].(2015-04-09).http://theory.workercn.cn/848/201504/09/150409091815762.shtml.

【作者简介】

周红锵,杭州师范大学马克思主义学院,副教授。

加快构建有利于女性发展的社会支持体系

——兼论高校妇女组织的使命与作为

王 勤

内容提要：生育政策的调整和完善不仅是国家发展战略的要求，也与妇女及其家庭的需求和利益密切相关。关注"全面两孩"政策对妇女发展的影响，维护妇女权益，加快"全面两孩"政策配套资源和社会支持体系建设，具有重要意义。本文从公共政策、社会服务、媒体舆论、家庭建设等方面，提出了加快构建有利于女性发展的社会支持体系、缓解女性育儿与工作冲突的若干建议。

关 键 词：全面两孩；女性发展；社会支持体系；高校妇女组织

"全面两孩"政策是中央根据我国社会经济发展需要而作出的生育政策的重大调整，对于促进人口均衡发展、应对人口老龄化、优化家庭结构等具有重要意义。生育政策的调整和完善不仅是国家发展战略的要求，也与妇女及其家庭的需求和利益密切相关。妇女是生育的主体，关注"全面两孩"政策对妇女发展的影响，维护妇女权益，是妇女组织应有的立场与使命。

浙江大学妇女组织（女工委、女教授联谊会等）一直关注高校女教师职业发展和女性高层次人才成长，积极用行动推动学校创造有利于女性发展的良好空间和条件。研究型大学入职门槛高，工作压力大，高学历人才集中，拥有一支优秀的女教师队伍。但女性学者流失、高层次女性人才比例偏低，依然是不争的事实。在我们的调研和组织的众多活动中，如何平衡事业与家庭始终是女教师们绕不开的话题，尤其对处于事业发展关键期与最佳生育期重合的青年女教师来说，冲突和焦虑更为明显。

如何平衡事业与家庭是个经久不衰的话题，也并非中国独有。但近年来国家生育政策调整，使更多家庭面临是否生育二孩的选择，也使妇女如何兼顾就业与育儿问题成为社会关注的热点。比较三次中国妇女社会地位调查数据，生育对妇女就业的负面影响有日益扩大的趋势，"全面两孩"政策实施后，妇女生育与就业之间的冲突有可能进一步加剧。如果没有相应的政策保障和社会支持体系建设，不仅将抑制女性的生育意愿，也会影响女性发展和妇女社会地位。

据悉,"单独两孩"政策出台后,全国符合政策条件的夫妇有 1100 多万对,但申请生育的夫妇和每年真正的出生人数,不到预测的 1/4,远远少于预期值。同样,"全面两孩"政策要真正落地并取得预期效果,取决于家庭、社会和政府的共同努力。加快"全面两孩"政策配套资源和社会支持体系建设刻不容缓,重点应在以下几方面予以推进。

一、公共政策

《中共中央 国务院关于实施全面两孩政策改革完善计划生育服务管理的决定》强调,要"注重改革措施的系统性、整体性、协同性,做到调整完善生育政策与服务管理改革同步推进、配套政策措施同步制定"。生育政策的调整完善涉及人口、健康、教育、就业、社会保障等多个领域,需要统筹规划,配套同步推进。

符合政策条件的育龄夫妇的生育意愿,直接影响到"全面两孩"政策能否取得成效。有关部门应重视对育龄夫妇生育意愿的调研,从民众的需求出发,加强对"全面两孩"政策实施过程中相关问题的研究,全面评估两孩政策将给社会各个领域带来的变化和影响,为加快实施"全面两孩"政策的配套资源和社会支持体系建设提供依据。

保障妇女就业权利。妇女是生育的主体,也是重要的人力资源,"全面两孩"政策要兼顾妇女发展才能尽快落地。地方人大、政府应尽快制定落实"全面两孩"政策的配套法规、政策,依法保障女性就业权利,加强女职工劳动权益维护。建立更加灵活的就业方式,从制度层面保证女性可自主选择"阶段性就业"等弹性就业方式。加强女职工再就业培训,支持、帮助女职工生育后重返工作岗位。

建立合理的生育成本分摊机制。修订后的《浙江省人口与计划生育条例》已于 2016 年 1 月 14 日正式实施,其明确了符合法律法规规定生育子女夫妻可获得的福利待遇:(一)女方法定产假期满后,享受三十天的奖励假,不影响晋级、调整工资,并计算工龄;用人单位根据具体情况,可以给予其他优惠待遇。(二)男方享受十五天护理假,工资、奖金和其他福利待遇照发。这对育龄夫妇来说无疑是个利好消息,但对用人单位来说,则增加了人力资源成本。

随着"全面两孩"政策的实施,企业因女职工生育而引起的人力资源成本增加,除缴纳生育基金外,还有女职工生育不能在岗导致的损失,这对于女职工集中的企业来说是个不可回避的现实问题,而不仅仅是"性别歧视"问题。这个问题如果不能很好解决,势必会在源头上导致企业不愿招聘女员工或对女性就业设置更高门槛,从而影响女性就业。

怎样在保障妇女就业和企业发展之间找到平衡点,是公共政策需要研究的问题。因此,应建立生育成本的合理分摊机制,增加政府投入,逐步建立生育保险基金由国家、用人单位、个人三者分担的机制,拓宽生育保险基金的筹集渠道,缓解女职工权益保护与企业发展之间的矛盾。最近山东省出台政策,育龄女教师多的中小学可增编5%,可以看作是公共政策在缓解学校正常运行与育龄女教师生育之间的矛盾、解决实际问题方面所作的努力。

公共政策中的女性关怀。浙大妇女组织一直在推动学校在政策层面创造有利于女教师发展的良好条件,希望公共政策的制定中体现女性关怀,摒弃忽视性别差异的"一刀切"做法。我们通过教代会提案等多种形式,不断反映女教职工的呼声。近年来,学校在职称评定的业绩考核年限、"非升即走"年限等方面,均对符合政策女教师生育因素有所考虑。

二、社会服务

虽然育龄夫妇的生育意愿受到许多方面的影响,经济压力、工作压力、养育孩子的时间精力成本、生活价值观、政策导向以及社会、家庭所提供的支持等都会影响育龄夫妇的选择,但在"想生不敢生"的背后,折射出许多民生短板。

补足民生短板。增加公共产品的供应,科学配置医疗、卫生、教育等公共资源,特别是要将增加妇幼医疗机构和服务,列入"十三五"发展规划,加大投入,切实落实。目前呼声较高的是增加公共投入,建立质优价廉、安全信赖的公立托幼机构;鼓励有条件的企事业单位办托儿所,解决0~3岁幼儿的托管问题,解决生育两孩家庭的后顾之忧。

推动家务劳动社会化。应该充分肯定家务劳动的社会价值和经济价值,采取更有力的措施,推动、规范家政业的发展,加强对家政业的扶持、指导和监管,制定行业标准,加强对从业人员的管理,提高从业人员的素质,提高家务劳动社会化程度,缓解职业女性事业与家庭的冲突。

关心孕期、哺乳期女职工。高校妇女组织应该重视"全面两孩"政策实施后女职工的需求,尽己所能为广大女职工服务。近年来,浙大女工委一直在推动"妈咪暖心小屋"建设,除学校层面建示范点外,重点推动女职工人数多、有需求的院级工会因地制宜地建设"妈咪暖心小屋",为孕期、哺乳期女职工提供私密、卫生、舒适、安全的哺乳、背奶、休息、交流场所,帮助女职工有尊严、体面地度过特定生理期。"妈咪暖心小屋"有配置要求和管理规程,统一授牌。

三、媒体舆论

宣传先进的性别文化。大众传媒影响深远,在传播先进的性别文化、推动性别平等进程中具有重要作用。1995 年,第四次世界妇女大会把"妇女与媒介"确定为推动妇女发展和性别平等的十二个重大关切领域之一。

习近平总书记曾经说过,"在中国人民追求美好生活的过程中,每一位妇女都有人生出彩和梦想成真的机会"。大众媒体和社会舆论应该支持女性有自己的追求,鼓励女性实现自己的人生价值和梦想,大力宣传优秀女性。中国科协和主流媒体关于中国青年女科学家奖的宣传就非常好,《我们的征途是星辰大海》,标题十分豪迈,满满的正能量。更重要的是,这些青年女科学家均非"不食人间烟火"之人,她们年轻、美丽,有爱有孩子有家庭,对女性追求事业发展是一种非常好的正向激励。

浙大妇女组织充分利用高校女性人才聚集的优势,时刻牢记自身的职责使命,先后组织策划了"女性与高等教育"论坛、"青年女教师发展论坛"、"女院士与女大学生面对面"、"浙里正青春——青年女科学家与求是学子面对面"等多项活动,宣传"四自"精神和先进性别文化,探讨女性成才、发展等话题,激励并促进了青年女教师与学生的发展。

尊重女性的多样化选择。随着社会的发展和生活水平的提高,女性在价值观、生活方式抑或工作与家庭之间有了更多个性化的选择。无论是社会还是妇女组织,应该充分尊重女性的多样化选择,同时帮助那些追求事业家庭"双丰收"的女性缓解冲突。需要强调的是,社会舆论不应将女性职业角色与家庭角色对立起来,更不应夸大生育对工作的负面影响。生育只是女性人生某个阶段的事,也是大部分女性都要经历的过程,应以平常心待之,坚决反对"生育歧视"。

妇女组织要发出自己的声音。目前,某些媒体在"性别话题"的设置上存在问题,腐朽落后的性别观念依然伴随市场大潮和商业文化在一定程度上"沉渣泛起"。各级妇女组织要主动发出自己的声音,坚决抵制性别歧视的言论。加强与媒体的合作,宣传马克思主义妇女观,推动性别平等进程和公共政策的日益完善。

四、家庭建设

习近平总书记在 2015 年新春团拜会上指出:"不论时代发生多大变化,不论生活格局发生多大变化,我们都要重视家庭建设,注重家庭、注重家教、注重家风,紧密结合培育和弘扬社会主义核心价值观,发扬光大中华民族传统家庭美德,促进家庭和睦,促进亲人相亲相爱,促进下一代健康成长,促进老年人老有所养,使千千万万个家庭成为国家发展、民族进步、社会和谐的重要基点。"

育儿是家庭的大事,女性在育儿方面往往需要付出更多精力,因而也面临平衡事业与家庭的更大挑战。在社会支持尚不充分的情况下,家庭支持显得尤为重要。鼓励夫妻共同承担家务劳动和育儿责任,家庭成员互相理解支持、尊老爱幼,家庭幸福、夫妻恩爱,好的家风,都是缓解职业女性事业家庭冲突的良药。

浙江省教育系统和浙江大学"事业家庭兼顾型"先进个人评选已有十三届,历时 26 年,成为一个颇具特色的文化品牌。这个奖项的评选,传递了一个重要信息:事业、家庭是人生的两大支柱,社会责任和家庭责任不可或缺;事业有成、家庭幸福不仅非常美好、令人向往,而且值得社会倡导。令人鼓舞的是,在浙江大学每次评选出来的"事业家庭兼顾型"先进个人中,男性占 30% 左右,而且许多是"重量级"人物。这意味着在浙江大学,不仅女性和男性一起撑起了事业的天空,男性也和女性一起挑起了家庭的担子。我认为,这是一种非常好的文化现象,值得弘扬。

【参考文献】

[1]黄桂霞.生育支持对女性职业中断的缓冲作用——以第三期中国妇女地位调查为基础[J].妇女研究论丛,2014(4).

[2]郑真真.实现就业与育儿兼顾需多方援手[J].妇女研究论丛,2016(2).

[3]中共中央国务院关于实施全面两孩政策改革完善计划生育服务管理的决定(2015 年 12 月 31 日)[N/OL].人民日报,2016-01-06. http://paper.people.com.cn/rmrb/html/2016-01/06/nw.D110000renmrb-20160106-2-01.htm.

【作者简介】

王勤,浙江大学工会副主席,浙江大学妇女研究中心副主任,教授。

高校女教师工作生活现状调查及对策分析

——以浙江工商大学为例

吕筱萍　刘晓莉　梁　艳

内容提要：本文以浙江工商大学女教授为调查样本，分别从工作满意度、生活满意度等方面调查并洞察高校女教师的工作与生活状态，针对调研结果从学校层面、教师个人层面以及社会层面三个视角提出相应的对策与建议。

关　键　词：高校女教师；工作满意度；生活满意度；心理压力

高校女教师是高校教师队伍中的重要组成部分，高校女教师的工作生活状况不仅影响着女教师自身的身心健康，同时也影响着高校的科研和教学水平。本课题主要以浙江工商大学女教授为调查样本，分别从工作满意度、生活满意度等方面研究高校女教师的工作生活现状，并针对调研结果提出相关的对策与建议。

一、高校女教师工作生活状态分析

本次调查主要面向浙江工商大学女教授，共现场发放问卷 35 份，占全校女教授 46.6%。收回问卷 34 份，其中有效问卷 34 份。参与此次调查问卷的对象来自于工商、食品、艺术、信电等各大学院，数据具有代表性，全部数据先采用 Excel 整理、再通过 SPSS 统计分析软件进行处理。

（一）调查对象的基本情况分析

本次调查的 34 位女教授年龄分布主要集中在 40~55 岁（93%），其余年龄段占比为 7%。被调查者的岗位类型主要为教师岗（76%），其次是双肩岗（24%），且 81% 的被调查者属于教学科研型教师，15% 为教学为主型教师，只有小部分（4%）的被调查者属于科研为主型教师。

(二)高校女教师工作现状分析

1.工作满意程度分析

关于工作满意度的调查,超过一半的被调查者(52%)觉得对自己的工作满意程度一般,21%的被调查者对自己的工作较为满意,17%的被调查者对工作不满意,10%的被调查者对工作很不满意。可以看出我校部分女教授对现有的工作满意程度不高,但是从总体上看,女教授们的工作满意度还是较高的,处于中偏上水平。

2.工作乐趣情况分析

当被问及"您生活的乐趣有多少是来自于工作"时,有36%的被调查者选择了61%~80%,有29%的被调查者选择了41%~60%,18%的被调查者选择了20%以下,14%的被调查者选择了21%~40%,3%的被调查者选择了80%以上。可见,选择生活乐趣中有41%以上是来自于工作的被调查者占比68%,这说明高校教师这一工作的总体乐趣还是较大的,这与高校教师的岗位性质有关。

3.工作动力情况分析

根据调查数据显示,50%的被调查者认为实现自我价值是其主要的工作动力,21%的被调查者认为教书育人是其主要的工作动力,16%的被调查者认为高校教师这份职业的工作乐趣是其工作动力,13%的被调查者认为赚钱是其工作动力。

4.工作环境满意度情况分析

高校教师对学校的满意度是可以通过各个指标衡量的,如工作环境、人际环境、考核制度、报酬待遇等方面。为了更加清楚地了解我校女教授对学校各方面满意度的情况,本调查针对满意度的六大方面进行了分析,从而对女教授进行了更加细致深入地调查。这六个总项目分别为:工作成就感、管理制度、考核制度、工作环境、人际关系及报酬待遇。对比满意度的六项指标,可以发现只有人际关系这一项各年龄层的满意度均值是大于3的,均值为4.1379。其他五项指标工作成就感的满意度均值为1.954,考核制度的满意度均值为2.0115,工作环境的满意度均值为2.6552,报酬待遇的满意度均值为1.977。这说明我校女教授对学校工作环境满意度情况不尽如人意,这必须得引起有关部门的重视。只有提高了教师们工作满意度,才能进而提高其科研与教学绩效。

(三)高校女教师的生活状态分析

关于生活状态的调查主要从生活满意程度、感受的压力程度和压力的负面影响三个方面展开。

1.生活满意程度

当被问及"您对您现在的生活状态满意程度"时,只有 21％的被调查者选择了满意,选择一般的占比 52％,选择不满意的占比 27％,可以看出我校女教授的生活满意程度并不是很高。

2.感受的压力程度

关于压力程度的调查,有 35％的被调查者选择了压力很大,有 48％的被调查者选择了压力较大,17％的被调查者选择了压力一般,没有人选择压力较轻或没有,压力很大以及压力较大的被调查者的比例累计达到了 83％。可见,绝大多数的女教授感觉到的压力程度还是很高的,这与学者龚惠香的调查研究结果是一致的。

3.压力的负面影响

压力程度的调查和统计表明,我校绝大部分女教师明显感受较大的压力,那么较大的压力给她们造成的负面影响有多大呢? 进一步调查表明:52％的被调查者选择了轻微影响,38％的被调查者选择了严重影响,没有人选择没有影响,只有 10％的被调查者选择了压力是努力工作的动力。可见,我校女教授感受到的压力给她们带来了较大的负面影响,女教授由于压力造成的生理和心理的不适症状,是高强度脑力劳动者的典型症状,这不仅会影响女教师的身体、心理以及社会适应等方面的健康,且其本身又有可能成为一种新的压力源,加重压力所造成的消极后果。

二、对策与建议

上述调查表明,高校女教授因面临较大的压力(尤为表现在科研方面)从而使工作生活的总体满意水平不高。这不仅会严重影响女教师们的校园工作和日常生活,对女教师的身心健康也极为不利。只有学校、女教师自身以及社会等多方共同努力才能更高效率地降低女教师的相关压力,提高女教师的工作生活满意度。

(一)学校层面

1.减轻女教师的工作负担

长期超负荷的工作,已经使很多教师身心极度疲劳,女教师普遍感到科研、教学工作量大。面对日常工作量大,并有不断增加的趋势,女教师将不断承受更大的压力,并表现出身体疲乏、睡眠不好,情绪上出现焦虑、不安和沮丧。学校应当适当采取措施,减轻教师的工作负担和思想压力,引导教师创造性地开展工作,体验到教育工作的乐趣,从而产生工作动力。学校可以从以下几方面着手:①要合理安排学校的各项工作,合理分配教师上课、进修与休息的时间,减少纯形式主义的事务,减少班级人数和无意义的评比考核。②对教师实行更多的"弹性"与"人性化"管理,给教师独立思考和钻研的时间。③适当开展休闲娱乐活动,劳逸结合。

2.建立科学的教师工作能力管理与评价机制

科研工作、教学工作、学校管理及制度,这些因素都带给我校女教师极大的心理压力。而且在女教师对学校考核制度的满意程度调查中,女教师们对考核制度的满意度并不高,这说明高校的考核制度存在一定的问题。当前,为了提升学校声誉和获得更多的政府资源,学校把教师的科研成果定为教师工作能力的主要考核标准,评聘制度中明确规定教师的论文、著作、科研项目、奖项的数量和等级,而较少顾及教师的个体差异(如擅长于教学还是科研)。有些教师尽管很受学生爱戴,教学效果也不错,但因为科研达不到要求,导致职称上不去,加之学校日常管理制度严格,工作量化考核要求高,这些状况导致的心理压力可想而知。另外,学校教师管理中的某些做法给教师带来很大心理压力:职称问题、教师评价导致的价值认同,现有考核制度的矛盾等。因而,学校应当建立科学客观评价教师工作能力的管理和评价机制,改变忽视个体差异而过于追求科研成果的不合理的制度。应根据不同教师的实际能力和专长,合理安排其工作,科学确定工作量,尤其给女教师提供一个公平合理、公开有序的竞争环境和晋升空间,积极创造条件满足女教师的合理需求。从调查情况来看,大学女教师的需求顺序为:第一,提升职称;第二,进修提高;第三,改善住房;第四,增加经济收入。由此可以看出,女教师具有精神文化需求优先,创造成就需求强烈等特点。因此,学校应针对女教师需求的这些特点,引导女教师高层次的精神追求,重视她们的创造欲与成就感,重视女教师的自尊和荣誉需求,为其成才创造各方面的有利条件。

3.构建女教师心理健康服务体系

学校应构建女教师心理健康服务专门机构,建立女教师心理健康档案,及时了解她们的心理动态,开展心理咨询服务。当她们因心理压力而产生愤怒、抑郁等不良情绪时,应设法提供适宜释放情绪的环境。引导女教师正确认识自我,合理调节情绪。同时,学校工会应多组织一些文体活动,丰富女教师的生活,增加她们的交往机会。人类的心理适应,最主要的是对于人际关系的适应。我校管理者应协调好女教师的各种人际关系,让教师之间、师生之间、领导和教师之间充满信任和友谊;鼓励教师之间、师生之间进行合作性教学,建立平等、民主的同事关系和师生关系。国外研究发现,来自同事的信息支持、实践支持、情感支持能增强教师对工作环境的控制感,从而降低压力水平和人格解体水平,有利于提高个人成就感和工作水平。

(二)教师自身层面

1.加强身心保健意识,培养健康的体魄和积极的心态

身体状况和个人特质方面给我校女教师带来的压力不容忽视,本次调查发现,部分教师身体不适、睡眠不好,自尊心强,自我期望过高,意识到自身专业或能力的欠缺,这些都给其带来了一定的压力。因此,为了减轻这类压力源,我校女教师应当不断提高自身的专业素养,在日常工作中,注重休闲锻炼,养成良好健康的体魄和生活习惯。同时加强身心保健意识,培养和训练教师具有自我调控情绪的能力,使自己情绪稳定,心情愉快,积极情绪多于消极情绪,经常保持乐观、积极、向上的心态,情绪反应适度,能根据目的去克服各种困难,实现预定目标,注重提高其行动的自觉性、果断性、顽强性和自制力。

2.寻找多样化压力应对方式

根据结果分析,我校女教师应对压力的方式主要为调整认知、集中资源和情感宣泄,这说明我校女教师的自我调节和应对压力能力较好。对某些人而言,尽管客观压力很大,但如果他们具有良好的应对资源和应对能力,那么他们所感受到的压力就比实际的小。因而,女教师在面对压力时,可以寻找多种压力应对方式。通过注意力转移、情感宣泄和社会支持等,将压力释放出来,保持心理健康。

(三)社会层面

社会因素是我校女教师压力的另一个重要影响因素。因而,为减轻女教师的心理压力,需要从宏观的社会体制层面对高校女教师的工作提供支持和保障。这主要可以从以下几方面入手:首先,当前女教师认为工资、福利待遇低,政府应加大教育投入力度,提高高校教师的福利待遇,保障其合法权益,进一步改善教师的工资收入、住房、医疗等物质待遇,改善高校教师工作生活环境条件。其次,教师普遍认为,社会变革和教育改革令人不太适应,在教育改革中,应当提供教师参与决策的机会。只有在改革的各个环节尊重教师的感受,了解其需要,关注其期望,接受其合理化建议,这样女教师才能以更积极的心态投入到改革中,为参与改革做好心理准备并主动寻求信息,主动适应改革。此外,社会对教师的期望、要求应当合理,不可过高,要提高社会支持力度,增强教师职业幸福感。

【参考文献】

[1]陈建武,张向前.高校女教师工作家庭冲突与职业倦怠关系研究[J].集美大学学报(教育科学版),2013(3):12-16.

[2]陈燕.用科学发展观指导高校工会工作的创新发展[J].工会论坛(山东省工会管理干部学院学报),2011(1):60-61.

[3]郭辉.湖南省高校女教授生活方式的调查与研究[J].中南林业科技大学学报(社会科学版),2011(6):161-162.

[4]金一波,李娇,陶灵芝,等.高校女教师压力、社会支持和主观幸福感的现状及其关系[J].中国健康心理学杂志,2014(2):224-227.

[5]刘术永.群众路线视野下的高校工会工作创新研究[J].湖北广播电视大学报,2014(1):68-69.

[6]潘欣,王剑.陕西省高校教师工作压力对心理健康影响因素的分析[J].中国健康心理学杂志,2010(1):29-31.

[7]邱立里,肖汉仕.高校教师心理健康状况分析及维护[J].高校管理,2010(3):295.

[8]王晓梅,苗丽.高校女教师工作家庭冲突及平衡策略[J].科技创业月刊,2014(2):128-130.

[9]杨延红.关于推进高校工会工作创新发展的思考[J].扬州大学学报,2011(1):64-67.

[10]杨宇辰.理想女性与女性理想之间:高校高学历女教师角色压力及疏解[J].晋阳学刊,2014(3):82-86.

[11]袁小平.人本主义视角下的高校女教师生存状况研究[J].教育评论,2012(4):48-50.

[12]苑来学,王其军,李萍.推进高校工会工作创新发展的思考[J].山东工会论坛,2014(2):40-41.

[13]张辉.新时期高校工会工作机制的创新与发展研究[J].科技创新导报,2013(30):224.

[14]赵叶珠.玻璃天花板下的守望——A大学女教师工作满意度研究[J].云南民族大学学报(哲学社会科学版),2011(3):73-77.

[15]周广亚.高校教师工作压力与抑郁、躯体化的关系研究[J].健康研究,2012(1):28-32.

[16]朱小茼,杨绍清,彭焱.高校教师职业压力与心理健康的相关研究[J].现代预防医学,2011(5):50-58.

【作者简介】

吕筱萍,浙江工商大学工商管理学院,教授。
刘晓莉,浙江工商大学工商管理学院硕士研究生。
梁　艳,浙江工商大学工商管理学院硕士研究生。

高校女教职工困境帮扶机制初探

葛青青

内容提要：高校女教职工是由知识女性组成的重要群体，是教学、科研、管理中不可或缺的部分，她们的综合素质在很大程度上影响着管理水平的提高、学校质量的提升和人才培养的效果，她们撑起了学校发展的"半边天"。本文分析高校女教职工困境的主要表现，分析其产生的原因，探索建立帮扶机制，发挥她们在高校发展中的重要作用。

关　键　词：高校；女教职工；困境；帮扶机制

高校女教职工在管理、教学、科研队伍中均占有很大比例，是高校发展中一支重要的力量。作为女性，她们会面对因家庭角色、特殊生理阶段、工作性别差异等导致的精神困境；高校收入较为固定，如若本身经济较为困难，或突发意外，则又会面临物质困境。从困境表现去分析原因，并积极从各层次建立帮扶机制，具有重要意义。

一、高校女教职工困境的主要表现

笔者对浙江外国语学院、浙江工业大学、浙江理工大学、浙江工商大学等杭州四所高校进行了问卷调查，按物质困境和精神困境进行分类调查。其中，在物质方面存在困境的女教职工中，困境的主要表现为家庭自身条件比较困难（57.5%）、突发性变故（23.3%）、生活挥霍（11.6%）等方面，具体数据详见表1。

表1　女教职工物质方面的困境表现

表现形式	占比/%
家庭自身条件比较困难	57.5
突发性变故	23.3
生活浪费，肆意挥霍	11.6
不会理财	5.1
其他	2.5

精神方面的困境,从心理健康角度看,困境表现主要是认为岗位存在性别歧视(33.7%)、没有平等的晋升空间(26.5%)等;从生理健康角度看,困境表现主要为孕产反应(54.5%)、经期反应(28.9%)等,具体数据详见表2。

表2　女教职工精神方面的困境表现

表现类型	表现形式	占比/%
心理健康方面	岗位存在性别歧视	33.7
	没有平等的晋升空间	26.5
	环境造成的工作压力	18.7
	"以家庭为重"的舆论压力	9.3
	"白骨精"式的择偶压力	7.6
	其他	4.2
生理健康方面	孕产反应	54.5
	经期反应	28.9
	健康保养	10.3
	其他	6.3

二、造成高校女教职工困境的成因分析

(一)物质困境成因

除了家庭自身条件困难这一客观原因外,突发性变故等意外事件是造成物质困境的重要原因。对于高校女教职工来说,其薪资基本固定,接触的圈子较窄,社会经历也相对较少,在面对突发事件时,如果家庭本身经济条件一般,那么其就没有多余的储备用于解燃眉之急,没有太多的优势社会资源可以寻求帮助,没有平稳积极的心态去面对困难。

(二)精神困境成因

1.客观原因

社会是女教职工困境形成的导向性因素。日益激烈的社会竞争使每一个岗位提供者更加注重成本控制和效能输出。对女性存在一定程度的偏见性看法,认为女性容易"娇贵",不能多干活、干重活。在国内,还存在较为严重的"花瓶"思维,认为女性在职场中更重要的是扮演好润滑剂的作用,而不是承担

主要工作,特别是在理工科领域。

家庭是女教职工困境形成的重要因素。在中国传统的"男主外,女主内"家庭观念影响下,家庭的分工往往是"妻子"经营家庭,承担着家庭的大多数事务。同时,在"老人带小孩"的模式影响下,老人会要求其扮演好"母亲"的角色,认为工作上应付过去就好。各种家庭角色的压力都影响着女性的职场发挥空间。

2.主观原因

自我成长管理是女教职工困境形成的关键性因素。女教职工往往更加细腻,情感表达也更加复杂,希望能够兼顾好家庭和事业两个方面,造成了自我矛盾,畏首畏尾,越想做好就越不能静心做好,从而导致恶性循环,影响自我提升。

三、创建高校女教职工困境帮扶机制的途径与方法

(一)学校层面

要破除女教职工困境,首先在于建立学校的政策保障,成立校、院(部门)两级领导负责的保障机制,具体职责见表3。

表3　校、院两级职责分工

层级	职责要求	开展周期
校级	制定完整的女教职工保障政策	一年
	建立相对灵活的考核评比机制	一年
	独立的职务、职称晋升机会	两年
	结对"困难"女教职工	一学期
	维权"面对面"	一季度
院(部门)级	特殊情况"顶岗"制	不定期
	"困难"女教职工谈心制	不定期
	结对"困难"女教职工	一学期
	主题教育	一个月
	政策讲解	不定期

同时,根据需要成立女工委专职、兼职队伍。做到兼职人员时时关注女教职工发展,专职人员专门从事服务女教职工工作,院级人员准确获取信息,校级人员及时制定处理意见,具体情况见表4。

表 4　专职、兼职人员分布一览表

层次	人员要求	专职/兼职
校级	分管女工委工作校领导	专职
	分管宣传校领导	兼职
	分管教学、科研校领导	兼职
	分管组织、人事校领导	兼职
	校工会主席	专职
	校工会干事	专职
院（部门）级	分工会主席	专职
	分管女工委工作领导	专职
	分管教学、科研领导	兼职
	办公室主任	兼职

（二）工会层面

1.完善经费保障制度

根据女教职工发展的具体需求，积极为女教职工申请专项经费，保障女教职工各项所需。设立并完善家庭困难补助经费、临时困难补助经费、子女保障经费、女教职工权益保障经费、优秀女教职工表彰经费、女教职工培养经费、女教职工特别补助经费等，全方位保障女教职工的活动需求和权益保护。

2.建立特殊权益服务机制

首先，要根据女教职工特定的孕产和经期反应，建立相应的休息室、哺乳室、活动室等，保障她们在特定时期的特殊要求。其次，坚持"送温暖"服务机制，定期走访慰问单亲女职工、特困女职工，关心她们的家庭生活；组织女教职工参加年度体检和"特殊疾病"医疗保险，保护她们的健康。再次，健全完善服务女教职工的长效机制，为女教职工提供良好的工作和劳动环境，激发和调动女教职工建功立业的积极性、创造性。

3.开拓女教职工交流沟通平台

通过座谈会、沙龙、讲座等多种形式积极组织和动员广大女教职工开展学习交流。如开展"女教职工专业发展与自我成长"沙龙、"我为学校发展作贡献"专题研讨等，引导、激励女教职工加强学习，与时俱进。重视和关心女教职工的专业发展和自我成长，以青年教师教学技能比赛等各类专业竞技活动为载体，促教学创优和科研创新。

(三)教职工互助层面

1.建立"互帮互助,互补互进"机制

积极吸引男教职工和优秀女教职工共同加入到帮扶体系中来,采取会员制或者信贷制,成立"互帮互助,互补互进"基金会,大家相互帮助,相互学习,相互提高。日常可以谈理想、找不足、改缺点、谋发展,一旦发现有人出现情感困境或者发生突发性变故,就可以集全体之力帮助"困难"教职工渡过难关。

2.建立教职工应急帮扶机制

发动优秀教职工、有良好经济条件的教职工、热心帮扶的教职工等组成经济应急帮扶小组、学科帮扶小组、其他工作临时顶岗小组。平时,实时进行情况跟踪,及时掌握信息。在女教职工遭遇突发事件的时候,在工作上,采取"AB岗"的形式,快速实现顶岗,进行岗位填空、教学互补、学科协同;在经济上,进行财务信用支持,及时反映情况,争取学校补助;在情感上,关心女教职工的心理健康,保证其情绪稳定。

总之,对于面临困境的高校女教职工,建立行之有效的帮扶机制是一项长期的系统工程,也是一项重要的战略任务。要真正将女教职工困境的破解引入科学系统的体制化建设轨道上来,就必须将这项工作纳入学校的整体规划中去,完善保障政策、建立服务机制、开拓活动空间、营造互助氛围,全方位推进物质和精神的双重帮扶体系的建立。

【参考文献】

[1]张雪林.新时期如何做好高校工会的妇女工作[J].工会论坛,2005(4).

[2]周新霞.高校女教师工作家庭冲突类型及影响因素研究[D].西安:陕西师范大学,2007.

[3]曹爱华.高校女教师的角色冲突与协调发展[J].高教探索,2008(5).

【作者简介】

葛青青,浙江外国语学院校办,讲师。

高校工会开展工资集体协商工作中的现存问题及对策建议

任 磊

内容提要:工资集体协商制度的开展关系到高校教职工的工作生活。当前高校工会开展工资集体协商工作中存在很多问题,关乎此项工作的有效展开。如何明确问题、分析问题并采取相应对策已成为各高校工会工作的重点,与每位教职工的合法权益休戚相关。

关 键 词:高校工会;工资集体协商;问题;对策建议

工资是高校教职工维持稳定和谐生活的主要经济来源,是民生之源,是教职工最关心的问题,也是直接关乎他们切身利益的问题,确切地说是赖以生存的根本,也是劳动关系的核心。

依法推动高校普遍开展工资集体协商是当前各高校工会的一项重点工作,对于保障教职工工资分配权益,提高教职工收入水平,构建和谐的劳动关系,更好地发挥高校工会组织在推动科学发展、促进社会和谐中的作用,具有十分重要的意义。

2000年劳动保障部颁发了《工资集体协商试行办法》,确立了工资集体协商内容、协商代表、协商程序,进一步规范了企业内部的分配制度和分配形式。高校工会作为党领导下的群众组织,是教职工利益的代表者和维护者,依法代表教职工与单位进行工资集体协商,反映教职工的呼声和要求。可以说,维护教职工合法权益,是法律赋予高校工会的神圣职责和权利。

近年来,各地高校工会积极行动、大力推进,工资集体协商工作取得了一定成绩,赢得了教职工的支持。同时,我们也看到,工资集体协商工作中仍旧存在较多突出问题,需要及时解决,相关措施也要不断完善改进。

一、高校工会开展工资集体协商工作中的现存问题

工资集体协商涉及高校教职工的实际利益,需要协调好各方面的关系。就目前各高校工会开展此项工作之后所发现的问题来看,很多环节需要我们正视和仔细分析。

1.对工资集体协商制度的重要意义认识不够,思想上没有足够重视

高校作为事业单位一直以来都自觉向政府机关看齐,认为工资集体协商制度是专门为企业量身定制的,与自己没有任何关系。这些错误认识存在于大多数高校中,从领导到教职工都没有认真对待工资集体协商制度。同时,工资集体协商制度需要通盘考虑,不能光靠工会苦撑,必须要求学校领导层面积极调动教职工的参与积极性,众志成城。

然而,目前各高校大多数教职工对工资集体协商政策的内容尚没有搞清楚,对文件的精神也没有很好地领悟,这也就无法从思想认识上有足够重视并达成统一,工作的开展也就成为一纸空谈。

2.对工资集体协商制度未形成有效的运行机制,知识能力储备上仍显不足

目前,大多数高校工会对工资集体协商制度还没有系统的研究与分析,对政策的把握还很不足,继而难以形成有效的运行机制。

同时,很多工会干部在理论学习与知识储备方面比较滞后,思想上没有统一认识,对工资集体协商的政策法规和业务知识不熟悉,对协商的方法和程序不了解,对"谈什么、怎样谈"不清楚,难以依法与高校教职工展开平等协商。

3.高校工会对自身的定位认识不够,无法担负工资集体协商制度工作的重任

高校工会历来给人的感觉是从属于学校的一个分支机构,附带于学校其他部门。这种错误认识导致在新时期劳资关系中高校工会无法表达自己的呼声,难以为高校教职工谋取正当利益。

虽然近几年各高校积极推进教代会,从不同程度上提升了高校工会的地位,但是从现实情况来看,高校工会干部人数少,力量小,更多地还是从属于学校党政相关部门。这样的尴尬处境让高校工会无法代表教职工就工资问题畅所欲言,集体协商制度也就乏味无力。

4.高校工会实施工资集体协商制度的针对性和实效性不强,没有达到预期目标

随着国家工资集体协商制度的展开,各高校也依照政策开展相关工作。纵观各高校这几年的施行情况,普遍存在着协商类型单一、协商目标宽泛不切实际,过于追求协商目标的大而全,忽视了自身的实际情况,没有做到具体问题具体分析。很多教职工比较关心的热点难点问题没有提到议事日程,也没有找准教职工和单位双方共同的意愿和要求,集体协商结果自然难以达成一致,预期目标也就无法按时实现。

二、针对工资集体协商工作中现存问题的对策建议

各高校工会要针对工资集体协商中存在的问题进行理性分析,集思广益,

多方听取专家和教职工意见,妥善合理地制定出适合自身需要的制度,切实解决好工作中出现的问题,让广大教职工的合法权益得到应有的保护。

1.加强宣传,营造氛围,提高工会对推进工资集体协商的重要性、必要性和紧迫性的认识

在推进高校工资集体协商工作的过程中,高校工会要积极组织人力物力并利用各种宣传平台如报纸、微信、网站等来加强宣传力度,让每位教职工认识到工资集体协商制度的重要性,让教职工都认识到工资集体协商和自身利益密切相关,从而自觉自愿地开展协商。

同时,学校工会要不定期地通过学校教职工代表大会(或教职工大会)、"校务公开"等形式向全校教职工公开学校运行状况、教职工收入、福利保险待遇等有关情况,让教职工做到心中有数。

此外,学校工会要积极参加校外的相关工作经验交流会和成果展示会,并对本校的相关工作加强示范引导,推广外出学习到的先进典型经验,推动全校协商工作的整体跟进。学校领导层则要积极支持工会工作,努力从政策层面将工资集体协商工作纳入本校各部门党政、工会工作的考核内容,并纳入年终评优评奖范围之内,努力在校内营造推进工资集体协商工作的良好氛围,加深工会对协商工作的认识,也让全校教职工从思想上重视起此项工作。

2.加强培训学习,认真领悟政策,储备专业知识,提升工作能力

要加强高校工会工资集体协商组织和工资集体协商干部队伍建设,积极学习国家的有关文件政策,思想上要高度重视,与时俱进。同时,学校要不定期组织工会干部外出学习兄弟院校的先进工作经验,多听多看,摸索适合自身工作所需的有效机制。

高校工会要通过集中办班与分片办班等方式,积极组织各二级学院分工会干部定期学习《中华人民共和国劳动法》《劳动合同法》《集体合同规定》和《工资集体协商试行办法》等相关文件,帮助他们认真学习经济、法律、工资政策和企业经营管理等专业知识,及时了解和掌握相关的政策法规和工资分配、协商谈判等业务知识,不断增强沟通协调、协商谈判、思想疏导和化解矛盾的能力,切实做到人人思想要重视,人人心中政策清,人人业务都要精。

3.高校工会要明确自身定位,强化运行机制,担负起应有的职责

高校工会要在新时期加强思想认识,真正地成为党联系教职工群众的桥梁和纽带。此外,高校工会要将自身建设不断完善,积极担负起为广大教职工建言献策的重任。特别是要在高校工资集体协商工作中努力担当,建立健全工资集体协商机制,夯实工资集体协商工作的基础。

高校工会在建立工资集体协商制度工作中,要努力把平等协商机制作为

重点环节来抓,切实规范和完善协商程序。运用协商、沟通的方法解决问题,使协商双方互相理解、坦诚相待、平等协商,形成工作协调、各司其职、相互合作的工作环境。以此为契机,高校工会强化自身运行机制,明确自身的位置,适应新时期高校对工会的高要求,新期望。

4.高校工会要依托高校实际,实事求是,有的放矢展开协商工作

工资是劳动关系矛盾的焦点问题。高校工会代表教职工进行工资集体协商,是市场经济条件下教职工工资决定的基本制度,是实现公平劳动、体面劳动、构建和谐劳动关系的重要基础,是高校工会无法躲避、不能绕开、责无旁贷的工作,是高校工会所面对的时代重托。能否代表职工把工资谈起来、谈到位,是高校工会是否切实维权的标志,是高校工会是否转型的标志,也是工会存在的社会价值的集中体现。

鉴于目前工资集体协商中存在的问题,我们必须参考国外相关例子,认真研究,在适应我国国情的基础上有效推进该项制度。高校作为我国事业单位的重要组成部分,也要积极地探索适合自身发展所需的工资集体协商制度。

从 21 世纪初国家公布《工资集体协商试行办法》开始,各企事业单位就有条不紊地展开了此项工作。在未来的工作中,各高校要细化、条理化此项工作,不求大而全,只求精而准。高校工会要统计梳理好所在学校工资现行制度中的问题,有目的有步骤地针对每个问题进行分析研究,充分保障教职工的合法权益,科学合理地进行协商,调整好学校与教职工的劳动关系,让大家对"不愿谈""不会谈""不敢谈"的工资集体协商制度有更清晰的"日程表"和"路线图"。

【参考文献】

[1]陈灵明,周卫忠,徐昕宏.民办高校推进工资集体协商的实践研究——以江西渝州科技职业学院为例[J].江西教育,2013(6):24-25.

[2]郑列,韩景南.高校劳动人事争议调解体系研究[J].山西财经大学学报,2012(11):222,236.

[3]胡昌平.工资集体协商存在的问题及其改进之策[J].天津市工会管理干部学院学报,2011(1):38.

[4]连瑞瑞.关于中国推进工资集体协商制度的若干建议[J].经济研究导刊,2010(36):117-118.

【作者简介】

任　磊,湖州师范学院文学院,助理研究员。

高校后勤公司劳动争议现状及对策研究

王 云

内容提要：随着高校的快速发展,学校编制外用工主要集中在后勤公司。由于缺乏统一的管理政策和相应的管理经验,用工不规范、同工不同酬等问题使得近几年浙江省后勤公司劳动争议案件频发。本文对后勤公司劳动争议现状进行了调查,在理论分析和实践经验的基础上,提出高校后勤编制外用工管理的对策及建议。

关 键 词：高校后勤;劳动争议;现状;解决对策

2000 年全国高校实行后勤社会化改革,各高校纷纷注册成立后勤服务有限公司,经过 16 年的运行,取得了一定的成就。但是高校后勤所服务的对象和公司内在的性质,导致公司内部人员身份复杂,工会组织不健全、管理薄弱。这些问题的存在,阻碍了各高校后勤公司的发展,已成为高校后勤人事发生纠纷的根源所在。近几年来,全国各地高校相继出现了劳动合同制员工与后勤公司在劳动用工方面的争议,给学校的稳定带来负面的影响,劳动争议案件呈现出前所未有的多样性和复杂性,劳动争议纠纷也逐渐成为高校领导所关注的问题。因此我们有必要对此状况进行分析,并提出相应的对策。

一、当前高校后勤公司劳动争议的主要现状

1.劳动者法律意识的加强,对高校后勤现有体制的冲击

《劳动合同法》从 2008 年开始全面实行,并明确规定:企业用工必须与劳动者签订劳动合同,并按规定缴纳社会保险。当前越来越多的劳动者已经意识到如何利用法律武器来维护自己的合法权益,但是,我们也看到,在职工维权的过程中,有相当多的职工采取一些较为极端的手段,例如,在学校重大活动开展的前夕,他们采用集体上访、堵截学校领导等方法要挟学校和政府,最后怕影响学校教育秩序,学校不得已作出让步。学校行政管理的模式,事业编制人员在后勤管理队伍中占主体地位的状况,也使后勤管理者难以站在企业的角度去处理在劳动争议中发生的问题。高校后勤在改革中"新人新办法,老

人老办法"的政策直接导致同工不同酬,身份不同,人事政策不同,后勤公司普遍存在拿最低工资的群体干最基层的活,这也加剧了劳动者与企业之间的矛盾,劳动争议案件的屡屡发生。

2.人力资源管理基础薄弱,企业化运作意识模糊

高校后勤企业化管理的基础落后,人员企业化专业知识薄弱,难以适应企业发展的要求,从而导致后勤公司劳动矛盾增多,在劳动争议和诉讼中往往败诉。一直以来,行政事业单位的人事管理,基本上是以档案管理和人事行政统计为主,学校的人事管理中虽也包含吸收、录用、保持、发展、评价、调整等功能,但是对人力资源的开发、考核、培训都流于形式,很难落到实处。再加上领导对成本控制概念的误解,对人力资源不重视,也不愿意投入更多的资金把人才培养作为一项战略目标来发展,特别是公司主要领导都是学校下派的,在公司中层干部的选拔上,按行政事业单位选拔模式进行,重身份、重学历、轻实践工作经验的现象处处存在,结果造成管理与实际相脱离,直接导致劳动生产率低下,职工自我管理水平低,职工对企业的忠诚度低的局面。

3.民主管理形同虚设,集体协商制度不健全

(1)职代会作用发挥不够。目前,大多数高校后勤职代会代表大多数是学校编制的职工,而占公司绝大部分的职工因为身份问题而被排斥在外。由于高校的特殊性,后勤公司管理人员也默认这种状况的存在,从而导致这部分职工对企业的忠诚度不够。许多职工认为只要不直接影响自己的利益,就不闻不问,参政议政能力丧失,部分职工代表也没有经过相关的民主管理和集体协商等业务知识培训,难以适应形势发展的要求。由于这两方面的原因,职工也难以对公司重大决策提出客观、准确的决策和建议,无法履行代表的职责。

(2)企业劳动关系调解机制不健全。从 2014 年开始,浙江省许多高校后勤公司在当地劳动部门的要求下设立了劳动纠纷调解委员会,但是一出现劳动争议,劳动纠纷调解委员会就很难发挥作用,究其原因主要是:委员会成员组成上存在欠缺。有许多单位,两块牌子下一套班子,既是甲方又是乙方,代表学校利益的成员占多数的格局,导致在调解中,侧重维护公司的利益,而忽视了职工的合理要求。另外也有部分职工片面强调劳动者的权利,而忽视了劳动者的义务。

(3)职工民主管理渠道不通畅。高校后勤公司员工加入工会组织也一直是我们日常讨论的焦点。由于高校后勤的特殊性,后勤工会属于学校工会的一个分会,会员基本都是学校编制的职工。虽然,后勤有限公司具有独立的法人资格,但是与学校后勤在许多方面有很大的交叉,这就出现了绝大部分的职工无法入会,这种现象直接导致了他们无法依据《工会法》的要求,参与民主管

理,维护自己的合法权益,这种排他性,使职工对企业的归属感不强,从而导致劳动争议事例的增多。

综上所述,不列入学校人事管理的劳动者已成为高校后勤劳动争议发生的主体,也正是后勤公司采用行政化管理手段,阻碍了高校后勤社会化改革的进程,因此,浙江省有许多高校已重新回到后勤社会化改革前的状态。

二、高校后勤公司劳动争议的解决对策

后勤公司作为独立法人,如何去应对劳动争议,在最有效的时间内解决与劳动者之间发生的争议,我个人认为,应从以下几个方面去进行。

1.完善相关立法,使劳动争议的解决做到有法可依

自2008年1月1日起施行的《劳动合同法》弥补了现行劳动合同法律、法规的不足,以全力保护劳动者的合法权益为前提,在紧紧围绕保护劳动者利益的同时还兼顾用人单位的合法权益。在其实施过程中应密切关注新情况、新变化,加强调研,及时收集依据《劳动合同法》进行案件审理产生的问题,并提出相应的解决方法,为相关司法解释的制定工作做好准备。2008年5月1日起实施的《劳动争议调解仲裁法》进一步完善了劳动争议纠纷解决机制,对于构建和谐诉讼模式有着积极作用。但是,我们应该看到这两部法律的出台,仅仅是弥补了我国立法上的部分缺陷,关于劳动争议纠纷的立法工作仍然尚待加紧进行,以更加适应社会发展现状。同时,由于高校后勤企业的特殊性,国家应当及时对其在法律方面给予一定的补充,进一步深化、完善相应的法律法规。

2.增强法律意识,完善人事制度管理

后勤企业内部首先要进一步优化人事管理制度,编制合理的人事发展规划,在国家法律、法规的指导下,制定规章制度。在与员工签订劳动合同时,可以用《员工手册》的形式让每名员工知晓各项规章制度,使《员工手册》成为合同条款的补充部分。公司管理者应转变思想观念,把人事管理转化成人力资源的管理,注重服务。在规划的制定上要注重员工关注的焦点,在内部各岗位的提拔上,要重视内部员工的竞聘,通过绩效考核等调节手段,积极发挥员工的积极性,从而保证员工队伍的稳定健康发展

3.强化劳动争议调解机制,维护职工的合法权益

高校后勤要根据企业的特点,设立劳动争议调解的机制。一般可以设立由公司管理层、工会会员、职工代表组成的劳动纠纷调解委员会,负责本单位劳动争议的处理。在工作中充分发挥工会维护职工权益的职能,把调解委员会设立在工会下面,职工代表由全体职工选举产生,确保工会的独立性和中立

性,使工会具有独立操作的能力。在经费给予上,要有充分的保证,具体操作中,可以将上交工会经费的一部分划入工会,每年公司预算中划拨一定的资金,设立劳动调解专项基金,保证调解委员会的独立运作。在人员的配备上,应选择懂法律、有正义感的人员参加,也可聘请公司以外的专家加入,如社会保障劳动仲裁庭人员等等,在他们的指导下进行工作,有利于增加调解的权威性。

4.完善工会结构体系,增强职工的归属感

工资集体协商制的实施,有利于减少劳动争议的发生,但是,工资集体协商制的实行,离不开工会。目前,许多高校的工会仅建立在学校事业编制和一部分企业编制员工之上,造成这种现象的原因,是因为后勤企业的工会从属于学校工会。在当前形势下,体制上的原因使工会无法做到全覆盖。我们可以把后勤有限公司作为企业,采用企业管理的方法去运作。在有限公司内部建立工会组织,由后勤分工会进行直接领导,工会委员的产生由没有加入学校工会的职工选举产生,通过事企分开的形式,让全体职工参与,强化工会的民主管理职能。

学校的发展,离不开后勤,服务越完善,员工的数量增长的越快,发生劳动争议的概率也越大。我们要在国家政策的指导下,不断完善内部机制,建立畅通的劳动争议调解体系,职工有畅通申诉的渠道,一定能够把劳动争议控制在萌芽状态。

【作者简介】

王　云,湖州师范学院后勤服务总公司分工会主席,人力资源部主任。

高校后勤非事业编制职工队伍建设实践初探

——以浙江师范大学后勤集团为例

吴凯维

内容提要：非事业编制职工作为高校后勤队伍的主力军，在文化素质、技能水平、服务意识、工作效能、队伍稳定等方面存在着与高校事业发展极不相称的现实问题，影响了服务质量，制约着保障水平，本文以浙江师范大学后勤集团为例，研究现状，剖析原因，从健全制度机制、优化薪酬分配体系、加强能力培养、推进文化建设等方面进行了实践探索，初步提出了相应的对策建议，从而进一步提升非事业编制职工队伍建设，促进高校后勤的建设与发展。

关　键　词：非编职工；高校后勤；队伍建设

随着高校办学规模的扩大、后勤服务职能的拓展、师生员工需求的提升以及高校后勤社会化改革与转型的深入，高校后勤为向学校提供更全面、更优质、更高效的服务保障，必须培育一支素质高、保障强、服务优、听指挥的人才队伍。根据浙江省教育厅发布的《浙江省高等学校岗位设置管理实施意见》文件精神，高校正在逐步减少工勤技能岗位的比例，意味着高校后勤职工队伍中的事业编制职工（以下简称事编职工）正在逐步退出，高校后勤作为非事业编制用工的主要单位，如何进一步发挥非事业编制职工（以下简称非编职工）的特点和作用，充分调动其工作积极性，有效防范劳动用工风险，保证高校后勤保障水平，为高校的建设与发展作出更多更大的贡献，关键在于加强对高校后勤非编职工的职业化、规范化、人性化管理，这对于促进高校教学、科研以及综合实力的提升具有重要意义。

一、高校后勤非编职工队伍现状及存在的问题

自 1999 年高校后勤社会化改革以来，随着后勤事编职工退休高峰期的到来，后勤职工队伍的补充与壮大主要通过聘用非编职工来解决，非编职工正在逐渐成为高校后勤服务保障队伍的中坚力量。从浙江师范大学后勤集团非编职工队伍现状来看，当前有近 90％ 的用工属非编职工，这部分人员普遍存在着

文化素质偏低、流动频繁、主观能动性差、权益保障缺失等不容忽视的特征与问题,对高校后勤保障水平产生着直接影响。

1.文化层次低,年龄大,技能水平不高

后勤非编职工队伍总体文化层次偏低、老龄化现象严重、技能水平不高等问题较为突出,以浙江师范大学后勤集团为例,从文化层次来看,大专以上文化程度仅占一成,大多数非编职工只有小学、初中学历,一般从事技术含量较低、简单重复性的工作,与高校整体文化氛围要求差距较大;从老龄化现象来看,平均年龄超过45岁,他们对新知识、新事物的接受能力较差,缺乏生机和活力,难以满足师生现代化、多元化、高标准的服务需求;从技能水平来看,拥有各类专业技术证书的技工比例较低,仅有15%,职工自身条件决定了发展空间有限,缺乏进取和创新精神,职业观念淡薄,敬业精神较差,事业心、责任心不强,懂管理、懂技术的人才严重缺乏,这样一支队伍与日益发展壮大的高校形成巨大的反差。

2.归属感缺失,流失多,队伍稳定性差

非编职工对后勤事业的归属感和认同感较低,主人翁意识不足,不可避免地导致新人流动性较大,部分工种人员严重不足,使得高校后勤成为相应社会行业的“培训基地”,不利于后勤事业的长远发展。同时,在用工荒的大背景下,由于后勤职工工资福利等优势比较缺乏,促使原本就比较看重经济利益的非编职工的不稳定性加剧,并出现更多影响服务质量、管理水平等方面的问题,使后勤管理难度进一步增加。另外,劳动人事争议和纠纷案件的不断发生,也从侧面反映出队伍的不稳定因素在增大,这都是影响后勤整体工作水平的重要力量。

3.权益保障难,工作积极性低

随着物价飞速上涨,人工成本不断增加以及用工经费捉襟见肘,高校后勤缺乏科学合理的薪酬体系,甚至没有严格按照国家有关政策缴纳“五险一金”,特别是工伤保险和公积金,在职工招聘录用、劳动合同签订和履行、聘任管理上也有失规范,导致非编职工的基本权益得不到有效保障,同时对非编职工的重视程度不够,使他们思想上存在临时性,政策上存在歧视性,行为上存在被动性,工作上存在低效性,这些都在一定程度上加固了他们的“过客”与“看客”心理,造成劳动用工管理的巨大隐患,从而产生非编职工主观能动性差、工作积极性低等诸多问题。

二、高校后勤非编职工队伍存在问题的原因分析

1. 工资福利待遇偏低

在劳动强度偏大、工作条件相对艰苦的情况下得不到合理对等的工资福利待遇是高校后勤非编职工队伍引进不力、稳定性差的重要原因之一。受高校后勤人员编制差异和身份所限,非编职工与事编职工薪酬双轨制、同工不同酬的情况客观存在,除每月固定工资外,绝大多数非编职工不能享受事编职工同等的福利待遇,大部分岗位的工资水平未能达到浙江省平均工资水平或社会同类企业薪酬水平,甚至只达到当地规定的最低工资标准,同时缺乏有效的薪酬增长机制,激发不了工作积极性,吸引不了优秀人员加入,容易形成非编职工队伍中老职工消极应付、新职工无法胜任的不和谐局面,制约着高校后勤的可持续健康发展。

2. 职后教育培训缺乏

由于非编职工流动频繁,教育培训的人力、物力、财力投入得不到快速有效的回报,高校后勤针对非编职工的职后教育培训普遍存在不规范、不全面、不系统的状况,常出现重监管轻教育,只用人不培养的问题,往往以急需急用为标准,以短期效益为目标,招之即来,来之即用,但用之不能胜任,使之在岗位中发挥不了应有的价值或工作效率低下,造成非编职工只能在工作中学习,在实践中摸索,文化素养和工作能力原本就不高的职工很难实现综合素质和专业技能的提高,极大影响后勤队伍的整体素质和后勤工作的顺利开展。

3. 权益保障存在差异

契约化的用工方式和有限的经费财力,使非编职工在基本权益保障的享受上与事编职工被差异化对待,例如社保不完善、福利不到位、晋升空间小、培训机会少、加入工会难、权利享受难等问题,使他们明显感受到同工不同权,看不到长远的个人发展目标与职业生涯方向,从而增强了心理失衡感和落差感,甚至产生不满懈怠情绪,给队伍建设造成"引不进、留不住、用不好"的困境,也在一定程度上影响了部分非编职工的工作积极性和管理技术水平,导致整支队伍的稳定性差,未流动的则有成为新的"老人"的风险,对服务质量的提升造成十分巨大的影响。

三、加强高校后勤非编职工队伍建设的策略建议

高校后勤要发展,人才队伍是关键;人才队伍要提升,非编职工是重点。低素质、低效率、高流失率的非编职工队伍必然难以保障学校和师生对后勤日益增长的服务需求,低工资水平和低文化层次的非编职工队伍也难以适应日

益加剧的高校后勤社会化、市场化竞争。从浙江师范大学后勤集团非编职工队伍建设与管理的实践出发,就如何切实加强高校后勤非编职工队伍建设,提出以下几点策略建议。

1.健全制度机制

制度机制建设具有根本性、全局性和长期性,是推动高校后勤非编职工队伍建设持续科学发展的重要保障。第一,积极贯彻落实国家相关法律法规,包括《劳动法》《劳动合同法》《社会保险法》《工伤保险条例》等,切实保障非编职工在劳动报酬、加班工资、社会保险、带薪休假、福利慰问等方面的合法权益。第二,完善劳动用工管理制度,规范非编职工的招聘、录用、聘任、调配、考核、解聘等工作程序和操作要求,制定《后勤集团人力资源管理办法》《后勤集团聘用员工劳动用工管理暂行办法》《后勤集团关于进一步规范劳动用工的若干规定》《后勤集团返聘人员管理规定》等,确保操作管理依法依规,合情合理。第三,完善人力资源管理相关制度机制,针对非编职工建立一套科学合理的人才引进和流动机制、定编定岗机制、全员聘任机制、按岗定薪机制、人才梯队管理机制、绩效考核机制、分配激励机制、选人用人机制、全员培养机制、轮岗机制等,营造非编职工能进能出、可上可下、适才适用的用人环境,逐步变身份管理为岗位管理,打破编制界限,淡化身份区别,逐渐缩小非编职工与事编职工的福利待遇差距,确保非编职工队伍的稳定与提升。

2.优化薪酬分配体系

提升高校后勤的核心竞争力,薪酬是关键因素之一。高校后勤微利的运行方式导致盈利有限甚至出现亏损,只有通过非编职工的低工资和设施设备的低成本维护来维持一定的收支平衡,导致同岗位待遇缺乏平衡,从而陷入“低收费、低成本—低效益、低工资—低层次人才、低水平服务”的恶性循环中,因此要打破这种循环,建立新的良性循环,必须加强岗位分类定级管理,建立起科学合理的岗位管理体系、“以岗定薪、按劳分配、优劳优酬”的薪酬体系和以业绩考核、经济效益为导向的分配体系,制定实施《后勤集团岗位分类定级管理办法》,对管理、服务、经营三支队伍实行重点人才年薪制、岗位分类定级定薪制、效益绩效激励制,打通上升空间,合理拉开差距,使非编职工队伍的结构更加科学化、合理化,重点提高非编职工队伍中的管理骨干和业务精英的薪酬水平,为紧缺型人才制定个性化薪酬协议,让部分岗位优先实现真正意义上的同工同酬,与社会同行薪酬接轨甚至超越,并逐步扩大范围,在各岗位上形成“比学赶帮超”的良好局面。

3.加大职工培养力度

在引育优秀非编职工的同时,高校后勤应该立足自身,优先内部挖潜,创造培训机会,加大培养力度,提高非编职工的整体素质与水平。第一,既要建立全方位、立体式、行业化的培训体系,又要强化分层分类的培训模式,切实提高培训的针对性与有效性。对于管理岗位,重点对非编职工的管理理念、管理方法、管理模式、管理技能、法律法规等方面进行培训,努力把管理骨干培养成为职业经理人;对于专业技能岗位,重点就非编职工的操作技能、技术更替、技术认证、职业资格等方面进行培训,培养中高级专业技术人才;对于普通服务人员,重点开展服务理念、服务意识、礼仪态度、沟通智慧等方面的培训,培养高素质服务人员。第二,加强与兄弟院校、社会企业的学习和交流,采用开展定期技术交流、专业研讨、驻点学习等方式,拓宽视野,提高水平。第三,利用身处高校的教育条件和环境,依托后勤职工学校,举办各种培训活动,提升非编职工的全面整体素质。第四,积极为非编职工创造良好的发展平台,经常派员到基层工作锻炼,并积极从中培养后备力量,敢于启用优秀年轻的非编职工加入后勤管理干部骨干序列,目前浙江师范大学后勤集团非编职工在中层管理干部队伍的人数占比达到 20%,进入班组长骨干队伍的占比达到近 60%。第五,大力推进结合岗位开展学习研究和技能比武,组建以工作任务和职工特长相结合的工作团队,加大扶持力度,使团队化运作取得良好成效。

4. 推进企业文化建设

推进高校后勤企业文化建设,把企业文化作为非编职工管理与队伍建设的强力黏合剂,创造良好的工作环境,通过文化建设沟通思想感情,融合理想信念,激发团队意识,激励职工发展,促进非编职工增强职业幸福感,满足个人成就感。第一,关注职工思想动态,提高职工政治待遇,通过各级党团工会组织进行积极正面的引导,使职工树立正确的人生观、世界观和价值观,大力弘扬正气,倡导积极向上的文化,使每年学校召开的教职工代表大会上都有一定比例的后勤非编职工参加。第二,尊重职工人格与劳动,大力挖掘、培养和宣传后勤一线的先进人物和事迹。第三,关心职工职业发展,指导与帮助年轻的非编职工进行职业生涯的设计与规划,让他们看到前景,看到希望。第四,关怀职工日常生活,尤其是非编职工的住宿条件、子女教育、家庭特殊困难等问题,通过为职工提供住房,设立帮扶基金,争取入校入园名额等措施,让他们感受到后勤大家庭的温暖,不断增强归属感和认同感。第五,丰富文化娱乐活动,培养非编职工的团队协作精神,寓教于乐,凝心聚力。第六,防范劳动用工风险,维护非编职工权益,增强职工获得感,大力改善非编职工入党、入工会难等问题,目前浙江师范大学后勤集团入工会率达到 80% 以上,也积极引导优秀非编职工向党组织靠拢,培养和造就了一批与后勤发展同呼吸、共命运的非编职工,促进后勤职工队伍更加团结、融洽、和谐。

【参考文献】

[1]林敏.浅谈高校后勤非编用工管理[J].青年与社会,2014(11):225-225.

[2]孟李辛.新时期高校非事业编制人员管理研究[J].劳动保障世界,2013(8):156-156.

[3]江书省.规范高校后勤临时用工管理的难点与思考[J].现代经济信息,2012(21):22-23.

【作者简介】

吴凯维,浙江师范大学后勤集团教师。

高校非在编教职工的生存状况和对策

——以 H 大学为例

严从根　毛　妍　徐王熠　等

内容提要:本研究以 H 大学部分非在编教职工为调研对象,以问卷调查和访谈为研究手段,揭示了非在编教职工的生存状况及其问题。他们普遍不满意自己的工资待遇,缺乏安全感,渴求平等交往,期望得到尊重,缺乏自我实现的愿望等。为解决这些问题,政府、学校、个人都要作出应有努力。

关　键　词:高校;非在编教职工;生存状况

非在编的用工方式大大缓解了人员编制紧张和高校需要大量人力资源之间的矛盾,而且推动了高校人事制度市场化的改革。不过,高校非在编的用工方式也造成了一些问题。在此,我们以 H 大学部分非在编教职工为调研对象进行研究,揭示高校非在编教职工的生存状况,发现问题,提出对策。

一、生存状况

(一)一般状况

我们对 H 大学的部分非在编教职工进行了调研。在有效样本的调查对象中,男性 40 名,女性 64 名。样本中被调查教职工的平均工龄为 3.30 年,0～2年的占 31.7%,2～4 年的占 43.3%,4～6 年的占 8.7%,6 年以上的占 16.3%。在文化程度方面,除了学校合同工(合同工包括车队司机、各部门工勤人员和保洁员、校卫队保安等)之外,样本中非在编教职工的学历主要是硕士研究生。在工资收入方面,32.7% 的人为 1500～2500 元,29.3% 的人为 2500～3500 元,27.9% 的人为 3500～4500 元,9.6% 的人为 4500～5500元,仅有 0.5% 的人为 5500 元以上。

(二)具体状况

1.不满意自己的工资待遇

样本中的被调查者几乎都不满意自己的工资收入,特别不满意的人数占89.5%。在权益保障方面,94.2%的被调查者认为存在不公平对待现象。95.2%的被调查者认为当他们同时负责几个岗位的时候,他们得不到额外的岗位津贴。其中最不满意的是具有高中及以下学历的校合同工和具有硕士研究生学历的校人事代理教职工。同工同酬类非在编教职工的待遇最高(在基本工资和福利待遇方面与级别同等的在编教职工一样),即便如此,他们也对公积金一项极不满意。在公积金方面,他们认为存在不公平待遇,比如,工作2~4年的同工同酬类的教职工的公积金及其学校补贴一般为1800元左右,而和他们同年进入H大学的在编教职工则可拿到4000元左右(其中包括H市2000元左右的住房补贴)。

2.缺乏安全感

就"我的医疗补贴是到位且充足的",77.9%的人表示"不同意"。59.6%的人还认为他们的工作不稳定,非常担心因为工作中出现的错误而被惩罚乃至辞退。因为安全感不足,36.6%的非在编教职工表示"我时常考虑辞职",64.4%的教职工明确表示"如果预期的几年内还不能转正,我会辞职"。

3.渴求平等交往

81.8%的非在编教职工表示希望加强和同事的交往,80.8%的非在编教职工表示希望能加强和领导的交往,90.4%的非在编教职工表示希望能加强和学生之间的交往。值得注意的是,尽管他们希望有更多机会和在编教职工交往,但是他们普遍感到自卑和不适应。76.9%的非在编教职工明确表示"身为一名非在编人员,我在与在编人员进行工作和生活的接触时,有较明显的心理落差"。

4.期望得到尊重

绝大多数被调查者表示,除了学生对自己非常尊重之外,其他人和学校对自己都缺乏足够尊重,学历越低者感觉越明显。仅35.6%的非在编教职工表示"在编同事对待我和对待其他在编教职工没有什么区别",仅58.6%的非在编教职工认为"在我的岗位上,我能感受到领导对我的尊重和认可"。调查还发现,47.1%的非在编教职工表示即便尽心尽力工作,也没有机会参加类似"优秀工作者"的评奖评优活动。56.6%的非在编教职工明确表示"即便表现出色,也不会和在编同事有相同的升迁机会"。只有36.5%的非在编教职工认为"当我向领导提出恰当、合适的意见时,领导能够像对待在编教职工一样积极听取"。

5.缺乏自我实现的愿望

绝大多数非在编教职工表示,他们并不关心自我实现,目前最关注的是有没有"入编"的机会,以及何时"入编"。入编的动机主要也并不是为了自我实现和拥有更大的发展空间,实现人生意义,而是为了让自己的生活更稳定,能够提高待遇和社会地位。

二、对策与建议

解决高校非在编教职工的生存状况问题,提高他们工作的积极性,不仅是高校亟须解决的现实问题,也是高校亟须解决的道义问题。

(一)政府方面:制定和完善政策法规

政府应出台有关非在编教职工的专门的法律法规(而非各种法理性不强、各地差异较大的暂行规定或办法等),从而使高校及各事业单位非在编用人方式有章可循、有法可依,切实保障非在编教职工和高校的合法权益。

(二)学校方面:建立和完善非在编教职工的治理系统

1.建立健全非在编教职工人事管理制度

高校须根据相关法律和本校实际,制定切实可行的公平正义的非在编教职工的人力资源管理方案,从聘用、升职到解聘各个环节都需要制定相应的人事制度。

为更好体现社会主义的按劳分配原则,激发非在编教职工工作的积极性,高校还应对非在编教职工的技术档案进行管理,定期为非在编教职工的培养、续聘、提高待遇甚至"转编"等提供依据。

特别需要注意的是,高校须制定专门的"非在编教职工转为在编教职工的人事管理制度"(以下简称"转编制度")。因为,非在编教职工最为在意的就是"转编",一旦"转编",不仅生计、安全感问题可解决,尊重的需求、交往的需求,乃至自我实现的需求都会得到很大程度的满足。"转编制度"不仅要体现绩效导向,还要体现公平正义,如此才能有效运用市场机制,提高高校工作的绩效,激发非在编教职工的积极性。

2.建立健全新的薪酬管理体系

在宽带薪酬体系设计中,即便一直处于低层级的岗位上,只要工作出色,业绩明显,非在编教职工也有可能获得很高的薪酬,不仅可以超过一般的在编教职工的薪酬,甚至可以超过他们上级的薪酬。可见,实施宽带薪酬制度能够在到一定程度上消解在编和非在编教职工之间的工资差别,打破传统薪酬结构所维护和强化的等级制,这有利于激发高校非在编教职工的积极性。

3.营造和谐的人际关系

高校应营造和谐的工作环境和人际关系,在各种场合都应同等对待在编教职工和非在编教职工,应充分利用各种机会促进在编和非在编教职工进行沟通交流,充分利用各种方式让在编教职工明晰非在编教职工工作的重要性和意义,尊重非在编教职工的工作。

4.实施非在编教职工发展战略

高校工作思路需要调整和创新,非在编教职工的培训和进修也应纳入教职工培训和进修体系。坚决杜绝很多高校正在实施的做法:不允许非在编教职工在职提升学历,或者虽然支持但是培训费用的报销额度往往低于在编职工,甚至要求被代理人才本人支付。不过,非在编教职工的培训和进修计划与方案要具有针对性,内容要具有适切性,不可简单挪用在编教职工的培训和进修计划与方案。

(三)个人方面:转变观念

非在编教职工生存状况不佳固然与政府、高校有关系,但是与自身也有一定关系。例如,他们的观念仍然停留在计划经济时代,把"在编"等同于一种"高人一等"的身份。通过访谈发现,其实绝大多数在编教职工并没有认为在编教职工"低人一等",这种"低人一等"的感觉往往是非在编教职工"自我想象出来的"。因此,非在编教职工需要改变观念,正确理解市场经济及其机制的要求,能根据社会的变化进行自我调整,变被动为主动,积极融入市场经济,按照市场机制要求自己,做好规划,完善自己。

【作者简介】

严从根,杭州师范大学教育学院,副教授,博士。

毛妍、徐王熠、许炜涓、陈怡男、朱晓青,杭州师范大学经亨颐学院学生。

高校工会爱心互助济困工作的实践与探讨

——以浙江大学爱心基金为例

干惠兰 楼成礼 王高明

内容提要:新时期高校工会维护和发展教职工利益,要找准工会工作的着力点,从倡导"我为人人,人人为我"的互助精神出发,构建"关心关爱,长效帮扶"的有效机制模式,提高教职工自我保障意识和抵御风险能力,更好地履行工会的维权职能,增强学校的凝聚力。本文以浙江大学爱心基金为例,分析高校爱心互助济困工作的内涵、现状、方式与成效,并提出完善爱心互助济困工作的建议和思考。

关 键 词:高校工会;爱心;互助济困;实践;思考

随着社会主义市场经济体系的建立和完善,高等教育体制改革的不断深入,涉及教职工切身利益的问题越来越多,高校中因大病、意外导致困难的教职工也逐渐增多。维护困难教职工的权益,对困难教职工帮扶、救助是工会义不容辞的责任,高校工会开展教职工爱心互助济困工作,是倡导"我为人人,人人为我"互助精神的体现,是高校工会送温暖,凝聚工会人心的一项重要举措,对于提高教职工自我保障意识和抵御风险能力,有效地履行工会的维权职能,增强学校的凝聚力,稳定教职工队伍,具有十分重要的意义。

一、高校工会爱心互助济困工作的内涵

高校工会爱心互助济困工作是高校工会组织会员开展的经济性的社会互助活动,是教职工自愿参加,并以个人缴费为主、其他多种渠道筹措资金形式结合,不以营利为目的互助互济活动,在教职工发生重大疾病或意外灾害等特殊困难时,从爱心互助的角度给予教职工一定的物质经济救助。高校工会动员和组织广大教职工开展爱心互助济困活动,是新形势下高校工会认真履行维护职能,服务广大教职工,创新高校工会工作方式的一个重要途径。

二、高校工会开展爱心互助济困工作的现状

早在 20 世纪 90 年代中期,国内不少高校工会就建立多种形式的机制和模式,开展了教职工互助济困工作,多渠道筹集资金,设立基金,在经济上帮助教职工解决困难。尤其是在上海、广东、江苏等地,高校以会员单位的形式加入各省市级互助合作保障计划,当年上述省市各高校参加互助合作保障计划的教职工至少有 80% 甚至达到了 100%。随之各省市也相应开展了具有地方特色的职工互助合作保障项目。许多高校工会也根据自身条件,积极开展职工互助互济活动。浙江省内高校工会开展的校内爱心互助济困活动启动略迟,据初步了解,近些年,省内许多高校工会自行组织的爱心互助济困活动已逐渐展开。浙江省总工会省级产业职工大病医疗互助保障工作则始于 2014 年 11 月,省内部分高校工会以团体会员的方式参加,但未能覆盖到所有的高校工会。

三、高校工会爱心互助济困工作开展的方式

(1)直接以团体会员的资格,参加各省市工会的职工互助保障计划。不少省市工会开展的互助合作保障计划,都明确规定了用人单位工会必须以团体会员身份参加,且参加人数一般不少于本单位职工的 80%。启动较早的广东、江苏、上海省市总工会,不少高校工会均为当地省市工会的会员单位。2014 年 11 月浙江省总工会省级产业职工大病医疗互助保障正式实施后,浙江大学工会等在杭高校工会以团体会员的身份参加了第一期、第二期的互助保障。

(2)高校工会独立开展爱心互助济困工作,不直接参与上级工会的合作保障计划或参加上级工会保障计划的同时,高校工会自行开展爱心互助济困活动。目前浙江大学工会既组织捐款补助活动的爱心基金,同时又是浙江省总工会省级产业职工大病医疗互助保障团体会员单位。

四、浙江大学工会爱心基金的实践

1. 浙江大学工会设立爱心基金的背景

浙江大学的爱心互助济困活动开展由来已久,早在四校合并前的 1996 年,老浙江大学即设立了"浙江大学教职工互助济困基金"。基金来源于学校行政拨款、校工会拨款、教职工自愿一次性交纳会费。基金不动本,本金在教职工退休后归还,利息收益用于困难教职工补助。因基金采用不动本的管理使用模式,仅靠收益进行补助,最高补助标准偏低,即使获得补助,也是杯水车薪,难解教职工困难之急。基金会员仅为玉泉校区(老浙江大学)原有会员,其他校区

教职工和新进人员均未吸收入内,对于近万人高校的浙江大学受益面太窄。

浙江大学工会在对大病、重病教职工的慰问过程中了解到,尽管我国已实行了基本医疗保险制度,但只能保障基本的医疗,在就医贵的今天,已远远不能满足需要。不少教职工患大病、重病医疗费自负部分超支严重,不堪重负。由于医保政策、财务制度的限制,学校给予患病教职工的补助与巨额的医疗费相比极为悬殊,难解教职工困境。教职工因大病、久病而超支、自费的医疗费已使不少教职工背上沉重的经济负担,亟须一种行之有效的爱心互助济困方式帮助教职工解决困难。

2008 年,在认真调研的基础上,在学校党政领导的高度重视下,在广大教职工踊跃参与下,作为当年贯彻学习实践科学发展观试点工作期间需要集中办好的三大类 20 件实事之一,浙江大学工会正式设立了爱心基金教职工专项基金(以下简称爱心基金)。实施八年多来,爱心基金已成为浙江大学工会的一项暖心工程。

2. 浙江大学爱心基金的实质内涵

浙江大学的爱心基金是倡导"我为人人,人人为我"的互助精神,由浙江大学工会组织全校教职工开展的以经济互助、互惠互利为目的的社会活动而筹集的,用于帮助教职工减轻患严重疾病和特殊原因所造成的困难而设立的群众性互助、互济专项基金。基金为动本基金,作为抵御疾病风险的第二道屏障,以群体互助达到分散风险的目的,是对教职工基本医疗保险的必要补充。教职工的自愿捐款是爱心基金的重要来源之一,重大疾病和大额医药费是爱心基金补助的重点。浙江大学爱心基金的设立是浙江大学工会发挥自身优势,创新维权机制,构建服务型工会的重要举措,是为广大教职工办好事、办实事的重要手段。浙江大学爱心基金开拓了浙江大学工会工作的新领域、新途径,强化了工会作为党联系教职工的桥梁纽带作用,为进一步缓解教职工因病致贫的现状,维护教职工的利益,稳定教职工队伍起到了积极作用。

3. 浙江大学爱心基金遵循的原则

(1)教职工自愿的原则

爱心基金以自愿的方式筹集,工会无权强制教职工捐款。而教职工的自愿捐款是基于对爱心基金的充分信赖和支持,因此爱心基金一切从教职工利益、愿望出发,满足教职工的要求。

(2)互助共济的原则

互助互济是爱心基金设立和运作的基础。爱心基金最大一项来源是教职工的自发自愿捐款,其基点在于互助互济而不是自助。这种互助既不同于国家法律的强制,也不同于主观上的自保,而是运用"大数法则",多数人"共济"

少数特定人的损失,这是爱心基金得以有效运行的基础。在互助互济活动基础上发展起来的爱心基金,通过调动教职工自身及学校、社会各方面的力量,相互帮助,使教职工得到适当的经济援助,充分体现了我为人人、人人为我、互助互惠的精神。

(3)谨慎的原则

爱心基金的管理,采取无风险运作,通过委托校友基金会理财或国有商业银行定期存款,确保资金保值增值,不允许挪用和用于其他风险投资。

(4)科学管理、民主监督的原则

爱心基金管理机构认真履行职责,建立健全各项规章制度,严格把关。爱心基金的信息情况公开透明,捐款补助情况在适当场合给予披露,在学校"双代会"上报告,接受捐款教职工和全体工会会员的监督,接受校工会经费审查委员会的审查监督,让捐款教职工放心。

4.浙江大学爱心基金的特点

(1)教职工参与面广

设立爱心基金不是个人的行为,而是群体行为,集中了许多人的共同意愿,把个人需要汇集成广大教职工的共同需要,因此浙江大学爱心基金具有广泛的群众基础。爱心基金适用范围为浙江大学本级工会会员。凡是浙江大学的工会会员,无论何种编制,自愿向爱心基金捐款,在困难时,均可享受相应的补助。浙江大学爱心基金参加的对象既有事业编制人员,又涵盖了学校其他非事业编制的本级会员,为非事业编制人员提供了一份保障,使这部分人员向爱心基金捐款的积极性非常高。

(2)基金来源广泛

爱心基金的资金采取多渠道、多形式的筹集原则,主要来源有教职工自愿捐赠、校工会拨款、行政拨款,校内外企事业单位、社会团体和个人的捐赠,爱心基金的增值和积累,其他资助等。浙江大学工会在爱心基金启动的最初5年,每年资助20万元,确保了爱心基金初始资金的充足。教职工捐款采用一年一捐的方式,每年都能达到50余万元。近两年,学校行政、校友都有一定资金投入。此外,通过稳健的理财方式,实现基金的保值增值。

(3)个人捐款金额标准低

浙江大学爱心基金定位是奉献爱心,教职工的资金来源定义是捐款。与各省市的职工大病医疗互助保障不同,不是采用定额的会费方式,而是提倡奉献爱心,以捐款方式筹集资金。一般标准是60元/人·年,捐款金额上不封顶,鼓励参加捐款教职工突破标准,多多奉献爱心,每年都有教职工个人捐款金额超过1000元。

（4）资助力度大

符合补助条件的教职工年内最高补助可达 11 万元。参与爱心基金捐款五年及以上且未享受补助的教职工退休后，首次确诊患恶性肿瘤，也可在爱心基金中申请享受补助一次。

（5）管理规范

制定了《浙江大学爱心基金教职工专项基金实施细则》，成立了由相关主管部门代表和教职工代表参与的浙江大学爱心基金管理小组，负责制定和修订本专项基金实施细则，审核决定本专项基金接受捐赠、收缴、使用等管理情况，接受、审批补助申请，决定补助金额，决定其他涉及本专项基金管理的重大事项等管理工作。

5. 浙江大学爱心基金补助的项目

（1）重大疾病补助

针对教职工本人首次确诊患恶性肿瘤的补助。

（2）大额医药费补助

一个年度内，教职工本人患重病或遭受重大意外伤害，在医保定点机构住院或特殊病种门诊医疗发生的基本医疗保险自理、自费费用，以及在医保定点机构产生的大病医疗保险个人承担部分累计总额超过一定限额所给予的补助。

（3）教职工意外灾害

教职工本人因突发性意外事故造成人身、财产重大损失，导致家庭生活特殊困难所申请的补助。

重大疾病补助和大额医药费补助是爱心基金补助的重点和主要项目。

6. 浙江大学爱心基金的补助方式

浙江大学爱心基金的补助采用固定定额补助和按比例补助相结合的方式。

（1）固定定额补助方式

固定定额补助就是在教职工发生困难需要救助时，给予固定额度补助。浙江大学爱心基金在教职工首次确诊罹患恶性肿瘤时，凭医院病理切片报告，随时申请补助人民币 1 万元。

（2）按比例补助方式

按比例补助是根据教职工个人承担的医疗费按一定数额分档，每档规定一定的比例发给教职工的爱心基金补助，补助采用超额累进制，设定上限。浙江大学爱心基金规定，一个年度内，教职工本人患重病或遭受重大意外伤害，在医保定点机构住院或特殊病种门诊医疗发生的基本医疗保险自理、自费费用,以及在医保定点机构产生的大病医疗保险个人承担部分,以 3000 元为起点,补助金额年度最高不超过人民币 10 万元。

7.浙江大学爱心基金的成效

浙江大学爱心基金自 2008 年实施以来,在学校党政领导的关心支持下,在浙江大学工会的精心组织下,在各院级工会的共同努力下,捐款补助工作取得了一定的成绩,截至 2016 年 6 月 30 日,爱心基金仅教职工捐款一项就收入393.51 万元;补助 315 人次,补助金额 358.42 万元。

(1)减轻了教职工的经济负担

爱心基金充分体现了集体力量和共同抵御疾病经济负担的巨大优势,教职工患病进行治疗,在享受城镇职工基本医疗保险的基础上,又得到爱心基金的帮助,更好地改善教职工看病难、看病贵的现状,在很大程度上减轻职工的疾病经济负担,为教职工撑起了一张保护伞。

(2)促进了和谐校园建设和教职工队伍稳定

医疗保障问题是高校教职工最关心、最直接、最现实的利益问题。教职工向爱心基金捐款的同时,在医疗问题上又获得了一份保障,一定程度上分担了教职工的经济压力,解决了教职工的后顾之忧,促进了教职工队伍的稳定和社会的和谐,为构建和谐校园,增强学校凝聚力发挥了积极的作用。

(3)促进了社会主义精神文明建设

爱心基金的设立,倡导"我为人人,人人为我"的互助精神,弘扬了中华民族团结友爱、扶贫帮困的传统美德,所有参加捐款的教职工义务和权利都是完全相同的。补助一人、温暖一家、受益一人、影响一片。传统的互助友爱精神得以发扬光大,极大地增进了教职工队伍的团结。

(4)推动了工会工作的创新

爱心基金的捐款补助工作是工会维护教职工权益、帮扶济困工作的组成部分,是工会为教职工排忧解难的创新性工作内容之一,是工会全心全意为广大教职工服务的有效手段。通过爱心基金的设立,教职工切实感受到了工会对于教职工切身利益的关心,体验到了工会为教职工干实事的真心,增强了对工会维权能力的信心,提高了工会工作在教职工中的影响力和美誉度。

五、完善高校工会爱心互助济困工作的思考

1.广泛宣传是做好爱心互助济困工作的基础

开展形式多样的宣传活动,扩大影响力和覆盖面,要让更多的教职工了解、支持高校工会的爱心互助济困活动,必须要加大宣传力度。要通过高校工会的网站、杂志、微信平台、座谈会等多种渠道,开展形式多样的宣传活动,让

更多教职工对高校工会爱心互助济困的工作意义和政策有深入的了解,提高教职工爱心互助济困认识,使其积极奉献爱心,关心支持爱心互助济困。要把有关的政策、办理程序、补助标准、捐款补助情况等具体信息宣讲到位,让每一位教职工都能知晓,使每一位教职工都能自觉自愿地参与,并在困难时能得到及时帮助和救助,扩大高校爱心互助济困活动的影响力和覆盖面。

2. 基金资金的筹措是确保爱心互助济困工作的关键

多种方式筹措资金,确保资金来源。高校爱心互助济困活动的顺利开展,必须要有充足的资金作保障。多渠道筹集资金,是高校爱心互助济困活动得以可持续开展的主要手段。可根据实际情况,设定适当的教职工缴款标准,并在实施过程中适度增加。学校行政的大力支持也是资金的重要来源,要积极争取行政的配套补助,这是直接增加资金的有效办法,体现了学校对爱心互助济困活动的支持,对困难教职工的关爱。可依靠学校校友基金会,发动校友、企业等注入资金,增加资金存量。可通过规范合理的理财方式,保证资金的保值增值。

3. 科学规范管理是爱心互助济困工作的安全保障

整合校内多方力量,管好、用好资金。高校工会爱心互助济困活动的开展,需要学校各方力量的大力支持和配合,整合学校各方力量,共同形成合力,管好、用好资金。要积极争取学校人事处、财务处、校友基金会的大力支持,确保政策、资金的准确到位。要充分发挥学校医院的作用,及时了解掌握学校教职工的疾病信息,同时把好爱心互助济困补助环节相关专业问题的审核关。此外,还应调动院级工会的积极性,在资金筹集时,广泛宣传动员落实,在发放爱心互助济困补助时,认真调查摸底。要充分利用爱心互助济困的组织网络,以服务和保障广大职工的利益为根本,建立一个多层次、广覆盖的教职工爱心互助工作保障体系和联动机制,让高校爱心互助济困工作规范、有序、快捷、有效,管好、用好资金,发挥资金应有效益,让教职工满意。

4. 多种形式的爱心互助济困是教职工的保护伞

内外结合,扩大教职工的受益面。高校自行组织的单一的爱心互助活动补助力度有限,因资金总量限制,补助的对象一般仅限少量特殊群体,即身患重大疾病的教职工,对一般住院、一般疾病大额医药费补助大多数高校均未纳入补助范围。此外,高校内有大量流动性较大、参加城镇医疗保险的外来务工人员,他们在身患重病时,也需要学校伸出援手,帮助摆脱困境,渡过难关。根据浙江大学的实践经验,我们认为可采用内外结合的方式,高校工会可在学校自行组织爱心互助活动的同时,以团体会员方式参加省级工会的爱心互助保障活动,把两者有机地结合起来。好处一是患病困难教职工在获得高校爱心互助济困补助的同时可以获得省级医疗保障,增加资助力度。二是可以扩大爱心互助济困活动的覆盖面,让后勤、产业等单位的外来务工人员能享受应有的补助。三是增加补助项目,和爱心互助济困补助互为补充。

5.全面有效的爱心互助济困是和谐校园建设的稳定器

爱心互助济困工作是高校工会维护和发展职工群众利益,帮扶济困工作的组成部分,是工会为教职工排忧解难的创新性工作内容之一。爱心互助济困倡导"我为人人,人人为我"的互助精神,弘扬了中华民族团结友爱、扶贫帮困的传统美德,促进了社会主义精神文明建设。实践证明,浙江大学爱心基金开拓了浙江大学工会工作的新领域、新途径,强化了工会作为党联系教职工的桥梁纽带作用,为维护教职工的利益,稳定职工队伍起到了积极作用。全面有效的爱心互助济困解决了高校教职工最关心、最直接、最现实的利益问题,促进了教职工队伍的稳定和社会的和谐,必将为构建和谐校园,增强学校凝聚力发挥重要的作用。

【参考文献】

[1]闫蕾,王涛.关于高校职工参与互助保障情况的调查与思考——以北京大学医学部公共卫生学院为例[J].中国劳动关系学院学报,2013,5.

[2]中国教科文卫体工会全国委员会.求索2013～2014中国教科文卫体工会优秀调研报告优秀论文选[M].北京:中国工人出版社,2014.

【作者简介】

干惠兰,浙江大学工会西溪校区办主任,助理研究员。
楼成礼,浙江大学工会常务副主席,研究员。
王高明,浙江大学工会,助理研究员。

第三部分

队伍建设

教学学术视野下高校青年教师教学能力发展研究

叶祥满　伍　宸

内容提要:在以提高质量为核心的高等教育内涵式发展新阶段,提高教师特别是缺乏教学技能的青年教师的教学能力是关键。基于对博耶教学学术理论的深刻理解,提出从建立高校教学学术发展研究中心、出台青年教师教学学术管理办法、积极创办或开辟高校教学学术成果展示平台、引导和培养青年教师开展教学学术活动的兴趣和能力等四个方面着手提高教学学术理论在教学工作中的实践水平,并以此为抓手提高青年教师教学能力。

关 键 词:教学学术;青年教师;教学能力;发展

大学作为成熟的社会组织已有上千年历史,支撑大学组织不断延续并发展的是其组织功能和价值的不可替代性。从大学功能演变史看,首先大学从诞生之日起便具有了教学与人才培养的功能,到后来的德国洪堡大学开始增加了科学研究的功能,再到后来将服务社会的功能也纳入大学组织之中。无论时代如何变迁,无论大学具有什么样新的功能,其所具有的教学与人才培养基本功能一直伴随大学组织至今。因此,可以说教学与人才培养是大学组织最基本、最核心的功能和价值。

一、研究背景与问题提出

我国高等教育自 20 世纪 90 年代中期后开始进入大发展阶段,但与此同时,规模的急剧扩张带来的质量问题日益严重,这也成为当前我国高等教育要走以质量提升为基本目标的内涵式发展方式的根本缘由。造成质量问题的有多重因素,规模急剧扩大而办学资源紧缺是根本原因,但在我国高校办学实践中"重科研、轻教学"的倾向也是造成教育质量下滑的重要原因。在官方大学评估以及民间第三方的大学排行榜中,科研成果是最重要指标之一,因此在大学内部对教师的考核过程中科研绩效重于教学绩效,教师从科研上获得的收益也大于教学。因此,教学工作越来越不被大学教师所重视,教授不上讲台已成为普遍现象,而青年教师由于缺乏教学技能培训以及进行自我教学能力提升的内在动力,高校教学工作愈来愈成为导致教育质量低下的重要原因。

但人才培养毕竟是大学最基本的职能,也是大学赢得社会声誉和支持的最重要资本,提高人才培养质量是提高我国高等教育质量,提升核心竞争力的重要抓手。而人才培养质量的提高需要有高质量的师资队伍,有先进的教学理念,先进的教学手段和前沿的教学内容。大学教学不再是教师照本宣科,而是针对施教对象、教学内容以及学科发展前沿来开创新思维组织教育教学活动。因此,其基本精神和思维模式与学术创新不谋而合,也就是说将教学作为一个具有探究性、可分享、可进行同行评价的活动。将高校教学活动学术化,一方面可极大提高教学质量,另一方面也可增强教师教学活动的内生动力,将教学学术成果化并将其作为绩效考核的重要指标。以此促进高校教师特别是青年教师不断在教学上投入更多精力,切实建立起乐教善教的高素质师资队伍。

二、高校青年教师教学能力发展障碍性因素分析

青年教师是高校人力资源中具有发展潜力的宝贵资源,重视对青年教师教学能力的培养是保证高校发展具有可持续性的基本方略。但由于多种原因,当前我国高校青年教师教学能力发展受到极大阻碍,深刻分析这些原因,是我们有针对性解决问题的基础前提。

(一)高校青年教师缺乏基本的教学能力训练

当前高校在青年教师引进上基本以某学科专业的博士研究生为主,在招聘考核过程中也主要以考察其科研成果和科研发展潜力为主,而对教学能力的要求不高甚至没有高要求。不少青年教师在走上教师岗位之前,一直接受的是学科专业方向的学术训练,很少甚至缺乏课堂教学的基本方法、技能的训练。与此同时,高校教师资格的取得也不以教学技能为主要考核内容。综合起来,高校青年教师缺乏基本的教学能力训练是造成其教学能力低下的根本原因。

(二)高校职称评定体系限制青年教师教学能力发展内生动力

职称是高校的宝贵、稀缺资源,也是体现高校教师工作表现及获得相应报酬的基本载体。因此,对职称的追逐是每个大学教师入职后最为重要的事项之一,而职称评定体系的导向也在很大程度上决定教师的行为和价值取向。在我国当前高校教师职称评定体系下,科研成果所占比重远大于教学成果。诸如教师发论文的数量与质量、科研项目的级别与科研经费金额、科研获奖的

级别等。从而导致教师从科研上所获收益率远高于教学,因此教师特别是青年教师基于自身发展要求和生存需要,不得不将精力主要用于科研工作上,因而缺乏教学能力发展的内生动力。

(三)缺乏科学严谨的教学效果评价与反馈机制

教学工作具有自主性较强、难以进行同行评价等特征和属性,因此在现实教学管理工作中难以建立起科学严谨的教学效果评价与反馈机制。就目前各高校的实际情况看,不少教学效果评估流于形式,且评估信息主要来自授课对象的学生,其客观性和科学性大打折扣。因此,青年教师的教学活动未能得到客观、准确、及时的反馈,导致其难以对自身教学工作作出清晰和全面认识。唯有在对自身工作有客观、准确、全面认识基础之上,才能有针对性地提出改进之策。

三、高校青年教师教学能力发展可能路径:教学学术的视角

基于前文对高校青年教师教学能力发展障碍性因素的分析,我们试图从教学学术理论视角来找到破解之道。教学学术是近年来广受关注并得到大力推广的旨在提高高校教师教学能力发展的重要理论,同时教学工作学术化对于教学质量的提升具有重要意义。

(一)对教学学术理论的理解和解读

人类社会发展至今需要靠文明的传承和不断创新,从现代大学组织诞生之日起就以教学的形式承担了对一些古典知识的传播与承袭,并培养了一批批社会所需的人才。随着德国法堡大学对古典大学职能的改造和丰富,科学研究进一步成为大学重要的职能。之后,美国赠地学院进一步将社会服务功能赋予大学。至此,教学、科研和社会服务成了大学最基本的三大职能,也成了大学全方位推动人类文明进步的重要抓手。但无论社会对大学提出什么新的要求,也无论大学的功能如何变化,以教学为手段进行人才培养始终是大学的基本功能,也是大学区别于其他同样开展科研活动和社会服务活动的组织的基本标志。因此,对高校教学活动有学术上的理解和解读,对于提高教学工作的地位具有十分重要的意义。

1990年美国卡耐基教学促进会前主席欧内斯特·博耶(Ernest Boyer)发表了题为《学术反思:教授的工作重点》的报告,围绕"作为一个学者究竟意味着什么"这一问题,对"学术"内涵重新划分、界定和扩充,认为"学术"包括:通过研究发现、创造新知识,拓展知识类别的探究的学术;通过课程的发展建立

学科内、学科间的联系,整合知识的学术;把科学研究的理论应用于实践,与实践相结合的应用的学术;通过教学传递、传播知识的教学的学术。博耶第一次将高校教学活动上升到学术视角,对于提高对教学活动的理性认识和关注具有十分重要的意义。总结起来,博耶提出的教学学术观点有以下几个基本价值。

1. 提高了人们对高校教学活动的理性认识

大学是一个探究的场所,不仅有创造知识的能力,还有应用知识和传播知识的能力。在传统高等教育理论中,大家一致认为仅有创造知识的行为或活动才可被称为学术,因此能享受相应的学术评价和学术声誉。而对于传播知识的能力评价一直采取非学术的办法,具体来说忽视了高校教学活动的学术性价值,认为教学活动仅仅就是对既有知识的传播,缺乏知识的创造性功能,因此难以用学术评价体系来评价教学活动的价值。其实这是对高校教学工作的非理性认识,大学之所以为大学,就是因为其中无论是教学者还是学习者,都具有发现知识的能力。大学的教学活动也不仅仅是对既有知识的传播和学习,而应在其过程之中探究出新的认识和新的理论,而且也要不断创新教学的形式和内容,这本身就是一种探究的活动,是一种学术形式。因此,教学学术理论的出现纠正了人们对高校教学活动认识的偏差,加深了人们对教学活动的理解和理性认识。

2. 提高了高校教学工作的地位

对教学活动的误解在高等教育中存在了很长时间,也导致了高校特别是一些研究型高校教师忽视教学工作,教学工作地位远低于科学研究。而博耶教学学术理论提出之后,极大地提高了高校教学工作的地位,使得教学工作有学术性的评价机制,增强了高校教师专注于教学工作的内驱力。因为教学活动也能被提炼成学术成果,得到同行评价,并在这种评价体系下获得一定的奖励。因此,从某种程度上说教学学术理论提高了高校教学工作的地位,能够与科学研究在相对平等的地位上对话。

3. 有利于促进青年教师教学能力发展

有了对高校教学工作理性认识之基础,并在提高了教学工作地位之后,自然会有利于大力促进青年教师教学能力的发展。这体现在如下几个方面:首先,青年教师有了钻研教学工作的内生动力。作为理性个体的青年教师,在入职后无论是进行科研还是教学工作,得到公平、客观的评价才能激发其工作的内生动力,做得好的能得到正面的评价与奖励,做得不好的同样也能得到相应的反馈。其次,青年教师有了钻研教学工作的外在引导力。教学学术理论的基本内涵之一就要求教学行为学术成果化并能得到同行评价。因此,如果能积极发展教学学术,青年教师结合具体教学活动能取得相应研究成果,对于其职称评定和收入增加都有所帮助,这便增强了青年教师积极开展教学及教学学术研究的积极性。最后,积极发展教学学术,还能营造出一种乐教好施的浓厚教学氛围,在当前以提高高等教育质量为核心的内涵式发展阶段,提高教学质量以保证人才培养质量是根本。而让广大教师能乐于教学、善于教学是提高人才培养质量的基础,唯有营造出良好的教风学风才能从根本上保证教学质量。大力发展教学学术,有利于提高教学活动的兴趣性、学术性。

(二)高校青年教师教学能力发展路径探析

基于前文的分析我们得知在大学积极开展教学学术活动有非常重要的价值,无论是对匡正人们对高校教学工作的不正确认识,提高教学工作的地位,还是对促进青年教师教学能力的发展皆有重要的价值和意义。对于高校发展的生力军和未来的高校青年教师来说,一方面他们有发展的强烈愿望和潜力,另一方面也面临发展的巨大压力和挑战。特别是对于教学能力发展来说,高校青年教师一般都是具有某学科博士学历的毕业生,缺乏教学技能的培养和实践,因此走向教学岗位后,难免会出现"水土不服"的问题。这不但难以保证教学质量,而且会对青年教师造成工作挫败感,不利于其树立起良好的职业态度和职业信心。为此,基于对博耶教学学术理论的深刻认识和理解,并结合高校青年教师发展的实际情况,我们试图建立起促进其教学能力发展的基本路径。

1. 建立高校教学学术发展研究中心

教学学术要能落地生根,首先必然要建立起相应的学术组织。目前高校基本都成立了"教师教学发展中心",其主要目的是通过开展教师教学能力培训、青年教师入职培训等方式保证学校教学工作的开展。但实践证明,这种常规性的教师教学发展能力提高的做法并不能从根本上提高教师,特别是青年教师的教学能力。基于此,建议在高校建立"高校教学学术发展研究中心"。这个中心不仅以教师教学能力培训为主要职能,还组织相应的研究人员积极开展教学学术研究,结合教师教学鲜活案例和存在的问题进行以问题为导向的研究。搭建起教师既是教学实践者,又是教学活动研究者的平台。中心还应提供教学学术研究的资源,诸如课题、资金、相应研究人员等。

2. 出台青年教师教学学术管理办法

要使青年教师将其教学活动学术化,还须出台规范管理教学学术活动的相应规章制度。此办法应主要包括以下规定:一是对教学学术行为的规范性管理规定,要让教学学术有序开展,就要对其有严格的规范性管理,具体包括什么教师具备开展教学学术活动的资格,什么形式的课程适合开展教学学术活动,教学学术成果如何认定等内容。二是对教学学术行为的激励性规定。要能吸引一线教师积极主动投身于教学学术活动,激励性的规定必不可少。诸如可以规定一线教师如能开展富有创新性的教学学术活动,可以在绩效考核上有所倾斜。同时,教学学术成果能够以较高比例折算为科研绩效,成为职称评定和发放奖金的重要依据。

3.积极创办或开辟高校教学学术成果展示平台

要使教学学术的开展具有持久性和生命力,能够将一些高质量的研究成果及时传播和分享是关键。因为从学术研究者的内在动力角度来说,其研究成果得到传播和同行认可,本身就是一种极大的正向激励机制,因为研究者的成果得到了尊重和分享。与此同时,教学学术研究成果能够及时传播和分享,还能从实践上扎实地推进教学工作的开展,一些新的教学理念、内容、方法、手段得到及时应用并切实发挥其价值。因此,为保证高校教学学术得到可持续发展,就要建立起相应的学术成果展示平台。一方面包括创办专业的教学学术杂志,专门刊载全国各高校教学一线教师在教学实践活动中发现并解决问题而形成的研究成果。另一方面,也鼓励现有的教育类或高等教育类学术期刊,积极开设专门刊载教学学术相应成果的栏目,鼓励学科专任教师将其教学经验和感悟学术成果化。

4.引导和培养青年教师开展教学学术活动的兴趣和能力

为使教学学术在高校青年教师中"生根发芽",具有可持续性发展能力,还得从引导青年教师开展教学学术活动兴趣和培养其相应能力着手。就引导青年教师开展教学学术活动兴趣来说,可以在以下几个方面作出尝试:一是以课题招标的形式鼓励从事一线教学工作的教师开展教学学术研究工作;二是将一些具有典型性的教学学术成果在课题实践中推广应用,从实际效果上体现教学学术的价值,从而提高教师的兴趣。另外,就培养青年教师开展教学学术活动的能力来说,同样可以有如下一些尝试:一是邀请相关专家对青年教师开展教学学术活动进行培训,从研究方法、选题视角、资料搜集等方面使青年教师全面掌握相应技能;二是开展教学学术研讨会,让青年教师在互相交流沟通中提高相应能力。

四、结语

提高青年教师教学能力和技巧是保障高校人才培养质量的根本之策。由于多方面的原因,一些青年教师并不具备胜任大学课堂教学的能力,因此切实提高青年教师教学能力至关重要。但与此同时,在实践工作中我们发现青年教师教学能力的提升效果并不明显,这里面既有青年教师自身的原因,也有制度设计的原因,还有教学能力提升方法不得当等原因。从教学学术理论视角出发,提高青年教师对高校教学活动的理论认识,开展教学学术活动,引导和培养青年教师开展教学学术活动的兴趣和能力,开拓教学学术成果的展示平台等方面着手,可切实提高其教学能力和水平。

【参考文献】

[1] Boyer E L. Scholarship reconsidered:priorities for the professoriate[R]. Princeton:Carnegie Foundation for the Advancement of Teaching,1990:24.

【作者简介】

叶祥满,浙江工业大学高教研究所副所长,副研究员。
伍　宸,浙江工业大学,教师。

基于 PCA 的高校青年教师生存压力指数构建研究

——ZJGS 大学的调查分析

徐蔼婷　王富强

内容提要：为定量测度高校青年教师的生存压力，全面考察高校青年教师的压力来源，本文以 ZJGS 大学为例，对青年教师开展了较大规模的抽样调查。基于主成分分析方法的生存压力指数构建结果表明，高校青年教师生存压力较大，"课题申请""论文发表"和"教师职称晋升制度"构成了青年教师生存压力的主要来源。比较而言，35～40 岁的男性、具有副教授职称、具有高学历的青年教师群体面临的生存压力相对较大。本文据此提出了减轻青年教师生存压力的三点建议。

关　键　词：青年教师；生存压力量表；PCA；生存压力指数

一、引言

21 世纪以来，被称为"青椒"的高校青年教师群体规模不断扩大，其在高校教师队伍中的比例迅速上升。教育部统计数据显示，全国普通高校 40 岁以下的青年教师已达 88.4 万人，所占比例高达 62%。然而，高校青年教师的生存状况却不如表面上那样光鲜，他们在生活、教学、科研、职称评审、专业发展等方面均面临诸多困境。为定量测度高校青年教师的生存压力，全面考察高校青年教师的压力来源，我们以 ZJGS 大学为例，对青年教师开展了较大规模的抽样调查。基于调查数据和较先进的多元统计分析方法构建了高校青年教师生存压力指数，定量分析了高校青年教师的生存压力来源，对减轻青年教师生存压力提出了相关建议。

二、高校青年教师生存压力量表设计与调查实施概况

基于拉扎勒斯(Lazarus)理论，我们将高校青年教师生存压力定义为"由内在的或外部刺激引起的、对高校青年教师的身体和心理产生一定影响的心理感受"。同时，我们选择量表来测度高校青年教师生存压力。在设计高校青

年教师生存压力量表时,我们既考虑了关键要素以便测度高校青年教师所面临的具体的生存压力问题,也充分考虑了单一整体评估法的优点而设计了整体性评估的项目。量表采用 5 分制记分方法,对每一个调查项目分别设置了"没有压力""较轻压力""一般压力""较大压力""很大压力"五个等级。表 1 为我们设计的高校青年教师生存压力量表。

表 1　高校青年教师生存压力量表

下列陈述句中,请根据您的实际想法或行为,选择相应的符合程度打"√"。

序号	项目	没有压力	较轻压力	一般压力	较大压力	很大压力
1	论文发表	1	2	3	4	5
2	课题申请	1	2	3	4	5
3	学术专著或教材编写	1	2	3	4	5
4	学校的科研任务和要求	1	2	3	4	5
5	上课的准备工作	1	2	3	4	5
6	学生教学质量评价	1	2	3	4	5
7	学生难管理	1	2	3	4	5
8	学校的教学任务和要求	1	2	3	4	5
9	工作岗位的竞争	1	2	3	4	5
10	教师职称晋升制度	1	2	3	4	5
11	学校的激励制度	1	2	3	4	5
12	家庭经济负担	1	2	3	4	5
13	赡养父母	1	2	3	4	5
14	购置住房	1	2	3	4	5

本次高校青年教师专项调查以 ZJGS 大学 40 岁以下的专任教师为研究对象,采用多阶段抽样方法选择样本,以问卷调查方式获取数据。样本覆盖 23 个学院,共发放问卷 230 份,回收 230 份,回收率 100%,其中,有效问卷 205 份,有效率 89.13%。

三、基于 PCA 的高校青年教师生存压力指数构建

我们根据调查结果,选择主成分分析方法(PCA)对生存压力各构成维度进行汇总和计算。KMO 及 Bartlett 检验是判断因子分析提取总体效果是否理想的常用方法,检验结果显示,Bartlett 球形检验统计量的观测值为 1735.55,相应的概率 P 值接近于 0.00,小于显著性水平,应拒绝原假设,认为各变量之间不独立,适合作因子分析。并且,KMO 值为 0.87,表明样本大小

适宜因子分析。

PCA 旨在利用降维思想,把多指标转化为少数几个综合指标。我们选择方差最大法进行因子旋转,旋转后的因子载荷矩阵见表 2。根据累计贡献率,提取 4 个主成分。表 2 数据显示:第一公共因子中"上课的准备工作""学生教学质量评价""学生难管理""学校的教学任务和要求"的因素载荷较大,我们将其命名为"教学压力因子";第二公共因子中"论文发表""课题申请""学术专著或教材编写""学校的科研任务和要求"的因素载荷较大,我们将其命名为"科研压力因子";第三公共因子中"家庭经济负担""赡养父母""购置住房"的因素载荷较大,我们将其命名为"生活压力因子";第四公共因子中"工作岗位的竞争""教师职称晋升制度""学校的激励制度"的因素载荷较大,我们将其命名为"发展压力因子"。

表 2　旋转后的因子载荷矩阵

原始变量	第一公共因子	第二公共因子	第三公共因子	第四公共因子
论文发表	0.100	0.878	0.018	0.183
课题申请	0.076	0.880	0.084	0.241
学术专著或教材编写	0.153	0.755	0.191	0.105
学校的科研任务和要求	0.190	0.764	0.111	0.224
上课的准备工作	0.861	0.155	0.136	0.019
学生教学质量评价	0.847	0.131	0.159	0.163
学生难管理	0.797	0.042	0.171	0.295
学校的教学任务和要求	0.813	0.196	0.196	0.162
工作岗位的竞争	0.358	0.185	0.257	0.652
教师职称晋升制度	0.082	0.372	0.186	0.775
学校的激励制度	0.220	0.265	0.215	0.773
家庭经济负担	0.244	0.111	0.849	0.234
赡养父母	0.207	0.115	0.835	0.202
购置住房	0.121	0.109	0.794	0.109

四、不同特征高校青年教师生存压力比较分析

表 3 对不同特征高校青年教师的生存压力指数得分进行了比较分析。从性别特征角度,男性高校青年教师生存压力略高于女性,这可能与男性较女性在更注重事业发展的同时又要承担家庭负担有关。同时,男性高校青年教师生存压力分布的偏度的绝对值要大于女性,表明生存压力大的男性人数比例

高于生存压力大的女性人数比例。而女性高校青年教师生存压力分布的峰度大于男性,表明女性高校青年教师生存压力的分布更为集中。从年龄特征角度,30~35 岁的高校青年教师的整体生存压力较大,其次为 35~40 岁群体,这可能和 30~40 岁的高校青年教师从事的科研任务重、教学工作繁忙、迫切期望提高个人能力、家庭负担重有关;25 岁以下的高校青年教师的整体生存压力较小,这可能和刚步入高校工作生活负担小有关。从学历特征角度,学历越高,高校青年教师生存压力的提升幅度就越快,这可能与高学历的高校青年教师对自身要求较高而增大自身科研、教学压力有关。从职位等级特征角度,副高级职位的高校青年教师生存压力明显高于正高级、中级和初级职位群体,这可能与副高级职位的青年教师处于事业发展关键时期、学校规定的教学科研任务重、自身发展要求高有关。

表 3　不同特征高校青年教师生存压力指数得分比较

特征	分组	生存压力	偏度	峰度
性别	男	61.936	−0.211	0.064
	女	58.765	−0.038	0.293
年龄	25 岁以下	46.381	1.526	0.268
	25~30 岁	58.312	0.664	0.437
	30~35 岁	61.890	−0.007	−0.289
	35~40 岁	60.037	0.062	−0.451
学历	博士及以上	62.750	0.008	−0.208
	硕士	58.754	−0.439	0.671
	本科	51.914	0.502	0.589
职位等级	正高级	55.382	−0.623	−0.168
	副高级	63.700	−0.423	0.503
	中级	58.693	−0.052	−0.361
	初级	55.830	0.855	0.976

五、减轻高校青年教师生存压力的若干建议

(一)关注高校青年教师的工作生活需要,制定待遇激励措施

高校青年教师普遍感到科研压力较大,家庭经济负担沉重。他们虽年轻力壮,科研能力较强,但积累的知识经验较少,再加上生活重担易挫伤高校青

年教师的积极性。因此,高校应该以人为本,制定一些激励措施来改善高校青年教师的生存现状,如:科研公积金可以帮助青年教师解决科研经费问题,鼓励他们作出更多科研成果;建设教工住宅,改善青年教师的居住条件,稳定青年教师队伍;制定并执行与城市生活需求相匹配的生活津贴标准,增加相关津贴的财政支出,使青年教师能够应付正常的生活开销。

(二)重视高校青年教师的学习深造,改革其职称评定政策

目前,高校教师的职称评定政策过于求全,包括外语能力、科研论文、教学课时等诸多方面,这种职称评定政策将对综合型、全能型的教师产生"政策偏向"的影响。由于教学任务过重而没时间写论文,一些工龄较长的青年助教评不上讲师,工龄较长的讲师评不上副教授。因此,改革高校的职称评定政策,增设教学质量这一评定项目,对教学质量与科研论文数量同等对待,有利于激励教龄长、教学任务重、教学质量高的人才,实行适当的低职高聘促使各类人才比翼齐飞。

(三)注重高校青年教师的成长过程,建立其职业发展的激励机制

大部分高校青年教师刚结束学生生涯,对教师职业知识了解相对较少,适应教师这一职业角色存在一定的困难。若高校仅仅满足于青年教师的自我成长,认识不到培养青年教师的重要性和紧迫性,将导致青年教师成长周期的不确定性,诱发青年教师的"职业倦怠",对教学和科研工作产生负效应。因此,建立高校青年教师职业发展的激励机制迫在眉睫。首先,高校要为青年教师进行职业评估,并根据评估结果帮助其建立职业目标;其次,帮助青年教师制定职业发展规划,结合学校的发展意愿,制定其职业发展规划方案,并定期进行修订与评估;再次,建立公开、公平和公正的人才选用机制,使优秀青年教师脱颖而出,充分施展其才能;最后,改善高校青年教师的人才评价机制,采用多样化考评方式,坚持德才兼备的原则,着重从品德、能力和业绩三方面进行考察,突破目前高校人才评价"论文一刀切"的做法。

(四)改善高校青年教师的工作环境,营造良好的组织氛围

高校青年教师的成长不仅依靠个人的努力,也与外在的工作环境息息相关。一个良好的工作环境,一种相互信任、相互支持、宽松和谐的上下级关系及同事关系,将有利于加强青年教师与其他教师的互动交流,分享心得体会和学术研究。高校应为青年教师提供更多的机会参加各类学术会议和高层次的专业培训,搭建更多的与国内外同行交流的平台,保证充足的科研经费支持青

年教师开展学术研究,组织更多的校园活动来融洽青年教师与上级的关系和同事关系,减轻青年教师的生存压力。

【参考文献】

[1]程接力.高校青年教师工作满意度与工作压力的校本研究——基于北京某"985工程"大学社科院系的调查分析[J].重庆高教研究,2013(3):251-253.

[2]董峰.江西省高校青年教师职业满意度研究——以H大学为例[D].南昌:江西师范大学,2012.

[3]郭德怀,徐白梅.彷徨与无奈:高校青年教师群体特征的多维剖析[J].继续教育研究,2011(5):45-47.

[4]何根海.高校教师工作满意度问题的实证研究[J].国家教育行政学院学报,2013(4):3-10.

[5]李虹.大学教师的工作压力类型和压力强度研究[J].清华大学教育研究,2005,26(5):97-102.

[6]徐晓明,刘静,边超.高校青年教师生活状态、发展状况及利益诉求调查与对策研究[J].河北工业大学学报,2010(4):58-62.

[7]杨思帆,张丽娜.高校青年教师的生存状况与学术发展研究——基于重庆P大学的个案调查与分析[J].教师教育论坛,2014,27(2):76-80.

[8]张志远,李俊林,赵金安.中西部地区地方高校青年教师生存状态的调查与研究[J].国家教育行政学院学报,2014(3):9-15.

【作者简介】

徐蔼婷,浙江工商大学统计与数学学院,教授。

王富强,浙江工商大学工会主席,教授。

浅谈当前高校工会青年工作的困境与问题

林文飞　毛晓华

内容提要：青年教职工是高校未来发展的中坚力量。高校工会作为教职工的"娘家"，应积极做好青年工作，促进青年教职工的不断发展。当前，高校工会在青年工作中碰到诸多困境和问题。本文从当前实际出发，试图解析高校工会在青年工作中遇到的困难和问题，以便更好地理清思路，推进高校工会的青年工作。

关 键 词：高校工会；青年工作；问题

《中共中央关于加强和改进党的群团工作的意见》中指出："党的群团工作在继承创新中不断加强，但与新形势新任务的要求相比仍存在许多不适应的问题。"高等教育事业的飞速发展，高校工会组织工作的不断进步，高校青年教职工群体作为高校的一个特殊群体，在需求等各方面有着一定的不同，当前与此对应的高校工会组织的青年工作中，依然存在着一定的问题和不足。

一、高校工会对青年工作总结提升不够，缺乏深入探索和研究

社会发展进步的速度不断加快，认识也应该有着一定的发展。当今社会日新月异，目前高校工会青年工作的理论研究成果，能否满足目前青年工作的需求，还有待进一步验证。广大高校工会从事青年工作的干部急需新的工作理论和切实可行的工作方法，指导其做好青年工作。高校工会应该根据高校青年教职工的自身特点和实际，在工作中对症下药，不断完善和创新方式方法，积极主动作为，不断提高青年工作的针对性和实效性，更好地团结广大青年群众，齐心协力办大事。

工会是党和政府联系人民群众的桥梁和纽带，高校工会应始终坚持发挥党组织和教职工的桥梁和纽带作用。高校工会要重视对党的理论和路线方针政策的研究，形成理论成果，并在青年工作中贯彻落实，更好践行群众路线。同时，做好青年工作，要经常深入青年教职工，倾听他们的呼声，反映他们的意愿。尤其要深入做好青年教职工的思想政治工作，把党组织的决策部署变成青年教职工的自觉行动，把党组织的关怀送到青年教职工中去。

二、高校工会青年工作基础薄弱、凝聚力不够等问题突出

习近平总书记在中央群团工作会议上的讲话强调,党的群团工作要重点解决脱离群众的问题。

经济社会结构和高校青年教师群体分布的变化,深刻影响着高校工会组织的运行方式、管理手段和工作模式。随着青年教职工的学识水平不断提高、生活方式不断多元化、个性思维不断涌现,高校工会的原有组织体系已经不能完全满足全部的青年教职工需求,青年教职工游离于工会组织之外的现象越来越严重。

伴随着互联网等信息技术的飞速发展,青年群体新的多样性的聚集方式正在快速发展变化,而高校工会在其组织形式、活动载体等方面还没有完全适应这种变化。最终导致了高校工会青年工作的覆盖率偏低,服务青年教职工未能达到预期效果,实效性不强。

现阶段的高校青年教职工不仅仅有物质需求,精神方面的需求也在日益扩大。以前部分工作方式已经不能完全满足广大高校青年教职工的需求,尤其是不能满足其精神方面的需求,高校工会应积极转变思想,扎实开展类似于"面对面、心贴心、实打实服务青年教职工"的活动,解决青年教职工实际问题,改进工作作风,加强与青年教职工的联系。

三、高校工会工作的活动方式不够丰富,缺乏创新精神

当前高校工会组织的工作方式陈旧、工作手段落后、活动内容老套等问题突出,自上而下的指令性工作部署多,深入基层了解青年教职工实际需求相对较少;传统的组织动员化的工作方式较多,而根据不同青年教职工群体,设计开展针对性强的工作相对较少;泛泛地开展理想信念教育活动较多,而与青年教职工面对面交流,真正答疑解惑、引导日常行为养成、思想道德培养等方面的服务类活动较少。

在活动形式上,大多以临时性、突发性的活动为主,没有充分了解青年教职工的主体需求,缺少既能与高校工会工作实际相结合又能激发广大青年教职工参与热情的有效活动载体和机制。同时,在多元化的社会结构中,青年教职工群体对个性化、碎片化、专业化服务的需求越来越强烈,而与之相对应的,却是高校工会组织在工作的方式方法上,没有与时俱进,与青年教职工的迫切需要严重脱节,这些都显然已不能适应时代和高校青年教职工的要求。

四、高校工会干部的青年工作能力、素质需要进一步提高

工会干部是高校工会做好青年工作的核心群体,工会干部能力、素质的高低直接关系到高校工会青年工作能力的强弱、工会在广大青年教职工中是否被认可等。当前,经济改革和社会变革力度不断加大,高校工会干部从思想到行为都处于不断的变化和适应中。这种适应还需要一个过程,在这段时间里,高校工会干部对于工会组织做好青年工作能力建设的重要性还没有足够的认识,工作中存在着一定的困惑,形成思想和工作状态上的低迷现象,导致高校工会干部不能真正认识到做好青年工作是其主要工作之一,不能形成高昂的工作热情和斗志,不能发挥其自身更大的工作潜能。从而造成在实际开展工会青年工作时,联系青年不够、关心青年不够、服务青年不够,与青年教职工和时代的需求有较大差距。

高校工会应更加重视加强自身建设,不断增强工会组织对青年教职工的凝聚力。在坚持是中国特色社会主义工会发展道路的同时,应保持工会工作的正确政治方向。同时,也应加强领导班子和干部队伍建设,激发广大高校工会干部的积极性和创造性。

高校工会坚持依靠教职工办工会、办好工会为教职工,尊重教职工的主体地位,下移工作重心,加强分类指导,尤其要为青年教职工解决实际问题,创造更好的工作条件,激发青年教职工活力,使他们真正感受到工会组织是最可信任的"职工之家",工会干部是最可信赖的"娘家人"。

五、高校工会整合资源的能力有待进一步加强

高校工会在整合各方面资源服务青年教职工的能力非常有限。高校工会除了有限的专职干部服务于青年教职工之外,未能带动更多的青年教职工加入服务队伍。院系等基层工会的工作干部往往以兼职为主,人员的流动和岗位变动等因素不利于其更好地开展其青年工作。

在整合经济资源能力方面,目前高校工会青年工作的经费来源主要是工会会员交纳的工会费和上级拨款。在吸引社会经费方面较为欠缺,如没能将服务青年教职工的活动与校外的社会活动很好地结合,社会赞助和捐款较少,导致高校工会青年工作得不到社会的充分支持。高校工会应积极争取党政赋予的资源,充分利用社会现有的各种资源,进一步增强服务青年教职工的物质基础。

高校工会青年工作能力的建设是高校工会发展建设的一项长期战略任务,目前,该项工作面临了诸多的问题和困难,时刻考验着高校工会的工作水

平。新形势下,青年教职工群体需求呈现多元化发展,更加需要高校工会强化自身能力,以满足青年教职工的实际需求。

因此,高校工会必须高度重视新形势下的高校青年工作,不断深入研究,不断改进思路、整合资源,加强青年工作的能力建设,不断创新高校工会青年工作的新思路和新方法。全面提高水平,切实解决问题,不断开创高校工会青年工作的新局面。高校工会要以提高吸引力、凝聚力、战斗力和扩大有效覆盖面为目标,加强高校工会组织建设,更好地联系、引导和服务青年教职工。

【参考文献】

[1]中共中央关于加强和改进党的群团工作的意见[N].人民日报,2015-07-10(04).

[2]李建国.高举旗帜、改革创新、团结动员亿万职工在实现中国梦历史进程中充分发挥主力军作用[J].中国工运,2013(11).

[3]林文飞,毛晓华.论高校工会提升青年工作水平的方法.科教导刊[J],2013(10).

[4]崔秀花.论创新型高校工会做好青年教师工作的有效途径[J].广西教育,2011(3).

【作者简介】

林文飞,浙江大学工会副科职干部。

毛晓华,浙江大学工会副主席,副研究员。

高校女教师职业生涯发展现状与对策研究

王海南

内容提要:本文以作者所在高校的人事统计数据为依据,通过对高校女教师人数占师资队伍总数的百分比和职称、学历学位、职务、国际化能力培养、教学科研业绩等数据进行分析,阐述了高校女教师职业发展现状,并提出了促进高校女教师发展的有效策略。

关 键 词:高校女教师;职业发展;教学水平;科研创新

一、课题研究意义

教师是高校最重要的人力资源组成部分,是一所高校存在和发展的基础。《国家中长期教育改革和发展规划纲要(2010—2020 年)》明确提出,要大力提高高校教师教学水平、科研创新和社会服务能力。高校教师队伍中,女教师所占比例在逐年提高,以杭州电子科技大学教师为例,全校目前共有教职工 2189 人,其中女教职工 935 人,占全部教职工的 42.7%;专任教师 1437 人,其中女教师 558 人,占全部专任教师的 38.8%。可见,女教师已经成为高校教师队伍中一支不可忽视的生力军。分析高校女教师职业发展现状,并对存在的问题进行分析研究,对促进高校女教师自身发展和高等教育发展都具有非常重要的意义。

二、高校女教师职业发展现状

高校女教师的职业发展现状如何呢? 笔者认为,可以通过对女教师的教学、科研、职称、职务、出国访学进修和教学业绩考核等数据进行分析,来衡量高校女教师的发展现状。现以杭州电子科技大学为例,对女教师的职称结构、学历结构和职务结构等几个指标做简单统计。

（一）高级职称结构统计

全校女教师人数为 558 人，其中具有正高级职称的为 49 人，约占女教师人数的 8.8%，副高级职称人数为 186 人。全校男教师人数为 879 人，其中具有正高级职称的为 189 人，约占男教师人数的 21.5%，副高级职称人数为 294 人。由数据可知，高级职称男教师的人数约是高级职称女教师人数的 2 倍，其中正高级职称男教师的人数约为正高级职称女教师人数的 4 倍，而男教师总数仅仅约是女教师的 1.5 倍，可见高级职称女教师所占比重明显较低，尤其是正高级职称比例差距更为明显。这说明，高校女教师在职称评定中明显处于弱势地位。

（二）学历学位结构统计

学历学位情况可以反映高校师资队伍的整体素质和基本结构情况。据统计，全校获博士学位的女教师人数为 293 人，约占女教师总人数的 52.5%；获博士学位的男教师人数为 644 人，约占男教师总人数的 73.3%。以上数据表明全校具有博士学位的教师约占全部专任教师的 65%，但是具有博士学位的男教师明显比女教师多。

（三）职务结构统计

校级领导和处级领导是高校的重要领导岗位，其中女性所占比例的大小能说明女性在高校管理和决策层中的地位。根据统计，全校中层以上领导有 166 人，其中女教师 43 人，占比约为 25.9%，可以看出，高校女教师除了在专业技术职务的晋升方面不如男教师外，在对高校的管理和决策方面也处于弱势地位。

（四）出国情况统计

高校教师队伍中，出国留学情况的统计可以反映出教师从事学术研究的情况。据调查，全校具有出国访学经历的人数为 448 人，其中女教师 175 人，占比约为 39.1%。可以看出，我校女教师出国访学人数相对男教师偏少。可能是由于女教师要兼顾家庭和事业，从而出国访学热情不高。

（五）教学业绩考核统计

在教学业绩考核方面，全校参加教学考核的有 991 人。其中，考核等级为"A"的有 181 人，女教师 87 人，约占 48.1%。学校男教师的人数是女教师的

1.5 倍,但是教学业绩考核为"A"的人中女教师却占了将近一半,说明高校女教师在教学工作中,付出的努力和取得的成绩要好于男教师。

以上数据显示,目前高校女教师在职业发展方面明显不如男教师,从职称比例、博士学位比例和职务比例等统计数据来看,其性别失衡的现状还是很明显的。

再根据学校承担国家课题的统计、校级以上人才的培养情况及硕导数据等,我们发现女教师的工作优势主要在教学上,男教师的工作优势在科研和参与社会活动上。参加工作时,高校女教师在学历、学位上并没有明显的差距。但在进校后,男女教师取得的成绩的差距却慢慢加大。

三、制约高校女教师发展的主要影响因素

通过对学校教师的访谈和问卷调查,我们发现制约高校女教师发展的因素主要有以下几方面。

(一)外界影响因素

1. 社会因素

高校女教师在参加工作后,尤其是有家庭后,家庭角色明显抑制了社会角色,家庭和事业的平衡仍是高校女教师面临的难题。社会一方面期待女教师承担起学者的责任,但是在另一方面又要求她们扮演好妻子和母亲的角色。理工科专业的女教师比文科专业的女教师遭遇的多重角色影响更加强烈。这可能是因为理工科女教师的研究成果必须在实验室完成,而文科的研究地点可以在家或者办公室,时间灵活性强,理工科女教师遭遇到工作与家庭的冲突更加明显,从而导致理工科女教师在教师生涯发展中受到的阻力更大。

2. 文化因素

虽然现代社会一直倡导"男女平等",但传统文化中的所谓"男主女从""男主外,女主内"等观念,还是被一定人群所接受。甚至一些从事高等教育的女教师从事教师职业,也是为了时间自由些,轻松些,把家里的后勤工作做好,让先生在外面为事业打拼。因此,男尊女卑的价值观也是影响高校女教师职业发展的主要因素之一。

3. 组织结构因素

在我国的高校中,目前校级决策与管理层中女教师的比例较少,这就导致在学校的一些重要决策的制定上,女教师缺少了足够数量的代言人和发表意见的机会。同时,管理层中男教师的比例过高,也容易使人误认为只有男教师才适合做管理者。

4.学校政策制定因素

学校政策制定的客观、公平是促进教师发展的一个重要环节,没有健全的政策制度,就无法真正激励教师的发展。现在的大学政策激励机制普遍存在着重视科研能力轻视教育素养,重视科研成果轻视教学业绩的现象。高校女教师往往教学培养做得比较好,科研成果较男教师弱些。学校在制定职称评聘和人才选拔等政策时,始终还是突出科研业绩,因此造成了男教师晋升和入选比例要比女教师高的现象。

(二)内部影响因素

1.安于现状、不思进取

女教师安于现状、不思进取等是制约女教师取得突破性进展的最大障碍。女教师往往有较强的依附心理与较弱的参与意识,即事业上保一个的思想观念在高校女教师中依然有较大的"市场"。

2.缺乏成就动机

高校女教师没有特别高的成功欲望。高校女教师认为职业满足感并不仅仅来源于工作,而是来源于工作和家庭两者的成功,因而女教师成就动机不强。再加上高校教师职业自由度高,因而造成的角色冲突未像其他职业女性那么突出。

3.只与同性相比

女教师在自己的事业发展程度的衡量上经常与其他女教师作比较,这样经受的心理挫折与男教师相比要小,这样才能维持自己关于薪资平等的观念,才能容易有满足感。

影响高校女教师职业发展的因素虽然出自于以上几种情况,但是,这几年高校引进的女教师多为具有博士学位的高层次人才,甚至是有多年的海外留学经历的高层次人才。她们受过高等教育,拥有较强的专业能力,她们进入高校后,也非常重视自身发展,她们对职业充满期待,也想在教师岗位上实现自身的价值。她们认为自己的智力和天赋并不比男性差,她们愿意在工作中接受新的挑战,并希望通过努力取得成绩。

四、促进高校女教师职业发展的有效策略

现任美国霍普金斯大学教育和专业发展学院院长曼斯勒教授运用社会系统理论提出了动态的弹性的教师生涯发展模式,他提出影响教师生涯发展的因素来自于两个方面——个人环境和组织环境,在教师生涯的各个发展阶段都会有影响。因此我们从外部保障和自我激励两个角度提出促进高校女教师发展的有效策略。

（一）外部保障

1.对高校女教师要多加关注和培养

首先,学校应该对女教师提供职业发展指导,帮助其认识职业发展的特殊性,并且指定导师帮助其突破职业生涯障碍。其次,应该鼓励女性攻读更高学位,通过学习,拓宽视野,促进女教师自身发展,进而取得更高的职业成就。再次,要大力培养高校女教师积极健康的个性心理。要激发女教师的成就动机和对高校工作的热爱,激励女教师进取。

2.要搭建平台,增加女教师的社会资本

规范和促进学术团体的发展,从体制和机制方面鼓励女教师参加进修培训,加入学术团体,积极与国内外学术界进行交流,了解本学科的研究前沿及研究的新方法、新理论,增加与其职业发展相关的资源。

3.树立角色榜样,加强对女教师的职业指导

学校应树立成功女性的榜样,然后由成功女性为其他女教师提供与其性别相关的职业发展的指导或建议,并通过这种指导为被指导者确立起自己的角色的榜样。

4.建立科学完善的教师评价机制

评价机制只有科学完善才能真正发挥应有的激励效应,它不仅能为教师的晋升、聘用和选拔提供科学依据,而且能够最大限度地调动女教师工作的积极性。在教师评价体系中,应该杜绝重科研成果轻教学成绩的现象。大学的评价机制要支持教师投身教学工作,开展教学研究,进行教学改革,并对他们的教学业绩和科研业绩给予同样的认可和奖励,甚至在教师聘任、职称晋升中对教学业绩突出者给予倾斜,这对女教师的职业发展是有力的支持。

5.多关心女教师的工作和生活

学校要给女教师更多的尊重、理解、信任和支持,对年轻女教师要更加关心,可以定期开展座谈会,及时解决女教师生活和工作中遇到的难题。

（二）自我激励

1.提升自主发展意识

阻碍女教师职业发展的外界因素有很多,但是归根结底,女教师要发展,自己的内心还是要足够的强大。高校女教师自己意识到"我要发展",才是今后职业生涯发展最强大的内在动力。

2.合理制定个人职业生涯发展规划

按照职业生涯发展阶段,高校教师职业生涯可以分为职前阶段、入职阶段、稳定期、成熟期等阶段。高校女教师应基于女性职业发展特征针对不同阶段做好职业生涯发展规划。笔者将女教师发展分段如下:27岁以下的高校女教师由于刚刚参加工作,还没有家庭的牵绊,这时候女教师应该把较多的精力放在工作上,这一阶段自身刻苦努力,积极寻求帮助,同时学校也要给予积极的支持和鼓励,女教师就可以较快地适应自己的教学工作,并为以后的专业发展打下一个良好的基础。如果女教师还是硕士学位,应该尽早攻读博士学位,扫清职业发展道路上的学位障碍,为将来的研究奠定基础。28~33岁的女教师家庭负担较重,要承担起为人母、为人妻的多重角色,还要兼顾事业,这个年龄段的女教师正处于孩子比较小的阶段,势必对职业发展会有一定影响。这个时期,高校女教师应该坚持自己的目标,适当把自己的目标周期拉长,平衡好家庭和事业的关系,但还是要参与教学研究和学术研究,接触学术前沿知识。34~44岁的女教师,在知识、能力上都已经相对成熟,已经能够熟练地驾驭教学工作,也有了一定的科研能力,并取得一定的科研成果,大部分教师可能已晋升为高级职称,已经在专业的发展中有较为积极、稳定的专业态度,在学科领域中也有一定的建树。这阶段女教师们会有新的目标,进一步激发自己的专业潜能。45岁以上的女教师可以更加客观地审视自己所处的位置和自身的能力水平,能够根据现实情况及时调整自己的发展规划,以更加成熟的心态朝着自己既定的目标发展。

3.树立终身学习的理念

高校教师的主要职责是传播科学和研究科学。高校女教师在工作前可能取得了一定成果,但不可能一劳永逸,在工作后也要持续不断地获得新知识,拓宽专业领域,提高自身科学文化素养。在高校教师职业生涯中,要注重教学研究和学术研究,多参加会议,通过专业会议,及时了解到本专业、本学科的前沿信息及成果,可以拓宽自己的视野和研究领域。

4.注重与男教师开展合作

女教师在平时的学术会议与研究中应加深与男教师的交流,加强与男教师之间的合作,共同探讨职业发展的问题。在相互交流与学习中,女教师会更加自信、更加主动地参与到学术活动中,以自己出色的表现赢得外界的认可。

【参考文献】

[1]程芳.高校女教师职业发展状况、障碍因素及发展策略[J].教育探索,2010(11):104-105.

[2]程芳.高校女教师职业生涯阻隔的调查与分析[J].教育科学,2011(6):54-58.

[3]李宝富,周昕.青年教师职业发展的内涵与途径[J].黑龙江高教研究,2010(8):89-91.

[4]苟军平.青年教师职业生涯发展存在的问题及对策研究[J].教学与管理,2013(4):44-46.

[5]周周.障碍与超越:美国高校女教师职业发展策略解析[J].河北师范大学学报,2012(3):46-50.

【作者简介】

王海南,杭州电子科技大学人事处,副研究员。

高校女教师职业倦怠现状及解决对策

吴美珍

内容提要：高校女教师已成为职业倦怠的高发人群，高校女教师产生职业倦怠的主要原因是社会偏见、工作负荷、角色冲突、生理特征。本文基于高校工会视角，提出了高校工会应该积极发挥宣传、帮助作用，协助女教师更新价值观念、规划职业生涯、树立"四自"意识，从而远离职业倦怠。

关　键　词：高校；女教师；职业倦怠；对策

随着我国高校教育的迅猛发展，高校女教师已成为高校教育发展不可忽视的一支生力军。她们不仅要讲授大量课程，要提高学历层次和科研水平，还要花很大精力提高专业实践能力。实际上，由于种种原因，高校女教师已成为职业倦怠的高发人群，主要表现在工作热情衰竭和低成就感。积极发挥工会作用，研究高校女教师职业倦怠的成因和应对策略，对高校女教师职业生涯可持续发展和中国高校教育发展都具有极其深远的意义。

一、教师职业倦怠内涵

职业倦怠是由美国临床心理学家费登伯格（Freudenberger）于 1974 年首次提出的，他从临床的角度出发，认为职业倦怠是指工作强度过高并且无视自己的个人需要而引起的疲惫不堪的状态。职业倦怠被认为是过分努力地去达到一些个人或社会的不切实际的期望的结果。教师职业倦怠通常是指教师不能顺利应付工作的一种应激反应，是教师在长期压力体验下产生的情绪、态度和行为的衰竭状态。

二、高校女教师职业倦怠现象成因

（一）社会偏见

在社会舆论中，对男性和女性的价值评价标准存在很大差异。对男性，大多是以他的社会价值为标准，即从事业成就方面去评价。但对女性的价值评价则更多地体现在为家庭的付出上,如果女性因事业影响到家庭生活,会受到来自社会和家庭的严厉指责。长期以来,社会以男性为中心,男性在长期的社会地位的角逐中生存与发展,有较强的心理承受力。而女性由于生理上与男性有别,又受婚姻、家庭、社会各种因素的影响,客观上容易出现认知失调。这些传统观念和社会现状使部分高校女教师对事业失去信心和决心,一些高校女教师对自己的能力、知识缺乏自信,成就动机较低。尽管她们都指责传统的陈规陋习,但在实践中却难以纠正,她们往往在竞争之前就失去了参与竞争的勇气,从而导致职业倦怠。

(二)工作负荷

高校女教师工作负荷首先表现在沉重的课时压力。高校女教师的工作性质使她们没有 8 小时工作制的概念。近年来,随着高校扩招,师生比过低,专任教师不足,尤其是专业教师严重不足,高校女教师承担的教学任务不断加重。不少高校的分校区远离主校区和市区,以杭州高校为例,近年来很多高校外迁,导致高校教师每天要花大量时间在交通上,以本校(浙江中医大学)富春校区为例,居住在市区的教师到富春校区上班,每天上下班时间平均为 3 小时左右。笔者曾对杭州部分高校进行调查,调查发现,高校女教师每周十几个课时,平均每天三节课左右是常态,部分高校女教师每周甚至有二十几个课时,平均每天六节课左右,加上备课耗费的时间,基本上一周都在忙于备课、上课。另外,高校女教师为了评职称还要做大量的科研工作,要撰写高质量的专业论文,完成一些课题,参与精品课程的申报等等。中国现行的职称评定制度尚未考虑到高校女教师的工作特殊性,忽略了对育龄女教师的保护,不少高校女教师由于生育阶段没有科研成果,丧失了正常晋升机会。高校教师不仅要有教学、科研能力,还要具备"双师"素质,既要具备教师的教育教学能力,还应具备一定的实践操作能力。而由于女性自身的特点,在实践操作能力的提升过程中,高校女教师要付出成倍的努力。高校女教师面对沉重的工作负荷,极易产生职业倦怠感。

(三)角色冲突

随着高等院校对教师素质要求的提高和竞争机制的引入,社会既要求女性在竞争中生存和发展,又要求她们保持温柔贤惠的女性特质,其结果必然导致高校女教师的角色冲突。事业与家庭之间的矛盾关系是高校女教师角色冲突的焦点。适度的角色冲突和压力可促使人更加努力地工作,提高工作质量,但如果遭受角色冲突和压力而不能有效缓解,就极易导致职业倦怠。布莉克

(Braiker Harriet B)在所著的《E 型女性》一书中首次提出了"面面俱到,扮好每一个角色"(be everything to everybody)的"E 型女性"概念。压力大的女性意味着要取得高成就,意味着在工作、家庭两方面要进入"E 型陷阱"。社会对高校女教师的行为有较大的期望,使高校女教师容易出现角色混乱和迷失。生活中成功女性榜样越来越多,使得"为人师、为人妻、为人母"的高校女教师在竭尽全力追求事业成功的同时,不得不在智商、情商、财商、健商等方面努力提升自己,成为家庭的"CEO"。从表面看,高校女教师在思想观念上已经开始冲破传统社会性别观念的束缚,具有比较强烈的男女平等意识,但是,从实际行动看,多数高校女教师还是恪守传统社会性别观念的行为规范。中国传统的"相夫教子"类的说教时刻提醒她们在家庭方面花费更多的时间和精力,她们想突破原有的状态,却又在多重角色的压力下裹足不前。在事业和家庭的天平上,放弃任何一边的砝码都可能意味着付出沉重的代价。因此,她们经常会陷入家庭和事业的角色冲突之中,从而引发职业倦怠。

(四)生理特征

高校女教师一般都要经历每月的生理周期以及怀孕、生育、绝经期等。这些现象造成的内分泌变化乃至失调必然会带来她们身体的不适和情绪上的问题。随着年龄增长,卵巢功能逐渐衰退和丧失会引起雌性激素水平下降,导致植物神经功能紊乱,使她们的情绪复杂多变,容易紧张、激动或者焦虑。不少高校女教师经常出现神疲力乏、皮肤干燥、反应能力减退、抵抗力下降、内分泌紊乱、月经失调、失眠、腰背颈酸痛、肌肉紧张等症状。部分高校女教师还会出现头痛、头晕、记忆力下降症状。这些生理上的不适会加剧她们的心理抑郁,使她们变得更加敏感多疑。尤其是 35～45 岁的高校女教师,部分在事业上小有成就,但精神却经常处于高度紧张状态,巨大的工作及家庭压力导致她们生理失调,出现更年期提前的现象。由于女性生理的特殊性,再加上缺少必要的运动及防病健体意识,她们的健康状况令人担忧。随着高校女教师的年龄增长,身体机能衰退,精力不足,多数人都会产生不同程度的职业倦怠感。

三、积极发挥工会作用解决高校女教师职业倦怠问题的对策

高校女教师的职业倦怠不仅影响她们的身心健康和个人发展,更会对学生的成长和发展产生巨大的消极影响,如果得不到及时缓解,将会带来严重后果。因此,高校工会在解决高校女教师职业倦怠的问题上要积极发挥教育、引导、帮助作用。

(一)积极开展宣传工作,帮助更新价值观念

面对优胜劣汰的竞争机制,高校女教师要缓解职业倦怠,必须更新价值观念。

高校工会可以通过定期举办讲座、开展座谈、海报宣传等多种形式帮助高校女教师更新价值观念,引导高校女教师克服依赖心理和弱者心态。高校女教师要培养自己的独立意识,抛弃依附思想,居安思危,增强紧迫感和危机感,不断提高自身的心理素质,在工作、家庭、生活诸方面自觉地进入与男性平等的角色,承担同等的责任和义务,营造和谐的家庭氛围。现代社会竞争激烈,机遇与挑战并存,幸福与痛苦同在,特别是在较发达地区,生活的节奏日渐加快,高校女教师面临着更加严峻的生存压力。在这样的生活环境中,高校女教师容易产生悲观、焦虑、苦闷等消极情绪,影响正常的工作、学习和生活。因此,高校女教师在加强业务学习和科研创新的同时,应加强意志力的培养和锻炼,增强自我调节能力,从容面对压力,提高耐挫力,保持良好的心理状态,寻找适合自己的压力释放方法以缓解职业倦怠。要注意发扬女性的心理优势,多与外界联系和交流,懂得取舍、识别自我、为心灵松绑,提高自身心理健康水平。须正确对待名利和金钱,理解自己的学生,避免各种可能的冲突对自己心理健康产生消极影响。高校女教师还要学会基本的心理调适技能,通过归因训练,改变自己的一些不合理认知,清楚自己的能力,成为可以内控的人,从而保持工作热情。在工作中,高校女教师要学会采取积极的应对手段,主动向经验丰富的老教师请教、学习。在压力来临、身心疲惫时,学会统筹安排,合理管理时间,提高效率,以积极乐观的态度应对压力,找准问题所在,使压力变成动力。在压力持续、挫折不断时,要善于发现自己的点滴进步,及时自我激励,通过有意识的休息、郊游、娱乐等方式转移注意力、放松紧张的神经,或者通过向亲人、朋友倾诉,进行情绪宣泄,从而有效缓解压力。在生活中,应坚持有规律的体育锻炼,以强身健体,要学会培养广泛的兴趣爱好,妥善安排自己的工作、学习和家务,保持合理的生活节奏,做到忙里偷闲,劳逸结合。海德格尔(Martin Heidegger)说,我们不一定成为诗人,但我们可以诗意地栖居。面对周而复始的单调校园生活,高校女教师应学会在熟悉的地方寻找风景,让生活充满诗意,从而增强抵御压力的能力,减少职业倦怠发生的机会。

(二)帮助高校女教师规划职业生涯

费斯勒(R. Fessler)对教师职业生涯发展阶段进行了多年研究,提出了一套动态的教师生涯循环理论,他把教师职业生涯划分为8个阶段,即职前教育

阶段、实习导入阶段、能力建立阶段、热心成长阶段、生涯挫折阶段、稳定停滞阶段、生涯低落阶段、生涯隐退阶段。职业生涯的这些阶段对于分析高校女教师的成长至关重要。

高校工会在帮助高校女教师规划职业生涯时,可以进行员工帮助计划,包括对高校女教师心理健康宣传与推广、工作环境设计与完善、高校女教师职业培训等,尽可能引导高校女教师合理规划职业生涯,把自己的聪明才智用到最恰当的地方,根据自己的个性特长,设定自己的人生总目标。

工会在引导高校女教师在进行职业生涯规划时,最重要的是要让女教师充分认识自我,设定每个发展阶段的目标,且在目标的设定上要明确、具体和切实可行,在教学、科研、学历教育、职称晋升、实践训练等方面付出行动。一要成为学生爱戴的教师。在教学上博览群书,认真备课,深入浅出,积极参加教学观摩活动,取人之长,补己之短,用爱心架起师生沟通的桥梁,力争使自己成为站稳讲台、深受学生爱戴的教师。二要强化"两条腿走路"的方针。除上好课外,还要不断更新知识,提高科研能力,克服在科研方面的懒惰情绪和浮躁心理,努力学习新知识,掌握新技术,充分挖掘自身潜力,积极投身于高校教育教学改革和课程建设中,在工作中体验做教师的乐趣。三要按照"双师型"教师标准发展自己。应有意识地培养自己的动手能力,专业课教师应经常到实验室,有条件的应深入工厂、实训基地挂职,也可以通过参加相关职业技能鉴定机构举办的考试获得"双师"资格证书。高校女教师只有通过职业自我设计,才能明确自身所处的发展阶段,了解自己的职业感受,即使出现职业倦怠,也能坦然接受事实,并积极进行自我缓解,避免产生职业危机。

(三)提倡"四自"精神,帮助女教师树立"四自"意识

高校工会要进行多方面的宣传,提倡"四自"精神,帮助女教师树立"四自"意识。"四自"意识即自尊、自信、自立、自强。工会发挥宣传作用使高校女教师在参与竞争的同时,一要确立一个适合自己的目标,既不能好高骛远,也不要自卑自弃,要坚持自己的原则,勇于"推销"自己,大胆地展示自己,让社会、领导了解自己的才干。二要超越性别自我,建立个性自我。有些高校女教师常把困难推给男性,把责任留给他人,在自卑、自弱中寻求心理平衡,这是与时代发展完全背离的。高校女教师必须按照社会发展的要求确立自信心,破除"等、靠、要"的思想,培养爱岗敬业的情操,树立"育才报国"的新价值观。三要正确评价自己。高校工会应帮助女教师学会自我解脱,有张有弛,不要把紧迫感化为紧张感,在工作上要量力而行,不要盲目与他人竞争,要学会理性妥协。人不可能没有欲望,但欲望过高会出现心理等方面的问题。因此,高校女教师

要学会对自己的能力、知识水平作出较为客观的评价,保持良好的心态,把奋斗目标确定在自己力所能及的范围内,对自己不苛求,对别人不妄想,走出职业倦怠的阴霾。

【参考文献】

[1]刘华钢.高校女教师的事业心理分析[J].广西高教研究,2002(1):2-5.

[2]万琼华.传统性别分工的现实存在与高校女教师的应对[J].辽宁教育行政学院学报,2004(3):37-39.

【作者简介】

吴美珍,浙江中医药大学人文社会科学学院,副教授。

浅析高校工会在解决师德师风问题方面的作用

钱存阳 吕 渊 曹克亮

内容提要：师德师风事关大学文化、大学精神的塑造，对高校具有重要的意义。文中对当前高校师德师风存在的问题进行了梳理和分析，从宏观、中观和微观三个层面对其原因进行分析说明，对师风师德建设困境进行了阐述，并结合中国计量大学现代科技学院的做法，就工会在师德考评和师风引导方面的作用进行了探讨。

关 键 词：工会；师德师风；问题；作用

百年大计，教育为本；教育大计，教师为本；教师大计，师德为本。师德是教师的灵魂。中国自古就有有关师德的表述"凡学之道，严师为难。师严，然后道尊；道尊，然后民知敬学"。在第30个教师节，习近平总书记在北京师范大学考察时指出"国将兴，必贵师而重傅"，从国家战略角度指出了教师的重要性，并将教师比作实现中国梦的"筑梦人"。同时，他也提出"需要大力培养造就一支师德高尚、业务精湛、结构合理、充满活力的高素质专业化教师队伍"，其中"师德高尚"位列第一，可见师德建设之重要。大学的组织结构和教师工作特点决定了高校师德师风建设更加重要。

一、师德师风问题表现及成因分析

当前国内高校师德师风问题主要表现为以下方面：一是思想政治意识淡化。政治观念不强，思想觉悟消极。二是职业精神退化。把教师职业仅作为"谋生"的手段，没有育人思想。热衷赚钱，功利思想严重。三是道德底线瓦解。不但放松职业道德要求，还屡屡突破道德底线，做有悖教师传统的事。如：网上流传的博导潜规则学生，用知识、权威等和学生做交易等。四是师表意识丧失。漠视为人师表的职业要求，随意行事。举止粗俗，不遵守教学纪律、态度散漫、作风涣散等。五是育人意识弱化。缺乏全面育人思想，不尊重学生的正当要求和人格、不关心学生的成长需求等。

诸多学者对造成当前师德师风问题的原因有不同分析。如刘瑞平（2004）

认为人才培养和使用中重才轻德、师德评价机制乏力、教育引导不够等是教师失德主因。刘艳君(2014)认为认识不够、评价机制失效、师德师风建设滞后等是教师失德的主要原因。赵培举(2013)认为市场经济影响、教育改革滞后和管理不力是造成师德师风问题的主因。笔者认为,宏观环境的诱惑、中观环境的失控和微观环境的放纵这三大因素综合作用是造成当前师德师风问题的主要原因。

宏观环境的诱惑。大数据时代,各种不良思想、行为等广泛传播,大学教师不可避免身在其中,如炫富、炫权、炫利等,都会动摇教师坚持职业操守的信心。主要诱惑可概括为以下几方面:一是利益诱惑。网络上不良炫富,使教师有挫伤感,会促使教师放弃职业原则,以利益衡量一切,快速致富、浮躁等心态越来越重。二是行为示范。各种投机取巧、急功近利等不良行为起着不良的示范效应,长期受其影响,高校教师也会"世俗"起来,迷失方向。三是主流价值观异化。集体主义淡出、个人主义彰显,主流价值观异化会导致价值危机和失范。各种拜金主义、享乐主义等非主流价值观,对大学教师造成了消极影响,严重挫伤了他们恪守师德的积极性。

中观环境的失控。主要表现为单位对教师失德行为失去影响力。中观环境的失控会促使教师对错误行为的确认。主要表现为以下方面:一是管理价值观偏斜。高校在用人、考核中重才轻德、重量轻质、重业绩轻品德。品德考核口号化、表面化。二是制度建设缺失。师德师风内涵抽象、外延模糊,因此监管制度抽象,停留在提要求的层面,执行起来多数流于形式。三是负激励现象严重。现在高校在分配政策、奖惩、职务晋升等方面,都只看可以展示的成果,师德难以被评估,从而对坚守师德的教师产生负激励,进而出现师德逆淘汰现象。

微观环境的放纵。师德是教师的职业道德,师风是师德的表现。"其身正,不令而行;其身不正,虽令不从",德的培养关键在于个人的"修行"。现在很多大学教师,并没有认识到教师职业的特殊性,仅把教师看作众多社会职业的一种,把自己看成职业人,而不是教师,这就是"教书匠"和"教师"的区别所在。既然是职业人就免不了和各行各业进行比较,单以物质利益衡量职业价值,在宏观环境引诱和中观环境失控的情况下,就会心里失衡,最终因把持不住而放纵,表现出重利益、轻修养,重学识、轻思想,重得失、轻服务,重教书、轻育人等功利、浮躁的现象。

二、工会在解决师德师风问题中的优势

师德师风建设关键在师德,师德端正,师风自然纯洁。师德建设应该是监

控与引导并举,监控具有外部强制性,引导是帮助教师自省。在经济社会,要监控和引导就要涉及经济利益,就有奖惩。由于师德内涵和外延具有抽象性,很难找到科学合理的具体化指标对其进行客观、准确的评价。另外,师德属于道德范畴,对违德行为很难用刚性的制度处理。师德师风在管理中具有硬要求、软着手的特点,往往使管理者"有力使不上"。因此,在实际操纵层面,师德建设应该是引导为主,监控为辅。

在引导师德方面,工会具有一定的优势。首先,工会是党联系职工群众的桥梁与纽带,《工会法》规定工会基本职能之一就是"教育职工不断提高思想道德,技术业务和科学文化素质,建设有理想、有文化、有纪律的职工队伍"。其次,高校工会服务教职工,具有广泛的群众基础,能把解决思想问题同解决实际问题融为一体,贴近群众,易于被接受,为师德引导提供了有力的组织保障和广泛的群众基础。第三,工会资源丰富,固定的硬件设施和各类社团、文化阵地为师德师风建设活动的开展奠定了物质基础。第四,工会工作形式灵活。工会工作不是靠行政手段和刚性制度推进的,而是通过灵活的形式和活动,发扬民主,寓教于乐,可以多角度、多侧面对教师进行正面引导、释疑解惑、凝聚人心,具有很强的渗透性。第五,工会文体活动丰富。文体活动本身能丰富教职工的业余生活、提高凝聚力,同时,它还是文化传播的载体,是提高职工思想品质的良好载体。通过参加活动,教师们潜在的品质和思想作风最容易真实地表现出来。特别是经过精心组织的文体活动,不但可以陶冶情操、启迪思想,扫除颓废萎靡之风,还能引导教师增强道德判断力和道德荣誉感,形成讲道德、尊道德、守道德的职业操守,传递向上向善的价值观,告诉广大教师什么是应该肯定和赞扬的,什么是反对和否定的。

三、中国计量大学现代科技学院工会的实践

现代科技学院工会从师风引导和师德考评两方面对师德师风建设进行了有益的探索。

(一)在服务中引导师风

现代科技学院工会在开展活动、服务教师中,引导教师树立正确的师德观念。如在群众性活动、凝聚力工程、创争活动和优秀评选中,坚持师德导向,融教育于活动之中,提高教师主人翁精神和责任感,传播正确价值观。在教师职业技能比赛中,充分发挥优秀教师的示范作用,激发广大教师提高自我修养。

1. 开展群众性活动

根据教职工的层次、个性和爱好,有针对性地组织各种群众性活动,如:组

建教工舞蹈队、篮球队、排球队、足球队、羽毛球队、乒乓球队等,组织各种比赛,同时,组织丰富多彩的文体沙龙、民族舞蹈和瑜伽健身活动等。通过群众性活动满足教师交往与尊重需求,传播正能量,激发教师自我修行的意识。

2.打造凝聚力工程

学院工会创建了"教学质量工程"交流反馈体系,为一线教师提供教学信息和服务。开展了"创建学习型组织,争做知识型职工"活动。推进"大病医疗互助"工作。开展献爱心慈善公益活动、送温暖、慰问等活动,开展学生帮扶活动等。通过凝聚力工程促使教师端正师德、修正师风。

3.推进创争活动

创争活动本身就是践行师德的活动,还能带动教师共同塑造良好师风。学院工会先在学工部进行了试点,然后逐步推开,2013年学院全面推进该项工作,所有单位全面创争。经过近几年的努力,创争活动效果显著。

4.加强教师职业素质培养

职业素质是师德师风的重要体现,为提高广大教师的职业素质,学院工会定期组织"课件制作比赛""观摩课堂教学""青年教师讲课比赛"等。定期组织新进教师座谈会、青年教师教学技能经验交流会等,邀请优秀教师为青年教师做示范教学,并通过各种途径支持教师从事教科研活动。

5.建立评优激励机制

学院工会定期开展"三育人"先进个人和集体评比,"优秀青年教师""事业家庭兼顾型教师""教学质量奖""教学优秀奖""三八红旗手"等评选活动,通过这些活动肯定师德高尚的教师,并充分发挥他们的示范效应,给其他教师正面引导和激励。

(二)在考评中强化师德

考评具有指向性和激励性,能从外部约束教师形成良好的师德修养。从2013年开始,学院开始探索师德师风考评工作,制定了可量化的师德师风考核标准,明确了工会在考评中的作用。该方案主要有以下特点。

1.将思想重视转化为行动重视

为了践行师德师风建设,学院党委高度重视师德师风评价的落地。为此,学院组织教职工在经过多轮广泛讨论、研究的基础上,集思广益,制定了师德师风考核办法,使师德评价内容更加具体化。

2.将抽象的内容转化为具体指标

为了准确界定师德师风,考评指标分坚持方向、依法执教、爱岗敬业、关爱学生、严谨治学和团结协作等六个方面,并以典型错误或典型成绩列举的方式给出了考评细则，以便于评价判断。如："无故旷课一次扣2分，随意调课一次扣1分"，"指导学生课外科技一次加2分"等。

3.将单维考评转化为多维考评

原来的师德师风考评，主要基于教师自评，由于自评依据不一，基本上根据有利参照原则进行。在新考评办法中，评价主体多元化，分别从党、政、工、群组织观察教师的师德表现，有利于考评的公正和科学。

师风师德建设，关键在于引导。中国计量大学现代科技学院工会尝试将引导和考评相结合，促使教师养成良好师风师德的做法，虽然对教师树立良好的师德有促进，但还有许多地方值得进一步研究和探讨。

【参考文献】

[1]何艳熙.论高校工会在青年教师师德师风建设中的作用[J].兵团教育学院学报,2007(4):41.

[2]倪敏达.教育的本质:《礼记·学记》的教育智慧[M].北京:中国对外翻译出版公司,2011.

[3]李四芬,李上文.高校师德建设存在的问题、原因及对策[J].江西社会科学,2003(8):218.

[4]刘瑞平.高校师德建设存在的问题、成因及对策探析[J].思想教育研究,2004(12):25-27.

[5]刘彦芬.当代中国社会价值观变迁特征分析[J].中共天津市委党校学报,2012(2):92-96.

[6]刘艳君.探索高校师德师风建设的有效途径[J].吉林广播电视大学学报,2013(12):91-92.

[7]赵培举.加强师德师风建设 培养高素质教师队伍[J].中国高等教育,2013(13):66-68.

【作者简介】

钱存阳,中国计量大学现代科技学院工会主席,副教授。

吕　渊,中国计量大学现代科技学院工会副主席,助理研究员。

曹克亮,中国计量大学现代科技学院,助理研究员。

当前高校"三育人"工作存在的问题与改进策略探析

顾小明

内容提要:高校"三育人"工作是师德师风建设的重要机制,也是高校德育工作的主要手段。随着社会变革,"三育人"工作在实际操作过程中呈现出一些不适应的现象,其对高校教师在师德师风方面的引领作用在一定程度上被弱化。高校"三育人"工作亟须提高实效性,从而引导广大教师更好地从事育人工作,帮助青少年学生扣好人生的第一粒"扣子"。

关　键　词:师德师风;"三育人"

自 20 世纪 90 年代初全国教育工会实施"三育人"先进个人评选表彰制度以来,高校"三育人"工作已经开展了近 30 年,其倡导的教书育人、管理育人和服务育人理念逐渐成为社会共识,对高校师德师风建设的引领作用不断凸显,成为高校德育工作的重要手段。2014 年,教育部《关于建立健全高校师德建设长效机制的意见》(教师〔2014〕10 号)指出:"高校教师的思想政治素质和道德情操直接影响着青年学生世界观、人生观、价值观的养成,决定着人才培养的质量,关系着国家和民族的未来。"作为引领高校教师师德师风建设重要机制的"三育人"工作,需要在不断适应社会变化和青少年学生需求的过程中,创新工作模式,从而引导广大教师更好地从事育人工作。

一、当前"三育人"工作存在的问题

(一)对"三育人"工作存在"偏见"

"三育人"工作起源于对"文革"时期错误教育观念的拨乱反正。目前,教书育人、管理育人、服务育人观念已经深入人心,可以说"三育人"工作是非常有成效的,基本实现了开展这项工作的初衷。但是,随着社会变革,"三育人"工作模式改革相对"滞后",人们对"三育人"工作产生了一些的"偏见":一是教书育人、管理育人、服务育人三者没有实现内在统一。将教书育人视为教师的职责,管理育人视为机关干部的职责,服务育人视为后勤人员的职责,三者相互独立,甚至造成管理、服务与育人相脱节的情况。二是教书育人、管理育人、服务育人三者不平衡。尽管"三育人"工作已经开展了近 30 年,但是人们对于管理育人和服务育人的探索仍然不够深入。同时,高校一直将传授知识作为主要职责,在实践环节中对管理育人和服务育人还不够重视,往往浮于表面、流于形式。

(二)评选和德育存在"两张皮"

将"三育人"工作视为日常的评优评奖工作,往往是将各领域表现优秀的人选拔出来,没有考虑到其工作的"育人"成效。不少高校教职工存在着"一俊遮百丑"的观念,认为将自己的本职工作做好才最重要,"德育为先"仅仅是口号,以至于出现了德育"说说重要、做做次要、忙起来不要"的现象。雅斯贝尔斯说:"教育意味着一棵树摇动另一棵树,一朵云推动另一朵云,一个灵魂唤醒另一个灵魂。"有什么样的老师就有什么样的学生。没有德育,"三育人"工作的真正实效性是需要打折的。

(三)考核评价体系存在"惰性"

"三育人"是高校评优评选工作中使用时间最长、评选最成熟的体系,也因此在考核评价过程中存在一些"惰性"。一是考核评价指标体系存在"惰性",指标过于宽泛,存在不敢细、不敢变的情况,在实际使用过程中往往不适合作为选拔指标。二是选拔模式存在"惰性"。由于选拔模式已经比较成熟,为避免引起教职工们的"不满",很少有高校愿意主动在评选过程和方式方法上进行变革,甚至很多高校还存在着"轮流当优秀"的"懒办法"。三是"三育人"工作考核评价结果的使用存在"惰性"。对于最终评出来的人选,往往以文件表彰和简单的物质奖励为主,且奖励数额没有很强的吸引力,导致评上的不够兴奋,没评上的也无所谓。

二、当前"三育人"工作不适应现象的原因分析

随着社会变革,"三育人"工作在实际操作过程中呈现出了一些"偏见""两张皮""惰性"等不适应现象,其对高校教师在师德师风方面的引领作用在一定程度上被弱化。究其根源,既有社会文化变迁的影响,也有"三育人"工作自身缺乏创新的问题。

(一)社会价值观念多元化的影响

随着社会变革和生活水平的提高,人们的价值观正在发生巨大变化,出现

了多元化趋势。社会对于高等教育在育人方面的需求也更加多样化、复杂化。高校作为育人工作的主体和"三育人"工作的执行者,对于"三育人"理念的拓展存在一定的"滞后",其内涵未能得到有效更新与调整,无法赢得当代青年的认同。

(二)"三育人"工作自身缺乏创新

"三育人"工作自20世纪90年代以来已经开展了将近30年,其工作模式已经非常成熟,教书育人、管理育人和服务育人几乎成为所有高校教职工都已认同的理念。但是,这种几十年不变的评选模式和理念已经成为高校的一种"习惯",缺乏创新,可能会使教职工产生倦怠情绪。而且,高校在发展过程中不断摸索和建立新的荣誉评选制度,"三育人"评选已经不再像刚开始那样能够使广大教职工产生新鲜感和荣誉感。

(三)"三育人"工作执行者缺乏德育理念

"三育人"工作是高校的一项常规评选活动。随着高校办学规模的迅速扩大,"三育人"工作的执行者往往是学校的教辅人员,顶层设计缺乏德育专家的参与。在实际开展过程中,教辅人员往往将其视为普通的评选活动,按照文件规定的条件进行资格审查,缺少对评选对象育人效果的评价,造成评选活动流于形式。

三、提升"三育人"工作的实效

当前,我国高校的教师队伍总体上是忠诚于党和人民的事业的,师德的整体状况是积极、健康、向上的。但是,受市场经济负面影响与不良社会风气的干扰,高校师德建设工作乏力,个人生存和竞争压力大,不少高校教师存在师德滑坡的情况。"三育人"工作需要及时对现状进行调整,从而更好地为高校师德师风建设起好引领和筑基作用。

(一)将"立德树人"理念内化到"三育人"工作中

习近平强调,好老师要有道德情操,引领和帮助学生把握好人生方向,特别是引导和帮助青少年学生"扣好人生的第一粒扣子"。"立德树人"是所有教育工作者的神圣使命。"三育人"工作是高校办学理念的具体实践,要结合新形势的需求,对教书育人、管理育人和服务育人进行全面梳理,尤其是对管理育人和服务育人的内涵和实践进行深入的系统研究。首先,"三育人"工作的主体是高校的每一位教职工,虽然有不同的分工,但是都有教书、管理和服务学生的职责,都需要牢记"立德树人"的理念。《中华人民共和国高等教育法》指出"高等学校的教师、管理人员和教学辅助人员及其他专业技术人员,应当以教学和培养人才为中心做好本职工作"。作为教师,主要职责是教书,但同时还担负着管理学生和服务学生的功能。很多高校教师下课后不愿与学生交流,认为只要上完课就算完成任务。很多高校行政人员认为自己的主要工作是落实上级精神,只要把管理和服务教师的常规工作做好就可以了,教育学生是任课教师的工作。很多高校服务工作者觉得自己只要把菜烧好、树种好、墙壁刷好就可以了,教育和管理学生不是自己的工作。事实上,教书、管理、服务在认识和实践上的割裂,对学生带来了负面影响,一方面无法得到学生对高校教育的尊重,另一方面使学生更加认同"功利""冷漠"等不良社会文化。其次,"立德树人"要求教育事业不仅要传授知识、培养能力,更要把培育和弘扬社会主义核心价值观落实到推进教育治理体系和治理能力现代化中去。虽然高校的主要职能是传授知识,但是教书育人、管理育人和服务育人在德育层面上不存在高低主次之分。因此,高校要积极探索管理和服务在育人层面的方式方法,从而将"立德树人"的教育理想渗透进高校办学的方方面面。

(二)创新"三育人"评选模式

"三育人"工作的评选体系经过多年的探索和完善,已经在实际操作过程中渐趋成熟。但是,随着高校扩张和社会变革,以往的评选体系略显滞后,容易产生工作"惰性"。因此,"三育人"工作可以结合学校实际进行创新实践。一是可以尝试对考核评价指标进行量化。很多高校的评选条件往往过于宽泛,更多地体现了评选的原则,没有细化为指标。在高校教职工人数不多的情况下,可以以定性指标来选拔。随着高校扩招,教职工数量也随之剧增,以定性指标来选拔很难做到公平公正,量化评选指标有助于引导教职工有的放矢地开展育人工作。二是可以细化"三育人"的落脚点,结合学校其他评选体系,细化评选范围。如很多高校已经开展了"本科生导师制""青年教师导师制""我最喜爱的老师"等活动,可以对其中指导学生、指导青年教师或毕业生、最受喜爱的、育人表现突出的教师,直接授予"三育人"先进个人称号。三是利用"三育人"工作加强对全校育人工作的监督。畅通学生投诉渠道,将存在"育人"问题的教职工直接取消评选资格,甚至在"三育人"评选过程中直接予以曝光。

(三)用好、用活"三育人"评选结果

"三育人"工作是对高校教职工的日常育人行为和业绩予以的肯定和表

彰。对于"三育人"评选结果,目前比较普遍的激励模式是发文表彰、物质激励,有些高校还进行了典型塑造和宣传。这些措施在过去对教职工有激励效果,但随着社会发展,这些效果打了折扣。鉴于此,"三育人"工作需要不断发掘更加符合教职工需求的激励措施,从而用好、用活评选结果。如可以将"三育人"评选结果与高校教职工的职称评定挂钩,凡任现职期间获得过"三育人"先进个人称号,且在此期间没有被学生投诉的教职工,师德师风可以直接鉴定为优秀,并作为评优的优先条件。又比如,可以让被评对象进行育人心得报告会,并将心得结集出版、推荐发表等。

总之,"三育人"工作是高校德育工作的核心阵地,也是高校师德师风建设的重要机制。随着社会的变革和高等教育的跨越式发展,"三育人"工作需要不断求变求新,跟上时代的脚步,从而对高校教师发挥引领作用。

【参考文献】

[1]何详林,黄吴静,徐丽.教师为本 师德为魂——关于当前我国高校师德建设现状的调查报告(上)[J].学校党建与思想教育,2010(8):85-87.
[2]何详林,黄吴静,徐丽.教师为本 师德为魂——关于当前我国高校师德建设现状的调查报告(下)[J].学校党建与思想教育,2010(10):68-87.

【作者简介】

顾小明,浙江外国语学院人事处,讲师。

高校青年教师心理健康的维护和促进

黄金娟　吴少鹏

内容提要：青年教师队伍是高校教师队伍的重要组成部分，是高校教学科研管理工作的主力军和生力军，特别是思政辅导员，不仅是大学生的良师益友，肩负着教育、管理、服务三大重任，还是高校各级部门上传下达的纽带，是沟通学校与社会的桥梁。受到现实生活、教学科研以及社会舆论等诸多压力，高校青年教师心理健康问题凸显，如焦虑、心理疲劳、情绪失调等。文章通过实际调查有针对性地提出高校青年教师心理健康维护和促进的措施。

关　键　词：高校；青年教师；心理健康；维护和促进

高校青年教师的身心健康直接关系着人才培养的质量，关系着高校的和谐发展，关系着整个教育事业的未来，也关系着青年教师自身的生存与发展，具有十分重要的意义。每一名青年教师，都有成为卓越教师的可能，作为高校教师队伍的重要组成部分，青年教师在高等教育事业中扮演着不可替代的重要角色。近几年的调查表明，高校青年教师因心理健康问题日趋凸显，特别是对学生进行日常教育管理的高校思政辅导员，他们的心理健康状况直接影响到学生的健康心理能否形成。所以关注高校青年教师的心理健康问题对学生成长成才及教师自身教学观念、教学态度以及科研行为具有重要影响。

一、高校青年教师心理健康衡量标准

我们知道，不同时期不同的社会背景下的心理健康标准也是不同的，同样，不同的社会群体心理健康的标准也应体现其群体的特殊性，所以应该遵循矛盾分析法，具体问题具体分析，对高校青年教师心理健康的标准有更为具体的解释。俞国良在《论教师心理健康及其促进》中指出，教师心理健康的标准至少应包括以下几点：首先，角色认同。能够对教师角色认同，热爱教育工作，能积极投入到工作中去，将自身的才能在教育工作中表现出来并由此获得成就感和满足感，免除不必要的忧虑。其次，人际关系融洽。和谐融洽的人际关系表现在与上级、同事融洽相处，有一颗平常心，客观地看待他人，有积极的心态,真诚与人沟通;和谐融洽的人际关系又表现在良好的师生关系,亦师亦友不仅能够树立教师的威信,又能够正向引导学生,理解并帮助学生,不会将个人私心及负面情绪带到工作中或是带给学生。再次,自我认知正确。无论是对个人发展、工资待遇还是工作目标都能有客观实际的认识。在教育活动中主要表现为能根据自身的实际情况确定工作目标和个人抱负,具有较高的个人教育效能感,能在教学活动中进行自我监控,并据此调整自己的教育观念,完善自己的知识结构,作出更适当的教学行为,能通过他人认识自己,学生、同事的评价与自我评价较为一致,具有自我控制、自我调适的能力,并且具有教育的创造力,能不断学习、进步。最后,及时控制与调整情绪。无论是在教育工作环境还是在家庭生活环境中都保持乐观积极的心态,及时控制好自己的情绪,不会将任何一方面压力产生的负面情绪带到其他方面,能将工作与生活和谐统一起来。

二、高校青年教师心理健康问题表现及成因分析

高校教师的压力伴随着高等教育的发展而不断增大,特别是青年高校教师,从学校毕业后进入高校工作时间相对较短,还未完全跟上高校改革发展的节奏,却要面临教学、科研、经济等方方面面的压力。特别是青年高校思政辅导员,不仅要求他们个人拥有良好的政治素养、完善的知识结构、出色的工作能力、顽强的意志品质,还要求他们对待学生政治上积极引导、学习上监督辅导、生活中精心指导、心理上耐心疏导。然而当要求不断提高,青年教师的工资待遇、职称晋升、社会地位以及学校内部重视程度等方面却不能相应匹配时,其就会出现矛盾甚至是心理问题,其心理不健康的表现也是多种多样的。

1.心理疲劳和厌烦

心理疲劳和厌烦的集中表现为职业倦怠,职业倦怠则表现为在以人为服务对象的职业领域中,个体的一种情感耗竭、人格解体和个人成就感降低的症状。调查发现青年教师工作年限多为5年或者5年以上,而教育出结果出成绩往往要经过教师多年如一日的努力,回报时间较长,所以在这期间青年教师容易因为实现不了个人期望而产生与职业期待的差距,感觉任务永远不能结束。与此同时他们还要面对上级和行政部门的工作压力、教师之间的竞争、学习和科研的压力以及自身家庭、个人情感问题,还有更为实际的经济压力。在长期面对诸多压力的情况下高校青年教师容易产生心理疲劳甚至厌烦情绪,使他们对本职工作失去热情和兴趣,而这样的负面情绪又会影响他们的行为,可能会对待学生冷淡没有情感,加速降低个人成就感。毕竟青年教师参加工作年份不长,容易感性行事,当他们遇到无法调节的压力时极容易产生心理疲

劳和厌烦。

2.心理焦虑和烦躁

焦虑是人们因急需改变现状或急需实现某个目标,然而自身却又无能为力时的强烈情绪体验。随着高等教育的改革不断加速,新时代对教师的理论素养和知识结构要求也是不断更新,环境转变和自身适应问题就会凸显。近些年高校不断扩招,教师队伍也在不断壮大,教学压力、科研压力使得高校专业老师内部竞争也愈发激烈,职称评定又远不能满足教师需求,教学业绩考核结果却又不能与个人期许的目标相匹配,教师就会产生焦虑心理;而对高校思政辅导员来说,虽说其属于高校教师系列,但相比高校专业老师,他们在科研、职称评定、社会地位以及收入待遇方面却略显尴尬,特别是在待遇方面,年轻教师待遇水平处在高校教师水平的较低层。面对这些问题,年轻教师自我控制与调节能力较弱,时常为个人的前途焦虑和烦躁。

3.心理迷茫和困惑

心理迷茫是指对现在生活的不确定以及对未来没有方向感。高校青年教师职业的特殊性决定了其劳动的特殊性。面对学生和家长的期望,面对学校领导的要求和任务,面对家庭的责任和义务,青年教师需要扮演不同的角色去协调、处理好这些方面产生的问题。学生和家长的期望是教育学生成长成才,但学生成长成才的过程变化较为缓慢,难以评价,而且多与教师辛勤付出不成比例;领导的要求和任务与家庭的责任和义务都是在青年教师教学育人这个缓慢过程中必须要面对的额外压力。青年思政辅导员更是从事无巨细的学生工作中进行角色定位,处理好学生工作的方方面面,大部分难以证明自己到底取得了什么成就。事业的荣誉感与现实的经济地位、职业声望会产生矛盾,这很可能导致教师的角色模糊甚至角色冲突,进而影响到青年教师的行为、态度、价值观。与其他劳动者相比,教师属于一个比较孤立、比较封闭的群体,与社会的联系较少,参与种种决策的机会也很少,很容易产生迷茫和困惑,不知道何去何从。

4.心理挫败和抑郁

心理挫败是指自以为可以完成的目标或者期许但实际难以或没有达到后对自身能力产生怀疑并感到挫败的心理体验。高校青年教师在扮演不同角色时往往难以处理好不同角色带来的压力,协调不好教学、工作、家庭之间的关系会使得他们认为自己一事无成继而不自觉地变得沮丧;角色扮演上的沮丧又会影响到青年教师的人际交往行为,行为结果反馈与其期待不符又会加深挫败感;教学、科研的压力较大,但相应的机会并不能满足青年教师的需求,加上行政工作繁杂、职责划分不清,平添一些额外压力,但待遇及社会地位却与之形成落差,容易引发青年教师的挫败感甚至抑郁情况。调研发现高校青年教师挫败感产生最大的来源是学生的不认同,大学生不同于中小学生,他们已有相当独立的意识和认知,他们对老师的教育理解各有不同,若学生不理解青年老师的良苦用心,将会急剧加重青年教师的挫败感,使其对工作失去信心和动力,如果青年教师不及时疏导或宣泄自己的不良情绪,或情绪归因不当,则很可能会产生更深层次的心理问题。

三、高校青年教师心理健康维护和促进的措施

从上述高校青年教师心理健康状况分析可以看出,高校青年教师的种种心理问题是内外因共同作用的结果。

从外因方面来看,虽然造成青年教师心理问题的成因很多,但直接原因还是与他们所处的工作环境和教学活动相关。因此学校方面要对青年教师的心理状况足够重视,应当将此纳入各部门的工作计划。比如优化管理机制和考核机制,一套完善的管理机制可以最大化地提高教职工的工作积极性并促发其创造性,应允许其在保证教学跟工作内容的同时,把创新的思想带到教学工作中。考核机制可以更为灵活与人性化,根据青年教师的实际情况进行客观评价,打破论资排辈,突破职称限制,注重实际绩效,激发青年教师的积极性。完善青年教师升职、流动机制,士尽其贤,给予青年教师更大的平台,从而能够使其更好地自我发挥;二级学院里做好"老带新"工作,资历老的教师在教书育人、学科研究、行政工作等方面可以手把手地教,与此同时还能为青年教师进行心理开导和劝诫,帮助他们及时克服出现的心理问题,规避可能出现的潜在负面影响,从而顺利度过适应期;二级学院也要努力构建和谐的人际关系,协调行政人员与教学科研老师之间的职业关系,积极化解同事间出现的问题;工会等部门要积极组织青年教职工活动,丰富他们的业余文化生活,排解他们的心理问题,关心他们的婚姻状况,改善他们较为封闭的人际交往圈,营造和谐、温馨的工作环境,帮助他们缓解工作压力,促进身心健康。

外因是事物发展变化的条件,但外因是通过内因起作用的。所以青年教师自身要建立积极健康的心理体系。青年教师作为接受过高等教育专业培训的个体,不单要懂得教育管理学生,更要会教育管理好自己,更应该正确认识自我,调节自我,养成良好的心理素质跟职业修养。首先要能够正确认识自己、评价自己,合理规划自身发展,制定合理的目标,这样才能减少在工作适应期因心理冲突而产生的挫败感。其次要不断提高自身业务能力与综合素养。打铁还需自身硬,只有不断提高自身业务能力,才能更好地驾驭工作、协调好各个方面。在成为成熟的教师前不断学习,多向老教师交流请教教学、科研以

及学校职称评定等各项业务知识,做到有的放矢。再次要保持良好的人际关系。良好的人际关系是任何工作稳定性和持久性的保障。青年教师要特别注意处理好与上级、同事以及学生之间的关系,相互促进情感交流有利于增加信任,从而能够完善自身,保持良好的工作心态,增强对消极负面情绪的免疫功能,最后要树立正确科学的价值观。调研结果表明青年教师职业选择的出发点多数是因为热爱学生,崇敬教师这份职业,依恋校园环境,那么作为老师就应该有崇高的道德、较高的觉悟,为了教育事业去牺牲去奉献。所以高校青年教师要勿忘初心,将工作变成自身事业的主体,去努力奋斗,成就美好人生。

综上,还是要从社会层面倡导尊师重教的社会风尚,给予教师这个职业更多的理解和支持,从大环境上为高校青年教师营造一个能使其充分发挥的空间,增强其职业认同感。教师家人也应当理解并支持他们,成为其坚强的后盾。每一名高校青年教师都有成为卓越教师的可能,作为学校教学、管理的中坚力量,其在成长的关键节点上需要更多关心和帮助,使其在自己的岗位上不遗余力地奋斗,成就辉煌。

【参考文献】

[1]俞国良.论教师心理健康及其促进[J].北京师范大学学报,2001(1):20-27.

[2]陈翔.高校思政辅导员心理健康问题的探析及对策研究[J].长春理工大学学报,2006,2(1):155-156.

[3]刘宣文.心理健康标准与学校心理辅导[J].教育研究,1999(3):42-46.

[4]俞国良,林崇德.论心理学视野中教师的培养与发展[J].教育研究,1999(10):29-35.

[5]刘蕾,刘凯玉.高校青年教师常见心理问题及防范措施[J].师资队伍建设,2012(31):121-122.

【作者简介】

黄金娟,浙江财经大学学生处,讲师。

吴少鹏,浙江财经大学学生处,教师。

高校工会服务青年知识分子情况的调查

李　楠　柯丽敏

内容提要：在当前社会转型期，高校青年教职员工承受着巨大的挑战。服务好广大青年教职员工，提高广大教职员工的满意度是当前高校工会工作的重要内容。本调研以杭州师范大学为样本，旨在了解高校工会在团结组织青年教职员工、维护和发展青年教职员工权益方面所做的工作及经验，存在的主要问题及原因，提出充分发挥高校工会在服务青年知识分子方面作用的对策建议。

关 键 词：高校工会；青年知识分子；调查

作为高校教职员工队伍重要组成部分的青年知识分子是高校知识分子的主体，广大青年知识分子工作在教学、科研、学生工作、后勤服务的第一线，青年知识分子的健康成长与师资队伍建设、提高高校教学质量、建设和谐校园等方面有着密切的关系。在当前社会转型期，高校青年教职员工面临着巨大的挑战。既面临尽快适应自己的教师角色，提高教学质量的任务；同时还要致力于自己的科研事务，提高科研水平；还面临着恋爱结婚、建立家庭、养育子女、赡养父母等方面的社会责任。一直居高不下的房价和持续走高的物价水平，对刚进入工作岗位经济能力有限的青年教师是很大的考验。因此，在当前人事制度改革日益深化、社会环境不断变化和青年教职员工的需求越来越多元化的新形势下，如何提高工会工作的效果，服务好广大青年教职员工，提高广大教职员工的满意度是当前对工会组织工作提出的新的挑战。

本调研旨在了解高校工会在团结组织青年教职员工、维护和发展青年教职员工权益方面所做的工作及经验，存在的主要问题及原因，提出充分发挥高校工会在服务青年知识分子方面作用的对策建议。

本次调研在杭州师范大学进行，杭师大年龄在 40 岁以下的青年员工已占员工总数的 67% 左右，具有典型性。本调查随机抽取阿里巴巴商学院、政治与社会学院、外国语学院、社科部、材料与化学化工学院、医学院、经济与管理学院、国际教育学院以及机关的教师、职工，发放问卷 120 份，回收问卷 110 份。

被调查人员男性占 48%,女性占 52%;84% 已婚,16% 未婚;年龄基本都在 20~40 岁,其中 20~25 岁的占 1%,26~30 岁的占 23%,31~35 岁的占 47%,36~40 岁占 29%;专业教师占 60%,行政人员占 26%,教辅人员占 14%。

被调查人员基本信息如表 1 所示。

表 1　被调查人员基本信息

	性别		婚姻		年龄		岗位			工龄		
	男性	女性	已婚	未婚	20~30 岁	31~40 岁	教师	行政	教辅	3 年以下	4~10 年	10 年以上
比例	48%	52%	84%	16%	24%	76%	60%	26%	14%	25%	60%	15%

一、高校青年知识分子的主要特点及对工会维权和服务的主要诉求

1. 工作生活状况及思想状况

高校青年知识分子大多数成长在改革开放时代,他们基本上都受过良好的教育,学历层次不断提高,日趋高学历化。他们有着比较广的知识面,业务基础扎实,思维敏捷,朝气蓬勃,积极要求上进。调查数据显示,杭师大具有硕士和博士学历的青年知识分子已占青年知识分子总数的 94%,和一般重点大学的比例相当,且 73% 是党员。高校普遍进行了内部管理体制和人事制度的改革,平等竞争机制的引入,大大激发了广大青年知识分子的工作热情。大批青年知识分子因成绩突出,被破格晋升为副教授、教授,形成了高级职称年轻化的良好局面。成才欲望高、竞争意识强是当代高校青年知识分子的一个显著特点。调查的教师中,60% 已取得中级职称,17% 已取得高级职称。调查的行政人员中,51% 未获得职务,20% 是科级职务,4% 是处级职务。

同时,在市场经济条件下,高校青年知识分子价值取向呈现多元化趋势,价值观念差别较大,功利趋向较强。同时青年知识分子在事业心、责任感、纪律性、治学态度、师德修养、育人意识等方面,与中老年知识分子相比,也有一定的差距。价值取向个人化、功利化,部分青年知识分子奉行大利大干、小利小干、无利不干、奉献等于索取的价值观。青年知识分子关心自身利益多,接触社会实践少,对于国家政治经济发展形势还存在不少思想困惑,他们受社会上一些消极因素的影响,滋生了个人主义和享乐主义,把个人利益和物质利益放在第一位,严重影响了学校教学工作和教学质量;对改革过程中出现的一些挫折,表现出不可理解;部分青年教师由于受各种西方思潮的影响,而又没有充分了解国情,因而产生不满现实的情绪,带着这些思想情绪从事教学工作,势必对教学质量产生不良影响。

2.面临的主要问题和困难

在工作方面,面临的主要问题是专业技术职务晋升困难,占53%,其次是工作压力太大,考核机制不合理,各占18%。如图1所示。

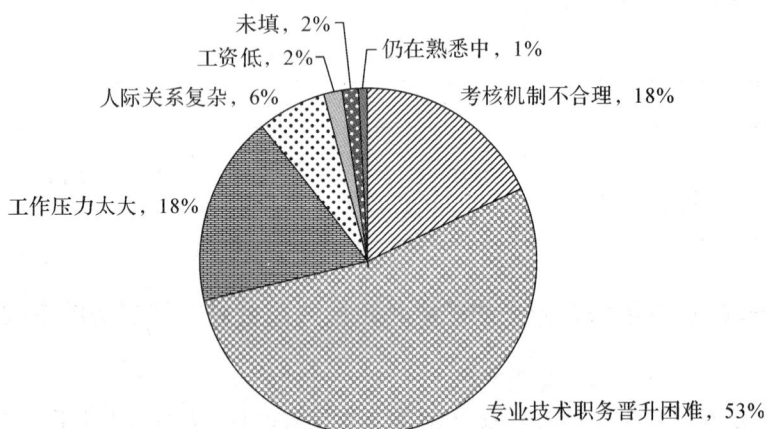

图1　工作上的主要问题

在教学方面,面临的主要问题依次是教学任务重、教学课酬较低、教学评估体系不合理、教学任务分配不合理、学校重科研轻教学、学分不多。如图2所示。

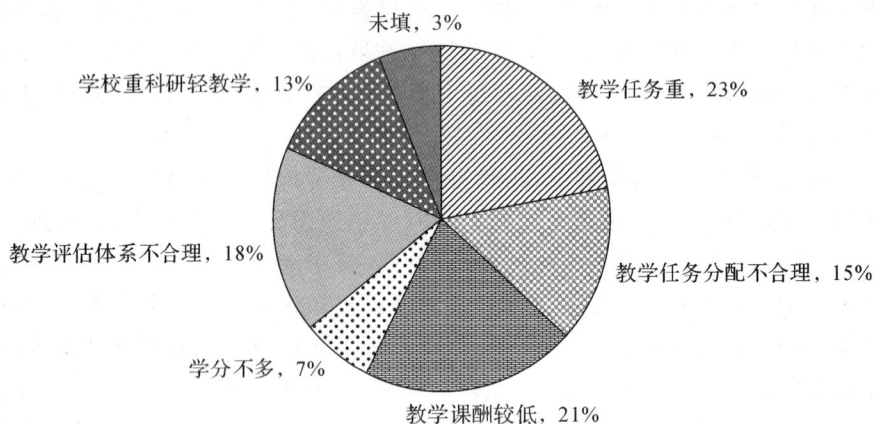

图2　教学上的主要问题

在科研工作方面,面临的最突出的问题是学科平台支撑不够,38%的教师提到这个问题。其次是科研工作考核体系不合理,占31%。缺少科研经费和仪器设备,占 15%。如图 3 所示。

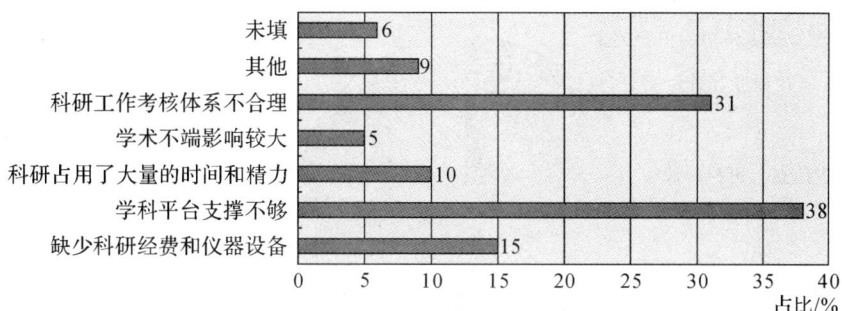

图 3　科研上的主要问题

当问到在生活方面,面临的主要问题是什么,40%的调查对象都选了子女教育问题,其次是心理压力问题、父母赡养问题和婚恋问题,各占 23%、15% 和 12%。经济压力大和住房问题倒是选得很少,各占 2%。如图 4 所示。

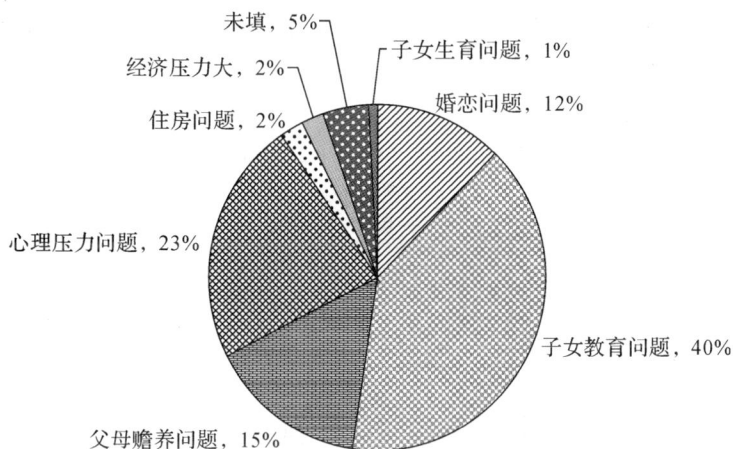

图 4　生活上的主要问题

当问到影响个人在岗位上发挥作用的主要因素是什么,各选择项分布比较均匀,排在前五的依次是家庭负担重,收入待遇偏低,扶持政策缺失或力度不够,缺少信息、资料,缺乏团队合作的外部环境。而人际关系差只有 1% 的人提到。说明青年教工有足够的人际技巧解决工作问题,也说明不同的青年教工面临的具体情况差异比较大,所以影响岗位发挥作用的因素比较多。如图 5 所示。

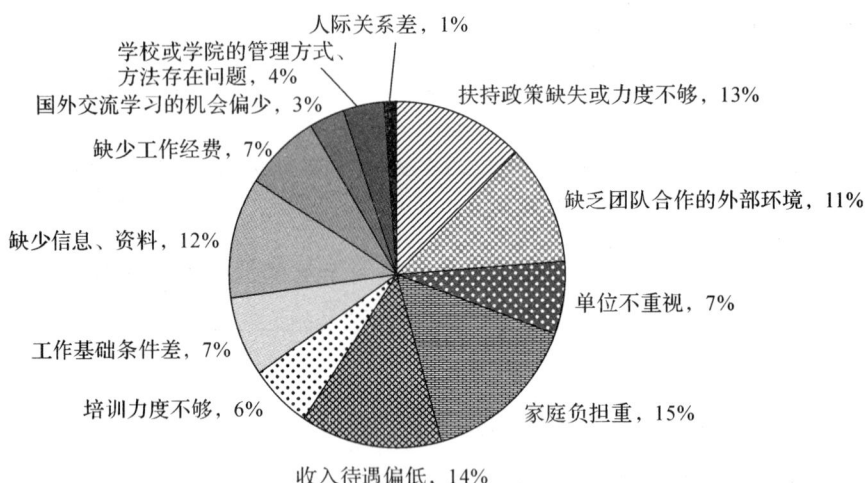

人际关系差，1%
学校或学院的管理方式、方法存在问题，4%
国外交流学习的机会偏少，3%
缺少工作经费，7%
缺少信息、资料，12%
工作基础条件差，7%
培训力度不够，6%
收入待遇偏低，14%
扶持政策缺失或力度不够，13%
缺乏团队合作的外部环境，11%
单位不重视，7%
家庭负担重，15%

图 5　影响个人在岗位上发挥作用的主要因素

在收入方面，39％的青年教工目前的税（费）后月收入在 4000～4800 元，27％在 2700～4000 元，25％在 4900～6500 元。34％的人表示对目前的收入不太满意，35％的人表示目前的收入一般。如图 6 所示。

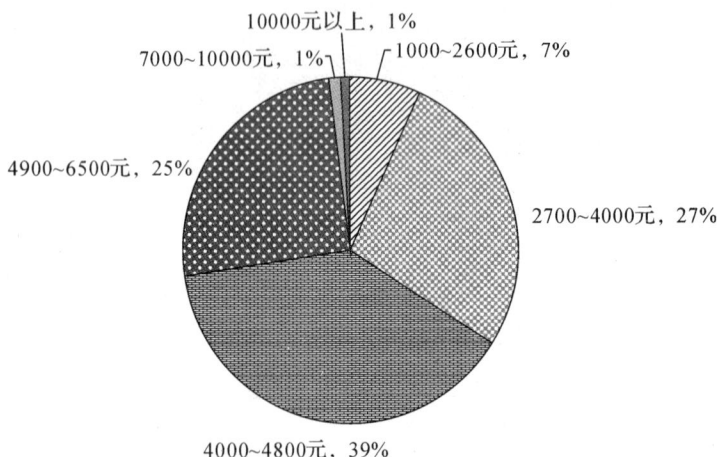

10000元以上，1%
7000~10000元，1%
1000~2600元，7%
4900~6500元，25%
2700~4000元，27%
4000~4800元，39%

图 6　目前的税（费）后月收入

在住房方面，81％的人以购买商品房、购买经济适用房、住教职工公寓房等方式解决了住房问题，只有 16％的人尚在租房。对自己目前的住房状况感觉满意的占 20％，感觉一般的占 38％，不满意或不太满意的占 42％。说明青年员工虽然多数已经实现了居有其屋，但还存在着改善的需求。他们认为影响住房质量的最主要原因是房价太高、购房还贷压力大、地理位置差。如图 7、图 8 所示。

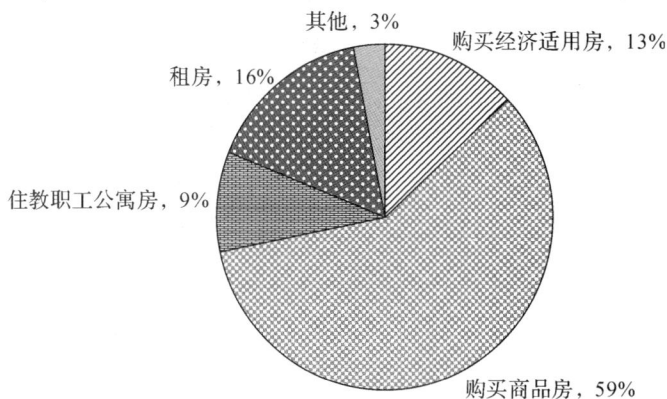

图 7 住房情况

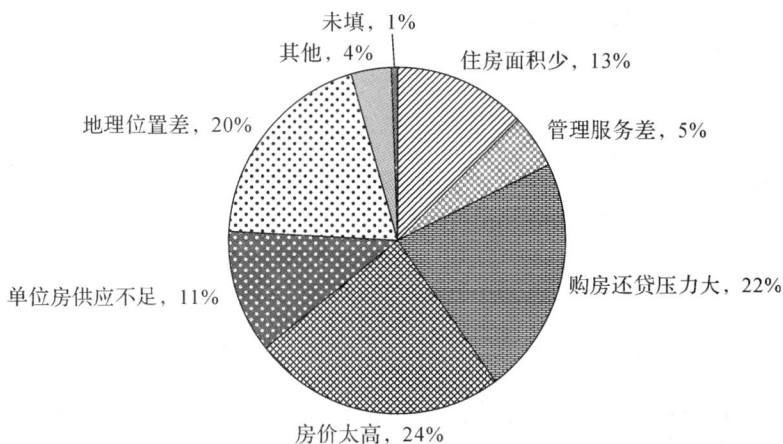

图 8 影响住房质量的主要原因

在身体健康方面,根据最近一次的体检情况,58%的人处在亚健康状态,20%的人直接表示有病,只有 21%的人表示是健康的。说明青年教工健康状态普遍不佳。如图 9 所示。

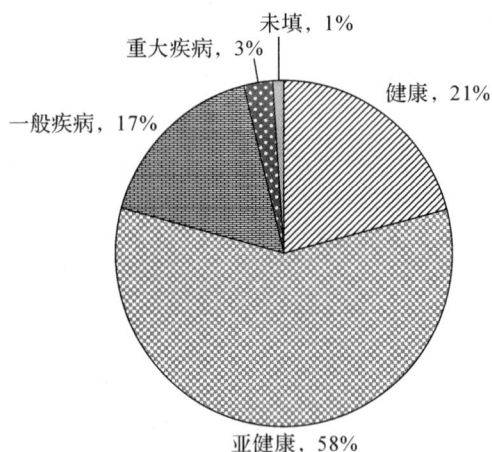

图 9　健康状态

青年教工迫切希望改善的主要是提高收入和福利待遇、晋升职称或职级、得到更多的培训交流机会、减轻工作压力。较少提到个人自身的婚恋问题、家庭情感、人际关系、法律与心理援助等。如图 10 所示。

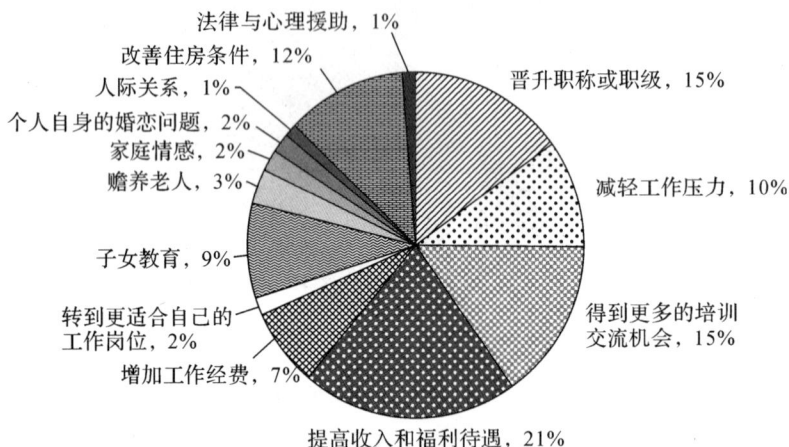

图 10　迫切希望改善的项目

3.对工会组织的认知及态度

当问到对校工会状况了解程度时,18%的人表示比较了解,46%的人表示一般,15%表示不清楚、不了解,另有 21%的人没有填。说明总体上青年教工对校工会状况的了解还远远不够。如图 11 所示。

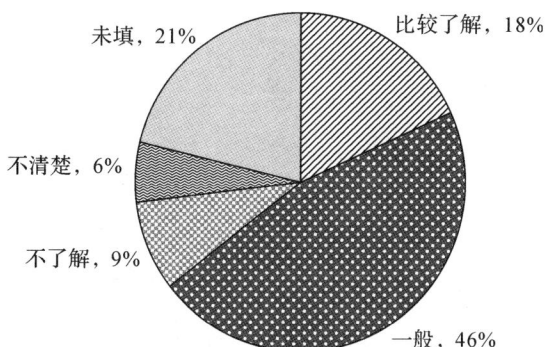

图11　对工会状况的了解程度

对近年来校工会工作状况的评价,认为工作一般,影响力不大的占40％,认为能密切联系教职工,为教职工说话办事的占36％,认为成绩显著,为学校作出积极贡献的占15％,认为和教职工期望差距较大的只占5％,说明总体上我校青年教工对工会的总体评价是积极的、正向的。具体地,对校工会在工会维权成效、工会活动开展、工会组织建设、民主参与实践、领导团队能力以及会费管理运转(严格透明程度)各方面的评价都不错,其中对工会活动开展的评价以很好为主,很好和较好的评价占到63％,一般的评价只占27％。对工会维权成效的评价以一般为主,占34％,很好和较好的评价占到50％。对工会组织建设的评价以及民主参与实践的评价一般、较好、很好各占30％左右。会费管理运转(严格透明程度)的评价以很好为主。

35％的青年教职员工认为工会组织在文体活动举办的工作上最有成效,12％的员工认为节日慰问做得有成效,其次是反馈和处理教代会代表提案、维护教职工合法权益、帮扶助贫。选择吸引教职工参与管理和思想政治教育工作的很少。

在工会干部对待教职工的态度方面,绝大部分人认为是平等和耐心的,重视并且关心员工的,只有极少数人感觉比较冷淡,另有26％的人表示不了解。如图12所示。

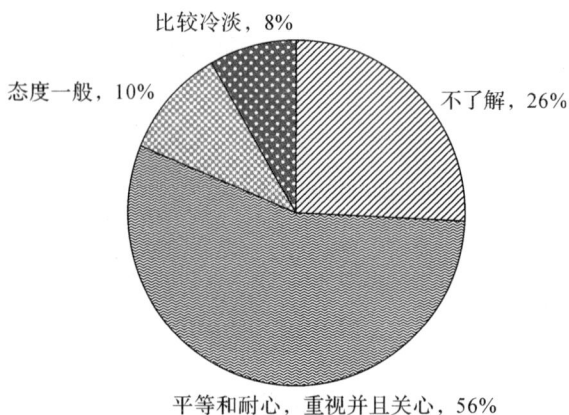

图 12　工会干部对待教职工的态度

关于"学校或学院工会领导是否有主动关心过您的相关问题(如个人思想、工作情况、家庭情况等)或困难",61%的人表示有,但也有38%的人表示没有。如图 13 所示。

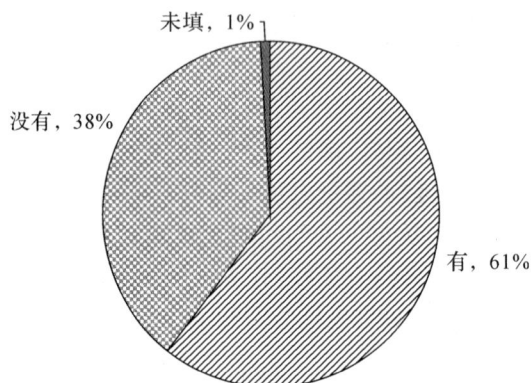

图 13　工会领导是否主动关心过您的问题或困难

关于"您有困难或问题,您是否愿意工会介入解决",47%的人表示愿意,因为工会介入有助于问题的解决,28%的人说没感觉,工会帮不上什么忙,另有 24%的人表示不好说,说不清楚。如图 14 所示。

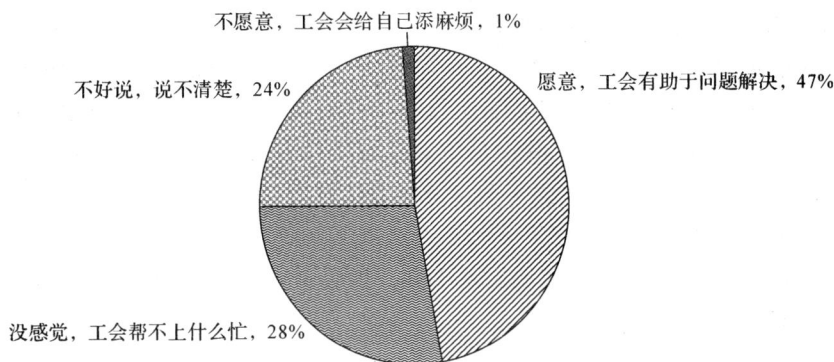

图 14　有困难是否愿意工会介入解决

在问及工会在服务青年教工的工作方式上以下问题是否明显时，提出了五个选项，即总结汇报成绩多，实效少；活动开展多，直接服务少；应付上级多，关注群众少；面上工作多，调研走形式；应付日常事务多，解决实际问题少。对这五个问题，基本上40％的回答是一般，问题相对明显的是应付日常事务多，解决实际问题少，活动开展多，直接服务少。

关于"您认为当前工会工作存在的主要问题"，排名前三的是体制环境问题、工作机制问题和工会角色定位问题，分别占33％、24％和21％。工作作风、工作方法、工会干部能力方面存在的问题很少，只有9％、9％和4％。说明青年教工对工会的工作作风、工作方法、工作能力都比较认同，重要的是工会当前需找准本组织的定位，以便更好地开展工作。如图15所示。

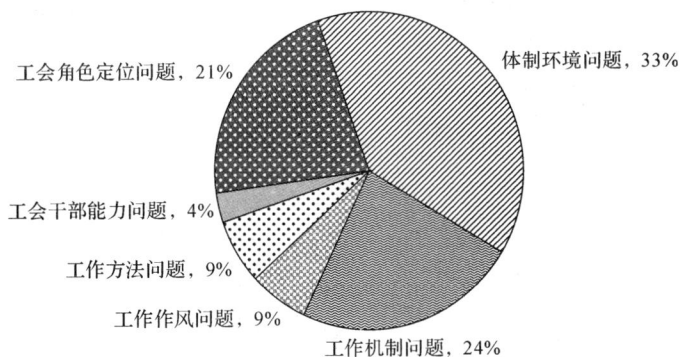

图 15　当前工会工作存在的主要问题

在工会工作的难点方面，教职工权益维护、教职工参与度不够、受党政影响位列前三，此外，还有些教职工提出任务繁杂，工会力量薄弱，学校和学院支持不够,工会队伍能力建设等难点。

在最希望工会做好的工作中,50%的教职工认为首先是完善维护职能,切实维护教职工合法权益,显然教职工权益维护既是工会工作的难点也是教职工最希望工会做好的工作。其次是争取党政重视和支持,占35%。组织开展丰富的文体活动占34%,加强工会自身能力建设占31%。

4.参与工会工作和工会活动情况

调查的样本中,72%的教职工是工会一般会员,9%是工会委员,16%是非会员。如图16所示。

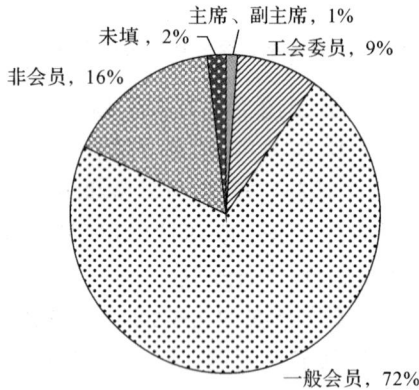

图16　在工会担任的职务

大部分人参与工会活动不是很积极,67%的人每年参加以工会名义组织的会议或活动次数在4次以下,25%的人在4~6次。如图17所示。

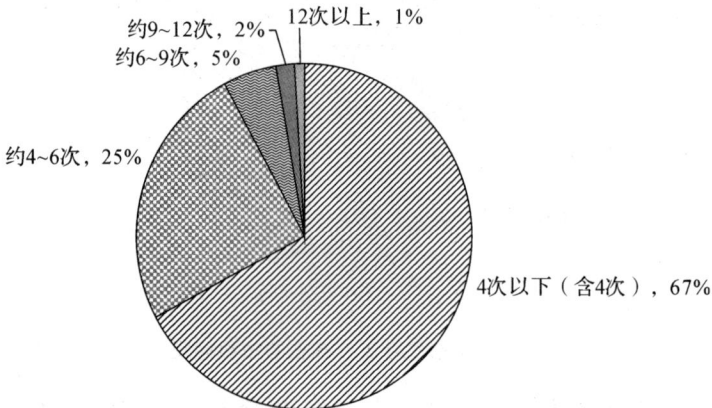

图17　参与工会活动的次数

38%的人参与工会活动的主要类型是文体活动,15%的人参与教职工代表大会,14%的人参与外出参观考察。参与思政教育宣传、单身青年联谊、内部培训学习、评先评优活动的人较少。如图18所示。

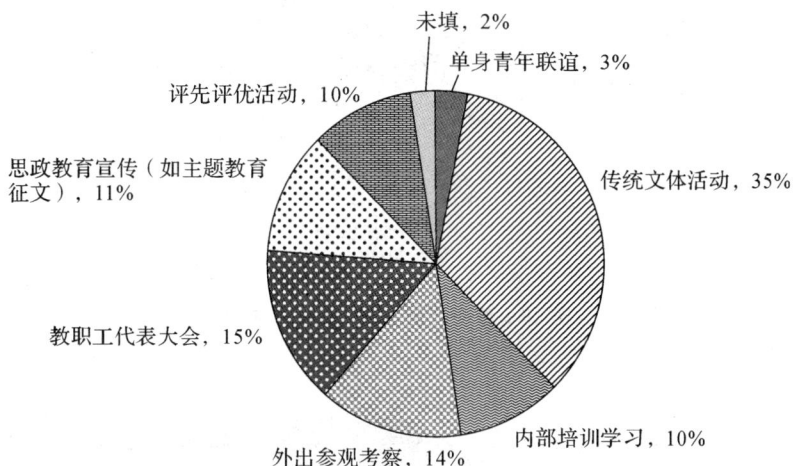

图 18　参与工会活动的主要类型

70%以上的教职工表示自己对文体活动有积极性;69%对参与外出参观考察有积极性;各有59%对参与内部培训学习和教职工代表大会有积极性,52%对参与思政教育宣传有积极性;教职工参与单身青年联谊积极性不高。如图19至图24所示。

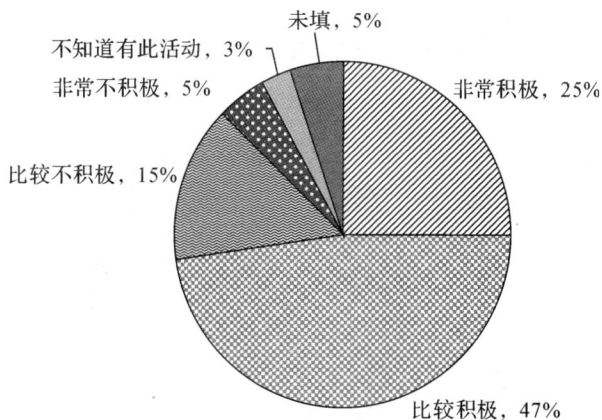

图 19　参与工会文体活动的积极性

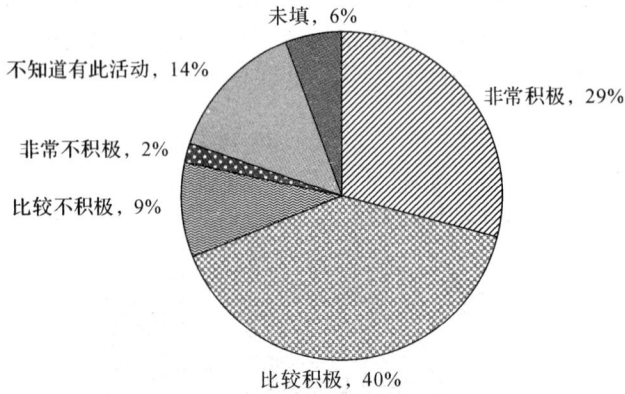

图 20 参与外出参观考察的积极性

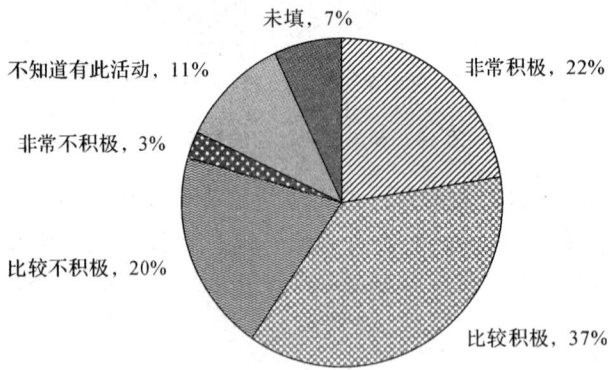

图 21 参与内部培训学习的积极性

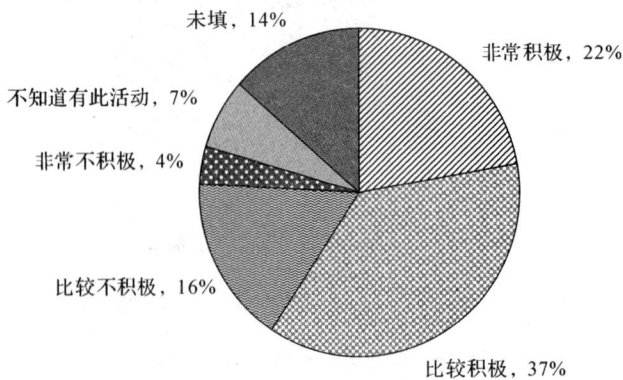

图 22 参与教职工代表大会的积极性

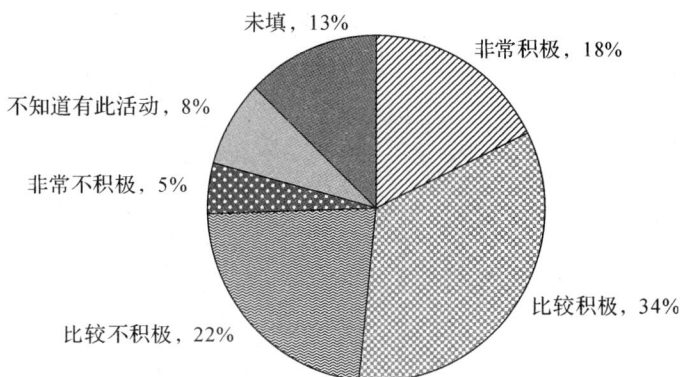

图 23　参与思政教育宣传的积极性

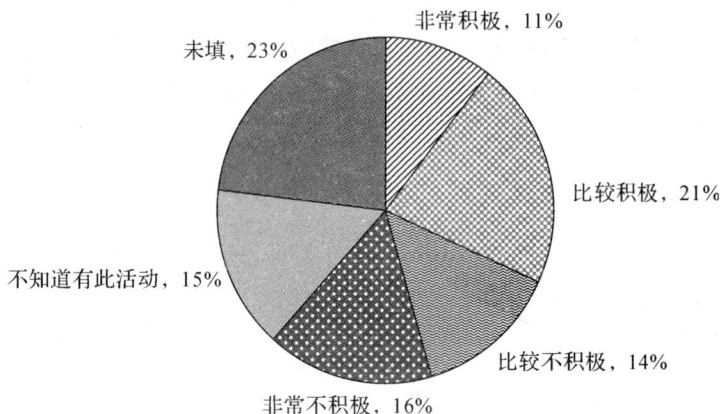

图 24　参与单身青年联谊的积极性

在问到青年知识分子职业道德教育方面应组织哪些活动时,35％的教师认为应该寓教于乐,29％认为应该座谈谈心,22％认为应该开专题辅导课。学劳模学先进、青年教师现身说法等选择较少。如图 25 所示。

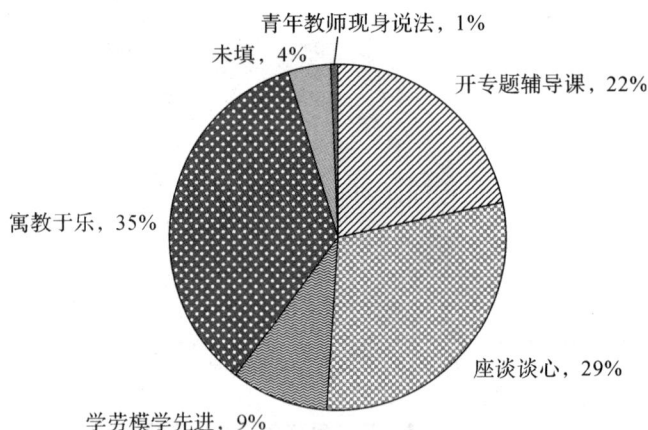

青年教师现身说法，1%
未填，4%
开专题辅导课，22%
寓教于乐，35%
座谈谈心，29%
学劳模学先进，9%

图 25　职业道德教育应组织的活动

在问到工会工作当前需要重点加强哪些方面，36％的教师认为是青年教师住房等民生问题，26％认为是青年教师的职业发展问题，20％认为应该开展促进青年教师身心健康的文体活动，17％认为应该开展青年教师的教学帮扶活动。如图 26 所示。

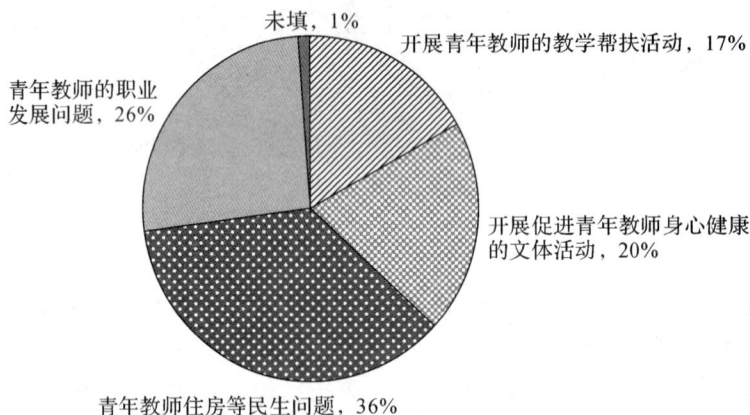

未填，1%
青年教师的职业
发展问题，26%
开展青年教师的教学帮扶活动，17%
开展促进青年教师身心健康
的文体活动，20%
青年教师住房等民生问题，36%

图 26　工会工作当前需重点加强的方面

在问到基层工会组织服务教师教学科研方面哪些方面需要重点加强时，29％的教师认为开展对外学术交流活动需加强，23％认为开展教学交流、研讨活动需加强，21％认为开展科研队伍建设活动应加强，16％认为开展服务地方经济发展活动应加强。如图 27 所示。

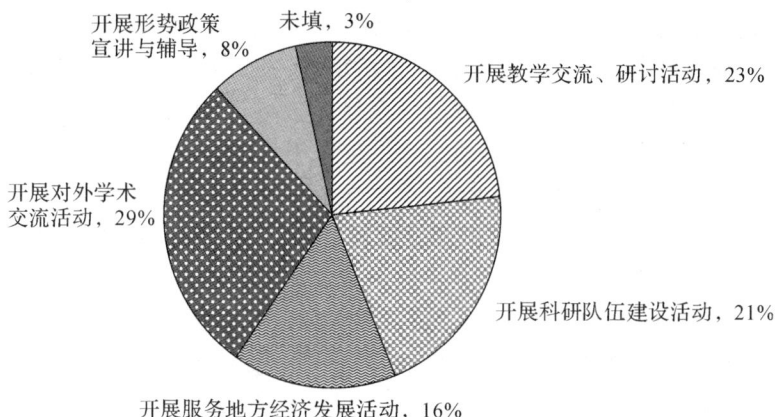

图 27　工会服务教师教学科研需加强的方面

二、提升高校工会服务青年知识分子水平的探索

高校工会在加强青年教工工作方面要抓住关键、突出重点、创新形式、丰富载体。只有如此,才能切实帮助青年教工健康发展。

我们建议策划推出"师大青年沙龙"这个活动品牌。"师大青年沙龙"可以是经机关党委和校团委同意,由校团委主办,机关团委承办,各团总支协办,以全校青年教工为服务对象的各类活动名称的总称。"师大青年沙龙"以促进全校青年教工健康成长为己任,以全校教工团员和 40 岁以下的青年教工为服务对象,定位准确,目标明确。通过开展一系列丰富多彩的活动直接或间接地为广大青年教工提供各种服务和帮助,以进一步增强青年教工的凝聚力,促进青年教工的健康发展。

"师大青年沙龙"包含的活动形式和内容可以十分丰富,按照工作重点可以分为学习沙龙、文艺沙龙、体育沙龙、服务沙龙、其他沙龙等。全校青年教工借助这个平台,交流学习,共同提高,共同建设,铸造品牌,致力于把"师大青年沙龙"打造成学校青年教工乐于参与,并愿意依赖的温馨港湾和美好家园。在这个品牌下,推出以下一系列措施。

1.改进和加强青年教师的师德师风建设

高校工会加强对青年教工的师德师风教育也可以通过开展一系列的学习和交流活动来实现。比如工会可以在每年五四青年节期间,通过举办师德主题征文、演讲赛等生动健康积极的活动,通过举办中青年教工经验交流会、青年教工与学生代表座谈会、青年教工"三育人"工作研讨会等一系列主题活动,交流教研工作体会和经验,增进师生之间的情感与友谊,同时向青年教工通报学校快速发展的大好形势和美好前景,引导他们立志在学校建功立业。通过在全校广泛开展十佳青年师德标兵评选活动,在大学生中深入开展"我最喜爱的老师"评选活动等为青年教工树立学习榜样,激励广大青年教工爱教、乐教、爱生如子、刻苦钻研、奋发进取,进一步推进青年教工师德师风建设工作。

2.为青年教师搭建发展的平台,帮助青年教工提高业务技能和水平

搭建平台的一个很好的方式就是依托"师大青年沙龙"之类的相关组织,并给予指导和经费上的支持,让其采取民主自治的管理方式,加强青年教师之间的交流,活跃学校的学术气氛,塑造青年教师良好的形象。

考虑到青年教师要想得到快速、健康、可持续的发展,首要的工作就是进行职业生涯规划,这样才能为他们的发展提供科学的指导。工会可举办职业生涯规划作品展示和座谈会,让青年教师明晰前进的方向和目标,使其发展更加科学化,为他们的发展奠定良好的基础。

在对社会服务的拓展上,可以和当地的企事业单位合作,建立一条完善、全面的教师科研、学生见习的通道,定期联合搞活动,双方受益。此外,工会还可以出面和周边的相关单位联合搞培训、科普等丰富多彩、切合实际的活动,为青年教师赢得更多的发展机会和空间,让青年教师获得大幅度的发展。

在教学方面建立一帮一制度,为每一位青年教工安排一名教学功底扎实、有良好师德修养和丰富教学指导经验、热心于青年教工培养的老教师,对青年教师进行一对一的培养和引导。深入持久地开展各类争先创优活动,举办青年教工教学基本功竞赛等,为青年教师提供丰富多样的学习平台,引导和教育青年教工进一步转变教育观念,加强业务理论学习,苦练教学基本功,不断提高综合素质和职业竞争能力。

3.帮助青年教工排忧解难、合法维权

青年教工正处于人生最艰难的创业时期,事业尚未成熟,收入待遇不高,住房条件不好,既要赡养老人又要抚育孩子,工作任务繁重,生活十分艰辛。高校工会要积极主动给予青年教工以更多的人文关怀,关心他们在工作和生活上存在的实际困难,了解他们的情感变化与合理诉求,坚持为他们做实事、办好事、解难事,真正做到关心人、理解人、服务人、激励人、凝聚人和帮助人,努力传递党的温暖。要认真履行工会组织的基本职责,坚持依法治校、民主管理、不断完善教代会制度、切实推进校务公开、认真听取和积极采纳青年教工的合理建议,并在促进学校改革与发展的过程中切实维护好青年教工的各种合法权益。

4.帮助青年教工缓解压力,增进身心健康

青年教工是高校教工队伍的骨干,承担着繁重的教学科研管理与服务工

作。大学及社会对高校教师的要求不断提高,诸如学历、学位、职称评定、教师聘任、年终考核、末位淘汰、按劳付酬等,这些压力不断威胁着高校教师的身心健康。

身心健康包括身体健康和心理健康,两者缺一不可。青年教工只有拥有健康的身体和良好的心理,才可以更好地工作,获得更好的发展。因此,通过种种途径让青年教工有良好的体育锻炼意识和健康的体魄,又有优良和健全的心理环境,是工会的一项重要工作。

首先,工会需开通途径,走进青年教师的心灵世界。工会需要找好时机和方式,可以在重要的传统节日举行联谊晚会或者访谈等,让教职工在特殊的节日感受到学校大家庭的温暖和关爱,营造"幸福学院"的感觉,从而增强青年教工对学校的认同感,激发更大的工作潜能和热情,形成强大的向心力和凝聚力。举办形式多样的校领导参加的青年教师座谈会,倾听他们的声音,做好沟通。

其次,为了让各种类型的教职工都能发展自己的爱好,有自己的锻炼方式,工会可以成立"教工健身休闲活动促进委员会",制定教职工健身休闲活动方案。工会可充分利用一些场地,定期安排瑜伽、羽毛球、舞蹈等不同的项目,让教职工能有锻炼的场所和机会。每逢一些特殊节日,工会还可组织女性健康保健知识讲座、体能测试等活动来呵护教职工的身体健康。坚持每年为教工做一次健康体检,为教职工创造健康条件。通过各种方式和途径引导教工学习保健知识,增强自我保健意识。还可以经常组织青年教工开展篮球、足球比赛,举办趣味体育运动会、青年教工联谊舞会、青年教工卡拉OK大赛,组织青年教工旅游观光等,搭建交流平台,营造增进身心健康的氛围。

5.详细了解,牵线搭桥,具体解决青年教工的后顾之忧

青年教工由于刚步入社会和工作角色不久,生活工作上都还刚刚起步,收入、婚姻、住房、子女、进修等问题都困扰着青年教工,且很多青年教工都远离家乡,他们非常需要关心和帮助,工会应该义不容辞地成为他们的依靠。因此,高校工会要特别重视关心青年教工的工作和生活,为他们解除工作生活上的后顾之忧,这样才能让青年教工以更大的精力投入工作中。利用校内外资源,多举办业务培训,帮助青年教工提高业务水平,积极联系其他高校,为有需要的青年教工争取赴其他高校进修的机会。为青年教工争取住房政策的倾斜,协助解决教工子女的入托、入学、夫妻两地分居等问题。建立未婚青年教师档案,主动关心大龄青年的婚姻大事,举办联谊会,为他们牵线搭桥。对于有些家庭有困难或情况特殊或生病住院的教职工,工会还应当以各种方式深入慰问或救济,让他们能够顺利渡过难关。

【参考文献】

[1]王伟.高校工会在校园文化建设中的角色定位和作用力探析[J].中国劳动关系学院学报,2010(2).

[2]张秀伟.海南大学青年知识分子对工会认知与诉求的调研报告[J].科教导刊,2014(12).

[3]杨柳青,王秀丽,戴扬帆.高校工会对青年教师理想信念的引导作用探析[J].学理论,2010(4).

【作者简介】

李　楠,杭州师范大学阿里巴巴商学院,研究生。

柯丽敏,杭州师范大学阿里巴巴商学院,副教授。

工会在培育和践行社会主义核心价值观中的文化引领作用

——以杭州为例

周 玲

内容提要：工会是党领导下的最广泛的工人阶级群众组织，在培育和践行社会主义核心价值观中，引导职工践行社会主义核心价值观肩负着重要的社会责任，发挥着独特的作用。本文结合培育和践行社会主义核心价值观的"杭州实践"，从理论与地方文化实际相结合的角度探讨工会引导作用。

关 键 词：社会主义核心价值观；工会；精神文化建设

文化是我们的根，精神是民族的魂，传统是民族的本。社会主义核心价值观是民族文化建设的重要部分，因为核心价值观是一个民族赖以维系的精神纽带，是一个国家共同的思想道德基础。如果没有共同的核心价值观，一个民族、一个国家就会魂无定所、行无依归。杭州市提出"文化名城""学习型城市""文明城市""人文法治示范区"建设等等，反映了杭州市把社会主义核心价值观纳入社会管理和公共服务中，贯穿经济社会生活的全领域，可以说培育和践行社会主义核心价值观的"杭州实践"遍地开花深入人民的日常生活中。如何进一步推进社会主义核心价值观在杭州的实践，工会作为党领导的工人阶级群众组织，作为党和职工群众之间的桥梁纽带，在引导职工培育和践行社会主义核心价值观方面肩负着重要的社会责任。

一、工会要帮助职工牢牢把握社会主义核心价值观的文化渊源

当今世界和时代的变化，对各个民族的生存和发展都提出了严峻挑战。每个民族只有根据这种变化，不断对其民族文化进行丰富发展，才能跟上时代发展的步伐。任何文化都是在各自民族文化的传承和变革中，求得生存和发展的。只有继承和弘扬中华优秀文化传统，才能在历史提供的高起点上创造出更高层次的和谐文化。要全面认识祖国传统文化，取其精华，去其糟粕，使之与当代社会相适应、与现代文明相协调，保持民族性，体现时代性。既要传承优秀文化传统，发扬党领导人民在长期革命斗争与建设实践中形成的优良

传统,又要立足改革开放和现代化建设的实践,着眼世界文化发展前沿,汲取世界各民族有益的精神成果,丰富和发展民族文化精神。这既是促进社会和谐的需要,也符合文化发展和建设的内在规律。社会主义核心价值观反映了对中国优秀文明成果的传承,它的内容都有其各自的来历。"富强、民主、文明、和谐"继承了我们国家奋斗目标的表述;"自由、平等、公正、法治"浓缩了党的十七大报告中"加强公民意识教育,树立社会主义民主法治、自由平等、公平正义理念"的我国公民意识的基本理念;"爱国、敬业、诚信、友善"来自我国公民基本道德规范中的主要内容,即"爱国守法、明礼诚信、团结友善、勤俭自强、敬业奉献"。刘云山同志在培育和践行社会主义核心价值观座谈会上的讲话中,把社会主义核心价值观主要内容概括为三个层面的"倡导":一是倡导国家层面的"富强、民主、文明、和谐"的价值目标;二是倡导社会层面的"自由、平等、公正、法治"的价值取向;三是倡导公民层面的"爱国、敬业、诚信、友善"的价值准则。"三个倡导"内容丰富、言简意赅,不仅继承了中华优秀传统道德文化的精髓,又与时俱进,顺应了当今时代社会发展的新要求,明确了每个公民对国家、对社会、对集体、对他人应尽的责任与义务。可见优秀的传统文化是我们的精神家园。杭州是我国七大古都之一,有着 2200 年的悠久历史,文化灿烂,民族民间文化资源丰富,进入近代以来,在中国革命斗争和中国特色社会主义建设中,杭州人民前赴后继,涌现出大量可歌可泣的英雄人物和英雄事迹,给后人留下了一批宝贵的民族文化遗产。杭州市总工会要充分了解和利用这些宝贵的民族文化遗产,从这些传统文化的精髓中寻找中国传统文化的现代价值,发挥工会的桥梁纽带作用,引领各个行业的职工进一步发掘并弘扬中国传统文化的精髓,经世致用,传播正能量,以此推动社会主义核心价值观建设。

二、工会要帮助职工深刻领会社会主义核心价值观的道德精髓

习近平说:"核心价值观,其实就是一种德,既是个人的德,也是一种大德,就是国家的德、社会的德。国无德不兴,人无德不立。"社会主义核心价值观在道德层面集中体现了人民对"真善美"理想境界的追求,是真与善的融合、善与美统一的结晶。求真、爱美、向善是人类的天性,尽管各民族因为时代、生活地域和环境的不同,对真善美的理解可能是千差万别,但并不妨碍人类对真善美价值理想的共同追求。真、善、美总是在同假、恶、丑相比较而存在、相斗争而发展的。社会主义核心价值观是在真与善的融合过程中形成和提出的,体现了自觉遵循"解放思想、实事求是"、不断追求真理的思想,承载着我们中华民族实现伟大复兴的追求与理想,同时,又为当下中国各族人民提供了一个评判

真假、善恶、美丑的价值标准和道德行为规范。

改革开放以来,随着我国经济发展,人民生活水平提高,社会思想非常活跃,文化价值多元化,出现了不少问题。其中比较突出的是一些人观念没有善恶,行为没有底线,什么违反党纪国法的事情都敢干,什么缺德的勾当都敢做,没有国家观念、集体观念、家庭观念,不讲对错,不问是非,不知美丑,不辨香臭,浑浑噩噩,穷奢极欲。社会主义核心价值观正是当前与不同层面价值要求相适应的、具有针对性的思想道德建设新导向。它反映了社会主义条件下,时代实践中对价值目标、价值取向、价值标准的新要求、新规范。习近平说我们应"弘扬真善美,传播正能量,激励人民群众崇德向善、见贤思齐,鼓励全社会积善成德、明德惟馨,为实现中华民族伟大复兴的中国梦凝聚起强大的精神力量和有力的道德支撑"。中华民族自古以来,就有把有道德的人看作是最美的人的传统,当今时代,在培育和践行社会主义核心价值观的过程中同样把各行各业涌现出来的道德模范看作是最美的人。在培育和践行社会主义核心价值观的实践中,杭州频繁涌现出的"最美人物"就是最好的例证,他们"最美事迹"的最美之处,是践行社会主义核心价值观的体现。在这一过程中杭州市各级工会发挥了重要作用,它们作为党的群众组织,牢牢坚持主流价值观的引导地位,引领广大职工学习和践行"最美人物"的生动事迹,引导社会风气,使大众清晰、明确地获得信息——做好事一定会有好报,使"最美人物"得到了广大人民群众的高度赞美和认可,毅然成为一种普遍的社会现象即"最美现象"。这些"最美现象"成为杭州一道靓丽的风景线,不仅蕴涵着丰厚的精神文化价值,也反映了人们内心对社会道德风尚的一种期盼。从人们对"最美"的传颂中,我们看到了"最美现象"的实质是"真善美"的弘扬。

三、工会要把社会主义核心价值观嵌入人民群众精神文化生活

贴近实际、贴近生活、贴近群众,满足人民的精神文化需求,这是党在总结我国文化建设的历史经验的基础上提出来的,符合先进文化发展的规律,为繁荣中国特色社会主义文化,弘扬和培育社会主义核心价值观指明了正确的发展方向。2014年5月,习近平在上海考察时提出"要注意把社会主义核心价值观日常化、具体化、形象化、生活化"的要求,言简意赅、寓意深长,强调了培育社会主义核心价值观行为实践的重要性。行为实践,不是从哲学或伦理的"应该"引出的理论悬设,而是从现实的"是"中引出科学的"应该",也就是说,践行社会主义核心价值观不能仅仅停滞在观念性的价值追求,而是在改造世界的实践活动的基础上得以发生、发展,并通过其内在的辩证联系和相互作用而构成统一的历史运动。以行为实践加强社会主义核心价值观,首先应该在反思

社会现实的基础上,把握主流价值观的内涵和价值范畴,凝练与宣传社会主义核心价值观,很好地向生活渗透。社会主义核心价值观具有鲜明的独特性、民族性、大众性,是人民群众易学、真懂、真用、真心接受的主流价值观。

工会大力弘扬和践行社会主义核心价值观,就是要把社会主义核心价值观嵌入人民群众日常生活,让社会主义核心价值观像空气一样无处不在、无时不有,成为全体人民的共同价值追求,成为我们生而为中国人的独特精神支柱,成为百姓日用而不觉的行为准则,从而产生积极的杠杆效应。把社会主义核心价值观嵌入人民群众日常生活的过程是社会主义核心价值观最大限度地发挥先进引领作用的过程。近几年来,杭州市将社会主义核心价值观教育纳入社会主义新农村建设、优秀企业公民建设、和谐社区建设和优秀政府机关建设中,围绕"我们的价值观"推出了以"三个一"活动作为总抓手,即每月举行一个主题讲座,组织一次互动讨论,开展一系列主题实践活动,把爱国、文明、诚信等 12 个主题词与重要节庆日和传统节日相结合,使社会主义核心价值观通过一定的载体,为公众所感知、认同和接受,引发了广大群众的极大共鸣和参与热情。民众通过积极参加农村文化礼堂、社区道德讲堂等活动,改变了打打麻将就是"生活品质",喝喝茶就是"城市文明"的错误认识,提高了对"学习型城市""文明城市""人文法治示范区"建设内涵的理解。

【参考文献】

[1]李衍柱.真善美与社会主义核心价值观[J].山东师范大学学报(人文社会科学版),2015
    (1).

[2]吴翠丽.社会主义核心价值观嵌入日常生活的内在机理与实现路径[J].南京社会科学,
    2015(2).

[3]辛世俊.培育和践行社会主义核心价值观的"四化"问题研究[J].学习论坛,2015(3).

[4]李星.论社会主义核心价值观研究之维度张力与方法[J].思想政治教育研究,2014(5).

【作者简介】

周　玲,杭州师范大学马克思主义学院,教授。

高校工会培育和践行社会主义核心价值观的职能机制

胡祎赟

内容提要:在培育和践行社会主义核心价值观的实践活动中,工会组织应该注重充分利用学校既有的教学和科研资源,通过多种途径和形式,充分发挥其教育职能,助推社会主义核心价值观的培育和践行;切实履行好"参与、维护职能",建设民主、自由、法治校园;以俱乐部为主体,开展丰富多彩的活动,努力营造文明、和谐的校园文化与人际关系。

关 键 词:社会主义核心价值观;工会职能

党的十八大报告明确提出了培育和践行社会主义核心价值观的根本任务,强调要倡导富强、民主、文明、和谐,倡导自由、平等、公正、法治,倡导爱国、敬业、诚信、友善。这 12 个词凝练概括了国家的价值目标、社会的价值取向和公民的价值准则,是社会主义核心价值观的基本内容。中共中央办公厅印发的《关于培育和践行社会主义核心价值观的意见》明确指出"把培育和践行社会主义核心价值观融入国民教育全过程"。高校工会是高校党委领导下的群众组织,是高校党组织联系干部职工的桥梁和纽带,承担着代表和维护教职工合法权益的基本职责,与高校教职工的工作、生活联系密切。因此,在充分发挥高校工会职能中,积极探索培育和践行社会主义核心价值观的有效形式、载体和途径,对于高校教职员工在学习生活中深化社会主义核心价值观的理性认知,准确把握其基本内容、精神实质、重大意义和实践要求,真正把社会主义核心价值观内化于心、外化于行具有非常重要的理论和现实意义。

一、践行社会主义核心价值观应坚持的原则

虽然就其职能来讲,与机关、企业单位工会一样都具有《工会法》所规定的维护、参与、建设、教育四项职能,但因人员构成、工作性质、工作特点、工作规律等与机关、企业有所不同,所以,高校工会的工作任务、工作职责、工作内容、活动方式等方面有其独特性。高校工会组织在对教职工进行社会主义核心价值观的培育和践行中,需要坚持以下几个基本原则。

首先,要加强理论学习,真正把握和正确理解社会主义核心价值观的科学内涵。工会干部要对职工群众进行社会主义核心价值观的理论灌输工作,先要加强自身的学习,正确领会和把握社会主义核心价值观的科学内涵,以及同实现中华民族伟大复兴的中国梦之间的密切联系。

其次,要树立阵地意识。工会干部要树立"阵地意识",要以坚守阵地和守土有责的精神做好教职工的社会主义核心价值观的培育和践行工作,通过宣讲社会主义核心价值观的科学内涵,使教职工群众明确社会主义核心价值观同社会上流行的拜金主义、极端利己主义等价值观之间的原则区别,教育教职工自觉抵制错误价值观,自觉践行社会主义核心价值观。

再次,要坚持实事求是和理论联系实际原则。高校工会向教职工宣传社会主义核心价值观,应从实际出发,密切联系身边的人和事,联系教职工的本职工作,通过开展丰富多彩的职工教育和文化活动,达到寓教于乐的宣传效果,使教职工群众乐于接受,并且能够在实践中化为自觉践行的行动。

二、充分发挥"教育职能",助推社会主义核心价值观的培育和践行

(一)通过专题学习,引导教职工深入理解社会主义核心价值观的内涵

社会主义核心价值观的培育和践行,首先在于获取广泛的认同,有了内心认同才能达到知行统一、内化外显。在培育和践行社会主义核心价值观的实践活动中,工会组织应该注重充分利用学校既有的教学和科研资源,调动一切积极因素,通过多种途径和形式,充分发挥其教育职能。比如,通过与学校相关教学、科研单位合作,以专题讲座的形式,邀请校内从事社会主义核心价值观研究的专家、学者向教职工讲解社会主义核心价值观的基本理论以及学术界在此方面研究的最新成果,引导广大教职工深刻理解社会主义核心价值观的丰富内涵和精神实质,找准思想和情感上的契合点,使个人、单位和国家、社会在发展目标、根本利益和情感认同上统一起来。

(二)通过宣传教育,营造积极的舆论氛围,树立正确的舆论导向

高校工会要将培育和实践社会主义核心价值观与"中国梦"的宣传教育结合起来,紧密联系学校和教职工的实际,深入广泛开展形势教育,让广大教职工了解当前国家、社会以及高等教育工作面临的新形势,引导教职工把个人梦想深深植根于伟大的"中国梦"中。建设与社会主义核心价值观相适应的先进单位文化,把社会主义核心价值观的要求体现在大学精神、教职工文化中,用先进的文化引领教职工、熏陶教职工、凝聚教职工。营造积极的舆论氛围,树

立正确的舆论导向,大力弘扬"爱国、敬业、诚信、友善"的价值准则,使教职工辨清善恶、明晰是非,学做好人、争做好人。比如通过开展学校"最美教师"评选活动,培养爱岗敬业、勤勉实干的工作作风,组织广大教职工通过辛勤劳动、诚实劳动和创造性劳动,追求个人梦想,实现个人价值。

(三)以社会主义核心价值观凝聚共识,加强师德建设

在培育和践行社会主义核心价值观中,高校工会组织要用社会主义核心价值观凝聚共识,加强师德建设。不可否认,当前,部分高校教师考核机制偏重科研成果等刚性指标,在这种导向下,教师往往唯学术是举,忽视师德的养成和提高。另外,纵观我国师德规范,基本上是笼统、操作性不强的理想化的口号式概念,这使得教师对于应承担的职责义务概念不清、边界不明,反而成了"无章可循",弱化了师德的作用,客观上影响了教师对社会主义核心价值观的正确认识。有鉴于此,高校工会要坚持以马克思主义为指导,用邓小平理论、"三个代表"重要思想、科学发展观来武装头脑,通过对教职工举行师德学习宣传培训等多种教育活动,推进高校教职工开展中国特色社会主义教育,强化教职工社会公德、职业道德、家庭美德、个人品德教育。通过开展有关文化活动,在高校教职工中加强传统文化教育,弘扬中华传统美德,弘扬时代新风。

高校工会可以根据学校特色,进一步细化量化和明确具有可操作性、具体的指导性、鼓励性和约束性的师德制度。换句话说,应该对高校教师提出一个道德底线的参考标准而非一个不可及的终极目标。比如可以借鉴国外的做法,具体到"要言而有信、不得当众发火、记住学生姓名"等,指导教师该做什么不该做什么,从内在培养高校教师的职业信仰和服务精神。另外,还要制定科学的师德评价制度,建立教师自评、同行互评、学生和管理干部评价的多元化评价体系。同时重在评价结果的反馈和运用,提高师德自律性。要在广大教职工中推进道德建设工程,开展道德讲坛活动,定期召开教职工爱岗敬业沙龙研讨会,增加认同感、归属感。组织开展研讨,交流心得体会,弘扬真善美、贬斥假恶丑,引导教职工自觉履行法定义务、社会责任、家庭责任,营造创造伟大、劳动光荣的社会氛围,培育知荣辱、讲正气、作奉献、促和谐的良好风尚。要深入开展教职工道德领域突出问题的专项教育和治理活动,发扬学术诚信,实行师德一票否决制,建立师德导师制,邀请德艺双馨的老教授开展师德师风典型报告会,组织各种"忠诚履职,爱生乐教"主题师德征文、演讲比赛和座谈会,使学习宣传教师道德模范常态化,在教职工中树立师德师风楷模。

（四）充分发挥新媒体的传播作用，加强社会主义核心价值观的教育和宣传

在社会主义核心价值观的教育和宣传中，需要充分利用新媒体的传播作用。网络技术日新月异，也成为各种宣传活动正在抢占的主流媒介，工会要抢抓这一新媒体阵地，用教职工常用且方便的媒体，及时地传递正能量，将健康向上的信息送到职工手中、发到职工眼前。开通微信留言板、手机报等宣传平台，把社会主义核心价值观精准传递到职工群众的心坎上和骨髓里。抓住价值观这一主题，网上开辟专页、专栏等，开展核心价值观大讨论，一方面向外宣传教职工的先进事迹，一方面向内把信息收集回工会，及时发布、讨论活动中的优秀研究成果，表彰奖励先进典型，并通过网络广泛传播。下基层全面挖掘教职工在践行社会主义核心价值观活动中的先进典型，对个人品德、家庭美德、职业道德、社会公德等方面涌现出的杰出人物，要联合社会主流媒体全方位报道，对教职工在工作和生活中展现出的敬业爱岗、争先创优、公平诚信、踏实勤勉等闪光点也要及时报道，工会给予表彰和鼓励。要让个别行为失范、自私自利、对抗思维，以及干部"四风"问题得到警示，摒弃轻视劳动、好逸不勤、年轻"啃老"等与社会主义核心价值观格格不入的价值取向。占领宣传阵地，及时宣传正面思想，使全体教职工明辨是非，筑牢思想基础，把强大的力量凝聚到单位团结、国家富强的发展主题上来。

三、履行好"参与、维护职能"，建设民主、自由、法治校园

参与职能是指组织教职工参与学校事务管理、参与学校民主管理。工会参与职能的发挥，打破了单一的管理局面，在学校的日常事务处理中，教职工不再仅是处在被管理的层面上，参与的职能赋予了教职工更多的参与权、主动权和管理权。教职工可以参与到事务管理当中去，发表自己的看法和观点，发现管理中的不足和缺陷，提出合理的改善意见和措施。正确的组织引导、民主意识的增强以及坚强的法治保障，是良好民主氛围形成的前提条件。作为教职工最直接的组织者、依靠者，高校工会要从培育教职工民主意识、组织和引导教职工积极参与、提升教职工知法用法能力等方面来深化民主管理、营造民主氛围、共建民主法治社会。

高校工会要进一步激发广大教职工的参与意识，引导教职工群众积极参与单位民主管理，这既是维护自身合法权益、正确行使权力的有效途径，又是提升学校管理水平、促进学校发展的需要，是教职工自身利益和学校发展的共同需求。帮助教职工树立参与民主管理的信心，让教职工乐于、善于提出自己的主张和建议，从源头上参与民主管理，为学校重大改革方案的制定出谋划

策、贡献智慧,在涉及广大教职大工自身利益的规章制度制定中充分行使话语权、表达权和决定权。通过深化普法工作,加强《劳动法》《工会法》等法律法规知识的培训,让教职工知法、守法、用法,提升依法行使民主权利的能力。坚持把以教职工代表大会为基本形式的民主管理制度健全好、完善好、发展好,通过政务公开、合理化建议征集等有效途径,组织和引导教职工代表参与学校民主管理。拓展民主管理领域,把学校改革和发展、干部队伍的作风建设、人才选拔聘用等广大教职工关心的事项纳入民主管理,让职工充分行使民主参与、民主决策、民主选举和民主监督的权利,进一步推动学校民主政治的进程,深化教职工最直接、最具体、最广泛的民主实践。

在权益维护过程中践行社会主义核心价值观。根据我国《工会法》的规定,维护职工合法权益是工会的基本职责。培育和践行社会主义核心价值观,除了正面引导,还要解决好教职工的实际利益问题。要构建服务教职工工作体系,面对面、心贴心、实打实地为教职工服务,帮助职工解决最关心、最直接、最现实的利益问题以及最困难、最操心、最忧虑的实际问题,满足教职工多样化需求,努力实现教职工的体面劳动、舒心工作、全面发展。在维护教职工经济权益中,要引导教职工树立市场经济意识,树立爱岗敬业、多劳多得的理念,树立辛勤劳动、诚实劳动、创造性劳动的时代新风;在保障教职工政治权益中,要维护教职工主人翁地位,通过组织教职工参与民主决策、民主监督、民主评议,实现教职工权益的源头维护;在保障教职工文化权益中,要引导教职工自觉传承中华民族优秀传统文化中的诚信、友善、明礼、助人、自强不息等品格,树立和谐思维、辩证思维,推进国家文明建设进程;在保障教职工社会权益中,要引导职工积极参与社会治理,引导教职工在家当好丈夫、好媳妇,在社区建设中做好业主,在社会上做好公民;在困难职工帮扶工作中,弘扬"一人有难、八方支援"的时代新风,让友善之风传递到每个职工的心间。

四、以俱乐部为主体,开展丰富多彩的活动,努力营造文明、和谐的校园文化与人际关系

促进教职工干群之间的沟通交流。高校工会俱乐部是高校各级领导干部联系和了解普通教职工的一个重要渠道,也是教职工间开展活动、增进感情的地方。工会俱乐部的活动,不仅能促进教职工之间、干群之间的多向联系,增强部门之间或部门内部的向心力和凝聚力。同时,也能促进工会领导及工作人员与学校党政各级领导、教职工的接触,了解教职工的思想和精神文化方面的需求,以利于提供更完善的服务。教职工在俱乐部里与同事、朋友在一起谈心、活动,会感到轻松愉快。在轻松愉快的场合也能减少顾虑,愿意与领导说

心里话、反映真实问题;学校领导在俱乐部和群众同活动、同娱乐,会减少距离感,听到群众心里的呼声,得到真诚的理解。这对促进学校的安定团结,稳定教职工的思想都将产生积极的作用。

因此,高校工会应该充分发挥俱乐部的作用,在各类群众性活动中间接传递社会主义核心价值观,寓思想政治教育于活动中,源源不断地传播正能量。通过俱乐部举办教工趣味运动会、球类竞赛、书画摄影作品展览、演讲比赛、中华经典诗歌朗诵、文艺会演、广播体操比赛、语言文字规范知识竞赛等丰富多彩的文化素质拓展活动,通过实施校园文化重点建设项目,改善校园人文景观,提升校园文化建设内涵,让教职工有机会在集体和个体活动中接触核心价值思想。

【参考文献】

[1]纪旭,杨志华,申夏夏.高校工会对青年教师社会主义核心价值观培育途径探索[J].山东工会论坛,2016(1).

[2]赵军,邱雅霜,屈志欣.高校工会职能:现实困境与破解路径[J].高教论坛,2015(12).

[3]张立保,张威.高校工会组织引导教职工践行社会主义核心价值观路径探究[J].文化学刊,2015(4).

[4]王德广,谭德福,郭穗.新时期高校工会维权职能及其途径研究[J].国家教育行政学院学报,2009(12).

【作者简介】

胡祎赟,杭州师范大学马克思主义学院,副教授。

第四部分

工会建设

高校工会贯彻落实中央党的群团工作会议精神的思考

楼成礼　徐宝敏

内容提要：中央党的群团工作会议对新时期工会工作提出了明确要求，国务院关于统筹推进世界一流大学和一流学科建设的总体方案，吹响了中国大学加快建设世界一流大学的总号角。在此背景中高校工会的使命为何，应发挥怎样的作用，本文试图从浙江大学工会贯彻落实的实践出发，提出若干思考和见解。

关　键　词：党的群团工作会议；高校工会；一流大学建设

习近平总书记在中央党的群团工作会议上指出，新形势下党的群团工作只能加强，不能削弱；只能改进提高，不能停滞不前。高校是科技第一生产力和人才第一资源的结合点，是知识分子为主体的工人阶级主力军、青年生力军的聚集地。高校工会的使命和职责就是要深入学习贯彻落实中央党的群团工作会议精神，切实保持和增强工会组织的政治性、先进性、群众性，推动科学民主决策，激发创新创造热情，为"双一流"建设营造凝心聚力、民主和谐的环境氛围，在大学治理体系现代化过程中开创一条具有中国特色的高校工会发展道路。

一、围绕中心大局，切实保持和增强高校工会组织的政治性

政治性是工会的灵魂，是第一位的。工会工作做得好不好、有没有取得明显成效，关键看有没有坚持正确的政治方向，坚定不移地走中国特色社会主义工会发展道路。工会组织要始终坚持党的领导，在思想上、政治上、行动上始终同党中央保持一致，自觉维护党中央权威，坚决贯彻党的意志和主张，严守政治纪律和政治规矩，经得住各种风浪考验，承担起引导群众听党话、跟党走的政治任务，把自己联系的群众最广泛地团结在党的周围。要坚定不移地走中国特色社会主义群团发展道路，就要做到"六个坚持"：坚持党对群团工作的统一领导，坚持发挥桥梁和纽带作用，坚持围绕中心、服务大局，坚持服务群众的工作生命线，坚持与时俱进、改革创新，坚持依法依章程独立自主开展工作。

落实到高校工会：

一是自觉接受党的领导，把党的路线方针政策贯彻落实到工会工作的各个方面。要加强工会教育职能，宣传党的十八大，十八届三中、四中、五中、六中、全会和习近平总书记系列重要讲话精神，不断增强广大教职工对于中国特色社会主义的道路自信、理论自信、制度自信、文化自信。要注重学习型工会组织建设，组织工会政策学习和研讨，以马克思主义观点和方法来研究工会理论问题，提升工会工作实践水平。

二是不断加强自身建设，全面提升服务学校改革发展大局的能力。自觉践行党的群众路线，保持工会密切联系群众、有效发动群众的长处和优势。要发挥好桥梁纽带作用，策划并组织好校领导校情通报会、教代会代表巡视等活动，将学校发展思路，党委、行政的指导方针全面传达给广大职工群众。进一步推动落实院系工会主席列席同级党政联席会议制度，主动反映教职工思想、工作、生活情况，积极为学校改革发展献计献策。

三是坚持完善教代会制度，有力促进学校民主管理、科学发展水平。要进一步贯彻落实教育部令第 32 号，建立完善校院两级教职工代表大会制度，以民主协商、广纳民意促进科学发展。浙江大学提出并做到，凡是涉及学校改革发展的重大问题都要提交教代会讨论，凡是涉及教职工切身利益的重大事项都要提交教代会审议通过，凡是学校推动的重要工作都要向教代会报告。

二、引领建功立业，切实保持和增强高校工会组织的先进性

工会是群众自我教育、自我管理的重要平台，肩负着组织动员广大人民群众为完成党的中心任务而共同奋斗的重大责任，必须把保持和增强先进性作为重要着力点。要引导所联系群众继承和弘扬中华优秀文化，自觉培育和实践社会主义核心价值观，通过在职工群众中加强社会主义核心价值观宣传教育，以先进引领后进，以文明进步代替蒙昧落后，以真善美抑制假丑恶。工会可以通过开展群众劳动竞赛、技能比武等活动，持续激发职工群众创新活力、创造热情，使广大职工群众走在时代前列，在改革发展稳定第一线建功立业。

落实到高校工会：

一是推选师德先进人物，激励教职工立足岗位创新创业创优。要进一步营造尊师重教的良好氛围，倡导尊重劳动、尊重知识、尊重人才、尊重创造，保护和激发教职工的创新活力，创造热情。要弘扬"爱岗敬业、争创一流，艰苦奋斗、勇于创新，淡泊名利、甘于奉献"的劳模精神，为世界一流大学建设凝聚正能量。做好劳模、最美教师、师德标兵等先进典型人物的推选及其事迹的宣传，以他们的优秀品格、模范行动引导和鼓舞广大教职工。深入开展"三育人"

工作,倡导全过程、全方位、全员育人。

二是加大支持保障力度,为教授联谊会活动创造更好条件。教授是高校人才队伍的主体,浙江大学通过成立青年教授联谊会、女教授联谊会等组织来深度挖掘人才潜力,展现学者风范。支持联谊会开展百川论坛、Super Seminar等学术交流活动,常态化开展跨领域对话交流,在宽松氛围中进行学科碰撞,协同攻关科研热点难题。支持教授开展社会服务,对话省市领导,积极建言献策,开展科技帮扶。

三是营造良好职业环境,促进体面劳动、舒心工作、全面发展。积极开展青年教师教学竞赛、青年岗位能手技能竞赛等活动,提升业务技能、能力素养。做好青年教职工的始业教育任务,通过标兵教师的传帮带、团队交流辅导、素质拓展活动等帮助新教师尽快融入学校环境,健康成长成才。浙江大学在教代会、工会专门委员会体系中创新设置了教师发展委员会,通过"师说"系列论坛、教师发展政策咨询会等助推人才发展。

三、服务全面发展,切实保持和增强高校工会组织的群众性

群众性是工会的根本特点。工会在组织开展工作和活动中要以群众为中心,让群众当主角,而不能让群众当配角、当观众。要以群众喜闻乐见、便于参与的形式和方法开展工作,请群众一起设计活动,注重通过网络新媒体技术提升工会活动的吸引力。要强化服务意识,提升服务能力,挖掘服务资源,坚持从群众需要出发,更多把注意力放在困难群众身上,努力为群众排忧解难,成为群众信得过、靠得住、离不开的知心人、贴心人。要切实履行维护职能,主动有为地开展维权工作,主动代表所联系的群众参与相关政策的制定,推动建立健全协调劳动关系等方面的制度机制,从源头上保障群众权益、发展群众利益。善于运用法治思维和法治方式维权,注重通过集体协商、对话协商等方式协调各方利益,同时要引导群众识大体、顾大局,依法合理表达诉求,自觉维护社会和谐稳定。落实到高校工会:

一是维护教职工合法权益,推动依法治校和和谐校园建设。要当好教职工群众的代表,通过列席校务会议,参加各种校务委员会,源头参与学校大政方针的制定,积极反映教职工意见建议,保障教职工合法权益。要积极参与依法治校工作,加强教职工普法教育,做好法律咨询和法律援助,运用法律手段来调和劳动人事关系,解决劳动人事争议。要做好非事业编制会员的吸纳工作,逐步推进在后勤、产业开展工资集体协商试点工作,通过签订集体工资协议进一步保障职工群众收入水平。

二是完善教职工服务体系,面对面、心贴心、实打实地开展服务。要做好

困难教职工的帮扶工作,将温暖和关怀送到群众家门。逐步建立并扩大教职工大病医疗互助保障制度。浙江大学自 2008 年起实施教职工大病医疗基金——"爱心基金",基本覆盖全体教职工,累计已向 500 余人次资助近 600 万元;2014 年以来,又以非事业编制员工为重点,组织加入浙江省产业工会大病医疗互助保障,为教职工撑起双保护伞。要解决好教职工的后顾之忧,为教职工子女入学入园提供联系帮助,组织策划联谊交友活动,帮助大龄适婚青年成家立业。

三是加强教职工之家建设,不断扩大文体活动的覆盖面,提升文体活动的吸引力。要加强活动的设计策划,依靠和吸纳教职工群众中的文体积极分子,运用互联网思维和新媒体手段推动工会活动创新。要深入开展模范教职工之家创建活动,为教职工文体活动夯实基础条件,增强工会组织的凝聚力和吸引力。要组织好教职工的疗休养活动,提升活动内涵品质,实现陶冶心情、激发活力、增进交流的疗休养目标。要精心组织教职工文艺活动和体育竞赛,为教职工展现才艺特长和矫健身姿搭建舞台,让群众当主角,做明星。

【参考文献】

[1]杭桂林.深入贯彻落实中央党的群团工作会议精神 切实保持和增强工会组织的政治性 先进性群众性[J].中国工运,2015(9).

[2]王克群.习近平党的群团工作思想探讨——学习习近平在中央党的群团工作会议上的讲话[J].前进,2015(9).

[3]李仲杰.认真学习贯彻习总书记重要讲话精神 推进基层工会工作创新发展上台阶[J].工运研究,2015(12).

[4]申泰州.认真学习贯彻中央党的群团工作会议精神 大力推进工会工作改革创新[J].工运研究,2015(18).

【作者简介】

楼成礼,浙江大学工会常务副主席,研究员。

徐宝敏,浙江大学工会办公室主任,六级职员。

影响和制约高校基层工会发挥作用的因素及对策建议

——以浙江省高校为例

张国胜

内容提要：随着目前高校高层次人才的集聚、人事制度改革的深化和绩效工资改革的不断推进，高校基层工会传统工作模式受到了严峻挑战，作用的发挥也受到了一定程度的影响。本文通过对浙江省10所部属、省属普通本科院校基层工会作用发挥情况的调研，分析了基层工会的总体现状、四项职能发挥情况、工作载体建设情况、活动开展和工作创新情况，提出了高校基层工会发挥应有作用的对策和建议。

关　键　词：高校；二级工会；组织作用；建议

《中国工会章程》规定：中国工会是中国共产党领导的职工自愿结合的工人阶级群众组织，是党联系职工群众的桥梁和纽带，是国家政权的重要社会支柱，是会员和职工利益的代表。《中国工会章程》规定了工会基层委员会的基本任务。教育、科研、文化、卫生、体育等事业单位和机关工会，从脑力劳动者比较集中的特点出发开展工作，积极了解和关心职工的思想、工作和生活，推动党的知识分子政策的贯彻落实。组织职工搞好本单位的民主管理和民主监督，为发挥职工的聪明才智，创造良好的条件。习近平总书记对基层工会建设格外关注，他曾在中华全国总工会报送的调研报告上作出长篇批示："基层工会离职工最近，联系职工最直接，服务职工最具体，是工会工作的基础和关键。要从巩固党执政的阶级基础和群众基础的高度出发，始终坚持正确方向，不断创新工作方法，着力扩大覆盖面、增强代表性，着力强化服务意识、提高维权能力，着力加强队伍建设、提升保障水平，切实增强工会组织的凝聚力。"

高校基层工会组织是高校工会工作有效开展的基本单位，它直接面对广大教职工，充分体现并检验着工会作用的发挥和整体工作水平。本文主要就高校工会所辖的各二级工会（或分工会）等基层工会建设与作用发挥现状展开粗浅的探讨。

一、新时期高校基层工会面临的挑战

1.高学历、高职称青年人才的聚集地

近年来,高校为了增强自身的综合实力,提升学科建设水平,培养高素质人才的需要,引进了一批高学历、高职称的青年才俊,大学也因此成为高端人才聚集的地方,二级学院作为最基本的教学实体,更是高学历、高职称人才的重要聚集地,而这些人才都是基层工会服务的对象。

2.人事制度改革的不断深化

高校人事制度改革的显著特点是推行教师聘任制和全员聘任合同制,通过改革最终实现人员能进能出、职务能上能下、待遇能高能低的用人新机制,这虽然是一个渐进式的改革过程,但给高校的教师和管理人员带来了空前的压力。

3.收入分配两极分化,利益冲突加剧

目前绩效工资制度的显著特点是逐步建立了重实绩、重贡献,向优秀人才和关键岗位倾斜,自主灵活的分配激励机制,使教职工的工资收入与他们的岗位职责、工作业绩、实际贡献以及成果转化所产生的效益直接挂钩。中国传统分配的公平结构面临改变,绩效分配差距不断拉大。

随着高校办学规模的扩张和师资队伍结构的变化,高校基层工会工作以"注重上情下达、开展文体活动、生老病死慰问等"为主要内容的传统模式正面临新的挑战。

二、本调研课题的基本概况

本调研课题采用问卷调查方式进行,选取了杭州、宁波、金华、温州等地的浙江省内部属、省属10所普通本科高校(浙江大学、浙江工业大学、浙江师范大学、宁波大学、杭州电子科技大学、浙江理工大学、浙江科技学院、浙江农林大学、温州大学、杭州师范大学)作为样本学校,共发放问卷212份,收回194份,其中有效问卷188份,问卷回收率为91.5%,问卷有效率为96.9%。调研对象的基本情况如表1所示。

表1　调研对象基本情况

变量	类别	占比/%
性别	男	53.7
	女	46.3

变量	类别	占比/%
年龄	35 岁以下	26.1
	36～40 岁	26.1
	41～45 岁	17.0
	46～50 岁	16.0
	51 岁以上	14.8
是否为工会干部	工会干部	34.6
	非工会干部	65.4
工作单位	部(处)机关	27.3
	院(系)教学单位	66.0
	其他	6.7
工作岗位	专任教师	35.6
	管理干部	27.1
	普通职工	27.1
	"教师＋管理"双肩挑中层干部	10.2

本课题研究工具为项目组自编问卷,经过试测修正后的正式问卷由教职工基本信息及有关基层工会组织作用发挥的五个方面情况调查等内容组成。本问卷初步编制完成后,进行了小范围试测,并进行了效度和信度检验,最终形成本研究的正式调查问卷。调查问卷共设 27 道题目,从基层工会总体现状、四项职能发挥、工作载体建设、活动开展、工作创新、凝聚力等多个维度入手,调查浙江省 10 所高校二级单位工会组织及教职工满意度。期待通过调研,较为全面地了解省普通本科院校基层工会组织作用发挥的现状,为教育行政部门和工会组织更好地注重工会组织建设和发挥作用提供依据,同时提出有效发挥高校基层工会作用的若干对策和建议。

三、调查结果分析

(一)基层工会的总体现状

1.组织建设

据调查显示,目前高校的基层工会组织是健全的,87.8%的被调查者认为所在单位的工会是由教职工或教职工代表选举产生的(见图 1)。调查显示,不同年龄段的教职工对此调查题的看法存在显著性差异,45 岁以下的教职工中有 13%认为所在单位的工会是党组织选派组建的,产生这个误解的原因是基层工会组织是由基层党组织分管的,组建过程中党组织确实是参与的,对这个问题的误解,应予以及时消除。

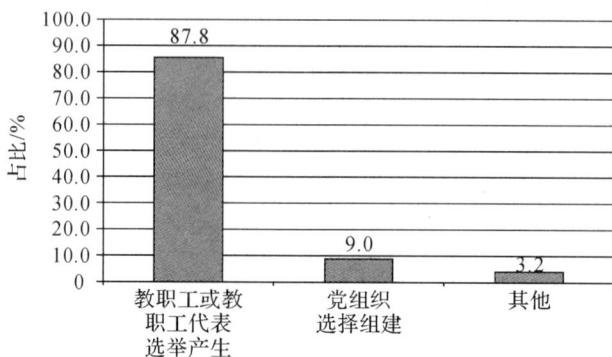

图 1　对基层工会如何建立的看法

2.干部队伍建设

基层工会干部队伍稳定性不足,由于缺乏约束力和激励因素,基层工会工作中普遍存在着辞职、调换岗位等原因而引起的工会干部的人员变动。据调查显示,对工会干部满意度评价为 78 分(将七点量表均值 5.46 转换为百分制所得,下同)(见表 2),据调查了解,基层工会干部队伍中普遍存在着创新力不足、兼职较多和精力投入不足等问题,对工会活动的开展产生一定的影响(见图 2)。调查显示,对工会干部队伍中存在的最主要的问题的看法,工会干部和非工会干部、不同工作单位性质的教职工之间存在显著性差异,工会干部认为最主要的问题是兼职较多,而非工会干部认为最主要的问题是创新力不足。部(处)机关和院(系)教学单位的教职工认为最主要的问题是兼职较多,而其他单位的教职工认为最主要的问题是创新力不足。

表 2　对基层工会干部满意度评价

选项	人数	占比/%
很不满意	4	2.1
不满意	1	0.5
不太满意	4	2.1
一般	23	12.2
比较满意	49	26.1
满意	77	41.0
很满意	30	16.0
合计	188	100.0

注:七点量表均值 5.46,标准差 1.20。

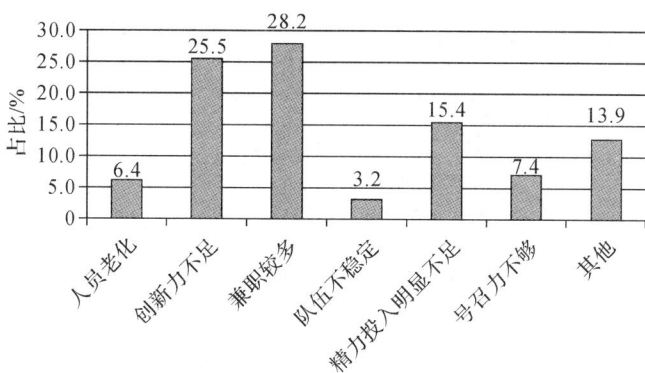

图2　基层工会干部队伍存在的最主要问题

3. 经费保障

基层工会组织的工作经费的来源渠道比较广泛,据调查,最主要的是学校工会的下拨经费、本单位会员费和本单位的赞助经费,对于现有经费是否能满足开展工作的要求,有45.9%的教职工认为基本满足,但也有30.1%的教职工认为远远不够(见图3)。

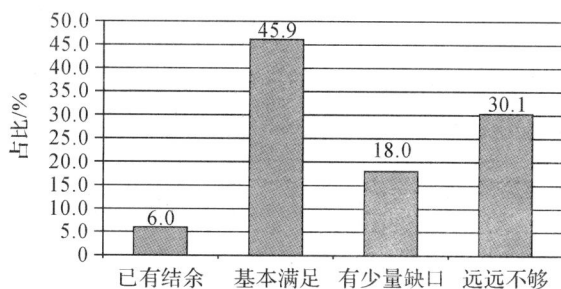

图3　基层工会活动经费需求满足情况

调查显示,对于所在单位是否设立工会经费审查小组的问题,25%的教职工认为不清楚(见图4)。对此问题的看法在不同年龄段、工会干部和非工会干部、不同性质工作岗位之间存在显著性差异。40岁以下的教职工有35%不清楚是否设立,工会干部比非工会干部更认可设立了经费审查小组,管理干部比专任教师、普通职工和"教师+管理"双肩挑中层干部更赞成设立了经费审查小组。

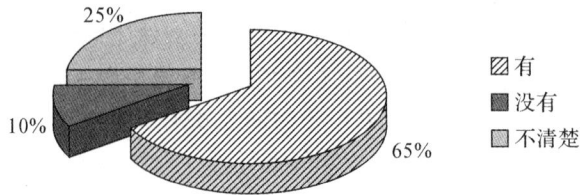

25%

10%

65%

有

没有

不清楚

图4 对基层工会是否设立工会经费审查小组的看法

4.满意度调查

据调查,教职工对于所在单位工会职能发挥最满意的一项是建设职能,有40.6%的教职工选择了这项,其次是有35.0%的教职工选择的维护职能(见图5)。而最不满意的一项是参与职能,有35.9%的教职工选择了这项,其次是有31.3%的教职工选择的教育职能(见图6)。调查显示,不同性别的教职工对所在单位工会职能发挥最满意的看法有显著性差异,男性选择的是积极维护教职工的合法权益,而女性选择的是组织职工完成学校布置的各项工作任务。调查还显示,不同工作岗位的教职工对所在单位工会职能发挥最满意的和最不满意看法有显著性差异,专任教师和普通职工对所在单位工会职能发挥最满意的是组织职工完成学校布置的各项工作任务,管理干部和"教师+管理"双肩挑中层干部对所在单位工会职能发挥最满意的是积极维护教职工的合法权益。专任教师、普通职工和管理干部对所在单位工会职能发挥最不满意的是能够参与本单位的民主决策、民主管理和民主监督,"教师+管理"双肩挑中层干部对所在单位工会职能发挥最不满意的是在教职工中适时开展思想政治教育和文化技术教育。

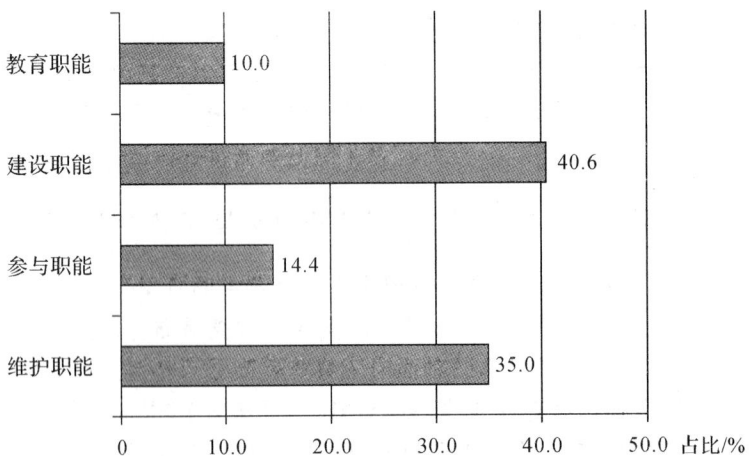

教育职能 10.0

建设职能 40.6

参与职能 14.4

维护职能 35.0

0 10.0 20.0 30.0 40.0 50.0 占比/%

图5 基层工会职能发挥最满意的一项

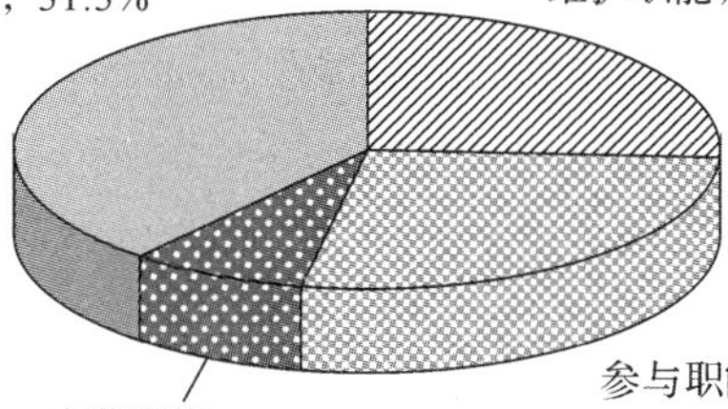

教育职能,31.3%　　维护职能,26.0%

参与职能,35.9%

建设职能,6.8%

图6　基层工会职能发挥最不满意的一项

据调查所知,目前对基层工会工作满意度评价为77分(见表3)。调查显示,工会干部和非工会干部对所在单位工会总体满意度评价有显著性差异,工会干部对此项的评价平均分为80分,高于非工会干部的平均分76分。

表3　对基层工会总体满意度评价

选项	人数	占比/%
很不满意	3	1.6
不满意	1	0.5
不太满意	1	0.5
一般	32	17.1
比较满意	51	27.3
满意	73	39.1
很满意	26	13.9
合计	187	100.0

注:七点量表均值5.41,标准差1.13。

(二)基层工会四项职能发挥情况

1.维护职能

维护职能是指学校工会组织必须代表和维护职工的合法权益。维护职工合法权益是工会的基本职责。维护职能的主要内容:一是维护教职工政治地位及评优评先权、选举权和被选举权等政治权利;二是维护教职工参与民主管理的权利、对单位领导的监督批评权、参与单位的决策等民主权利;三是维护教职工基本工资、津贴、劳动报酬、各种社会福利等经济利益;四是维护教职工平等就业、择业、聘任、聘用、订立劳动合同、劳动安全保护等劳动权利。

据调查,维护职能发挥最满意的是维护教职工政治地位及评优评先权、选举权和被选举权等政治权利,有33.3%的教职工选择了这一项。有35.3%的教职工在维护职能发挥最不满意的选项中选择了维护教职工基本工资、津贴、劳动报酬、各种社会福利等经济利益(见图7、图8)。

据调查,维护职能发挥情况的评价为75分(见表4)。调查显示,工会干部和非工会干部对所在单位工会维护职能发挥情况的评价有显著性差异,工会干部对此项的评价平均分为77分,高于非工会干部的平均分75分。

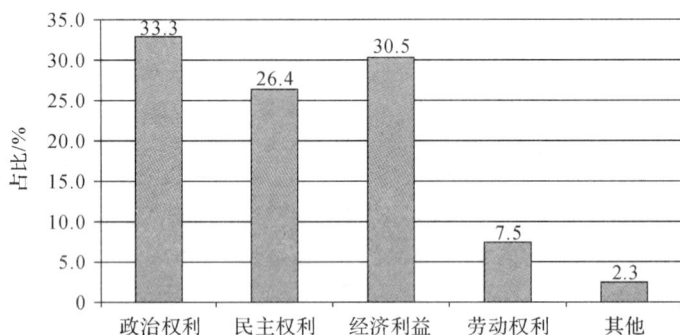

图7 基层工会维护职能发挥最满意的一项

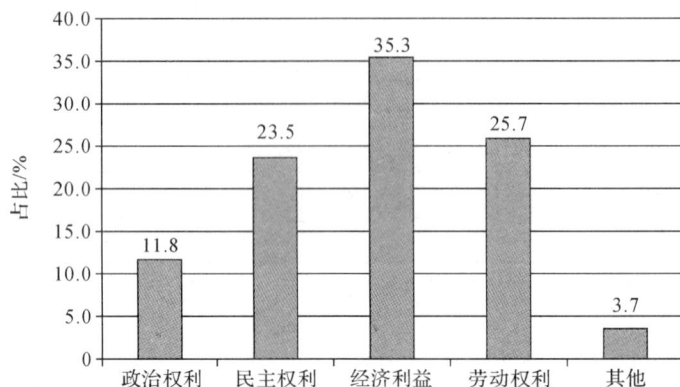

图8 基层工会维护职能发挥最不满意的一项

表4 对基层工会维护职能发挥的满意度评价

选项	人数	占比/%
很不满意	2	1.1
不满意	2	1.1
不太满意	3	1.6
一般	36	19.1

续表

选项	人数	占比/%
比较满意	59	31.4
满意	65	34.6
很满意	21	11.1
合计	188	100.0

注:七点量表均值5.27,标准差1.12。

教职工对基层工会在维护经济利益方面的作用不满意,主要原因有:一是市场经济条件下,人们势必会关注经济利益,这是社会大环境所致;二是基层工会也不能与时俱进,及时创建大家喜闻乐见的载体,从而避免职工对经济利益的过分关注;三是基层工会习惯于组织文体活动,没有把主要精力放到维护教职工权益上来;四是学校层面没有积极引导,为基层工会搭建更多的维权平台。

2. 参与职能

参与职能是指工会组织应该代表和组织职工参与本单位的民主决策、民主管理和民主监督,工会应该发挥党密切联系教职工的桥梁纽带作用。它是工会组织参与本单位民主管理,实施民主监督,是工会代表职工权益,依法维护职工利益的重要渠道、途径和形式。其主要渠道和途径有:二级单位教职工代表大会、院(系)务公开工作、提合理化建议、工会负责人参与本单位重大决策、对单位领导的民主评议等。

调查显示,参与职能发挥最满意的是二级单位教职工代表大会,有50.6%的教职工选择了这一项。而最不满意的是工会负责人参与本单位重大决策和对本单位领导的民主评议,选择这两项的均为26.9%(见图9、图10)。参与职能发挥情况的评价分为75分(见表5)。

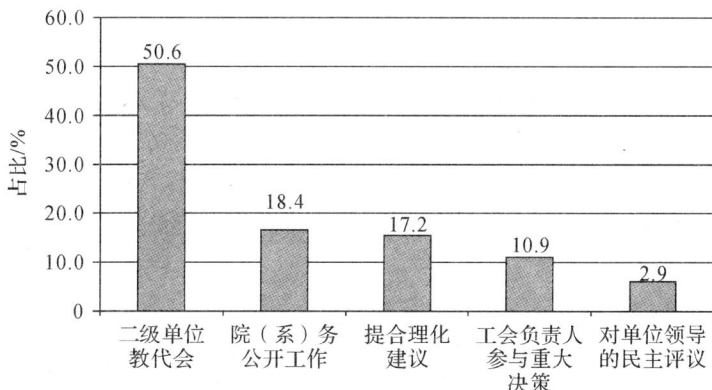

图9 基层工会参与职能发挥最满意的一项

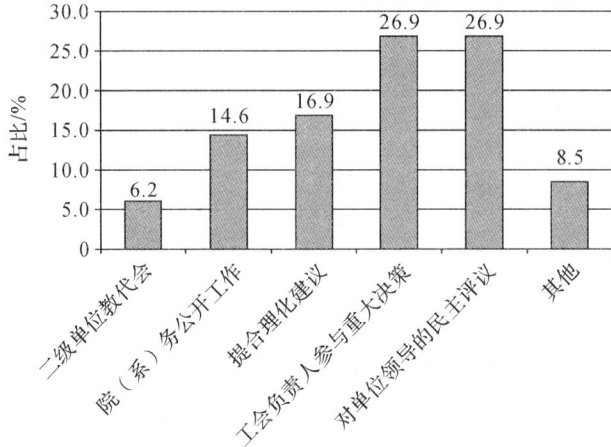

图 10 基层工会参与职能发挥最不满意的一项

表 5 对基层工会参与职能发挥的满意度评价

选项	人数	占比/%
很不满意	4	2.1
不满意	3	1.6
不太满意	3	1.6
一般	33	17.6
比较满意	55	29.3
满意	73	38.8
很满意	17	9.0
合计	188	100.0

注:七点量表均值 5.23,标准差 1.20。

教职工对基层工会在参与民主决策和民主评议方面不满意,主要原因有:一是基层工会的参与形式重于内容,凡是有制度规定的就能体现,而制度规定之外的还在探索过程中;二是基层工会负责人的素质不够高或者是负责人不愿更多参与管理工作,就会影响参与职能的发挥;三是单位领导观念不够开放,认为工会参与到单位决策过程中,会影响管理效率;等等。

3.建设职能

建设职能是指工会组织应该动员和组织职工参加改革和建设,努力完成各项工作任务。其主要内容是:推动本单位提高教学水平、科研水平、社会服务水平;二是推动本单位提高教职工福利水平;三是推动本单位文体活动的开展和普及;等等。

　　调查显示,建设职能发挥最满意的是推动本单位文体活动的开展和普及,有 64.6％的教职工选择了这一项。而最不满意的一项是推动本单位提高教职工福利水平,有 51.5％的教职工选择了这一项(见图 11、图 12)。建设职能发挥情况的评价为 76 分(见表 6)。调查还显示,工会干部和非工会干部对所在单位工会建设职能发挥情况的评价存在显著性差异,工会干部对此项的评价平均分为 79 分,高于非工会干部的平均分 75 分。

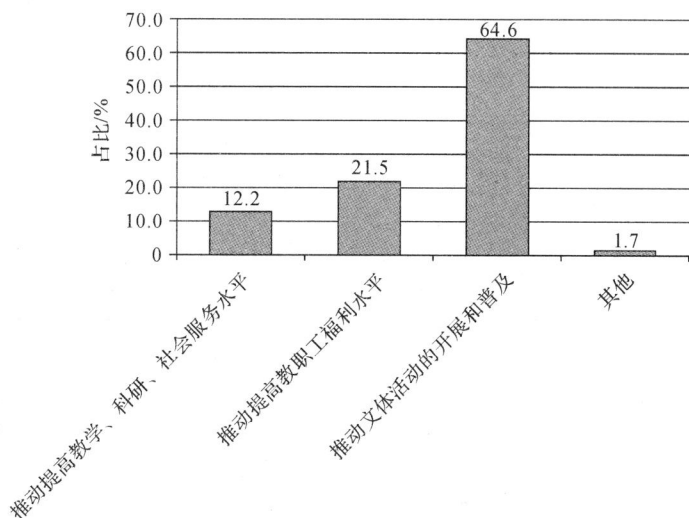

图 11　基层工会建设职能发挥最满意的一项

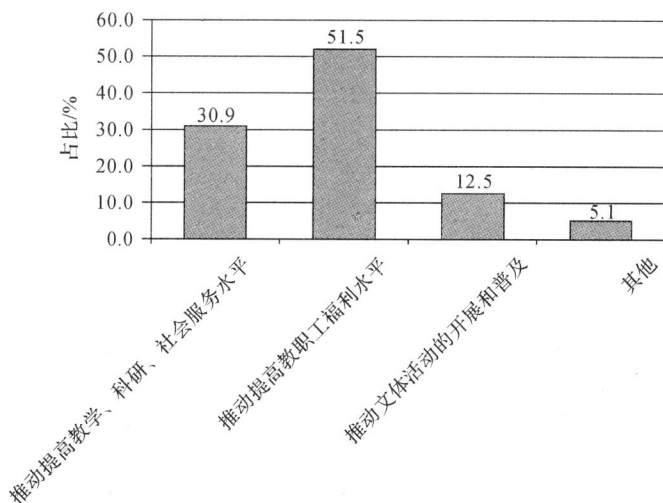

图 12　基层工会建设职能发挥最不满意的一项

表6 对基层工会建设职能发挥的满意度评价

选项	人数	占比/%
很不满意	0	0.0
不满意	1	0.5
不太满意	3	1.6
一般	37	19.8
比较满意	54	28.9
满意	73	39.0
很满意	19	10.2
合计	187	100.0

注:七点量表均值5.35,标准差1.00。

教职工对基层工会建设职能发挥方面不满意的主要是教职工福利水平问题,这里不仅是经济收入水平提高的问题,还包括住房、家属安置、子女入学、教学科研工作条件、单位工作氛围等方面。

4.教育职能

教育职能是指工会组织应该教育职工不断提高思想道德、职业道德、技术业务和科学文化素质,全面提高教师队伍的师德水平和整体素质,大力加强师德建设,努力做到教书育人,为人师表,为培养中国特色社会主义事业的建设者和接班人作出新的更大的贡献。工会教育职能包括思想政治教育和文化技术教育。其主要内容是:社会主义核心价值观引导、师德建设、榜样教育、普法教育、业务培训、安全健康教育等。

调查显示,基层工会教育职能发挥最满意的一项是师德教育,有37.8%的教职工选择了这一项。而最不满意的一项是普法教育,有30.1%的教职工选择了这一项(见图13、图14)。调查显示,不同工作岗位的教职工对教育职能发挥最不满意的看法存在显著性差异,专任教师、普通职工和"教师＋管理"双肩挑中层干部选择的是普法教育,而管理干部选择的是社会主义核心价值观引导。教育职能发挥情况的评价为75分(见表7)。

教职工对基层工会教育职能发挥不满意的方面主要是普法教育问题,其主要原因是高校教职工都是知识分子,文化水平普遍较高,工会组织忽视了对法律知识的宣传和培训,由此普法教育成为一个工作盲区,而现实生活中教职工为了维护自身的合法权益,又不得不跟法律打交道,时不时会给教职工带来一些烦恼。

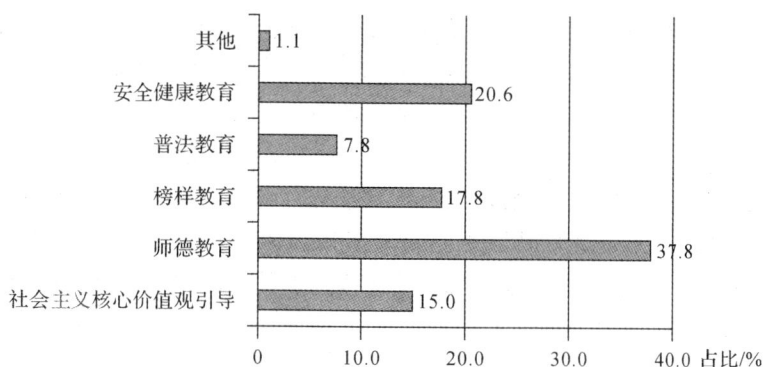

图13　基层工会教育职能发挥最满意的一项

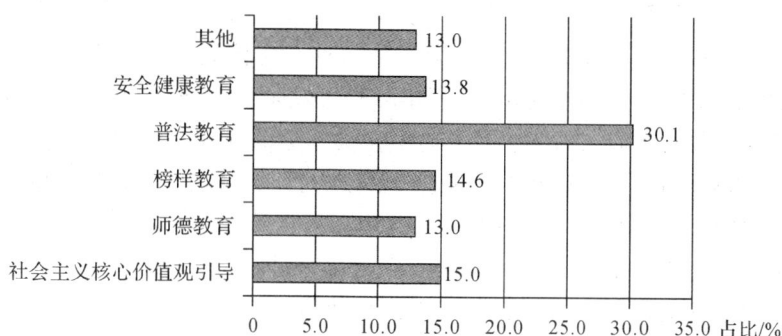

图14　基层工会教育职能发挥最不满意的一项

表7　对基层工会教育职能发挥的满意度评价

选项	人数	占比/%
很不满意	1	0.5
不满意	2	1.1
不太满意	3	1.6
一般	41	21.8
比较满意	55	29.3
满意	66	35.1
很满意	20	10.6
合计	188	100.0

注:七点量表均值5.26,标准差1.09。

(三)工作载体建设情况

据调查,有54.9%的教职工认为所在单位的工会工作有特色,并且形成了自身的品牌项目,这些项目主要有教工之家、运动会、健身俱乐部、单身联谊会、职工技能展示、春游秋游等等,在对所在单位工会举办过哪些专题讲座的调查中,排名前三的是:健康养生、业余兴趣和家庭教育。

与此同时,还是有45.1%的教职工认为,本单位工会工作没有特色。具体原因有:一是基层工会没有很好地宣传和总结自身的工作,尤其是没有总结自身的工作特色。二是部分基层工会缺乏工作载体的创新,经常处于老调重弹的地步,现有的有限的工作载体大多是文体方面的,没有根据形势的发展和教职工的需求创建新的工作载体。

(四)活动开展和工作创新情况

据调查,65.7%的教职工认为所在单位工会目前将最主要精力放在了组织文体休闲活动上,35.3%认为工会工作的重心应该放在做好维权调解工作上(见图15、图16)。调查显示,不同年龄段的教职工、不同性质工作单位的教职工所在单位的教职工对工会目前将最主要精力放在哪个方面的看法存在显著性差异,36~40岁的教职工比其他年龄段的教职工、院(系)教学单位的教职工比部(处)机关和其他单位的教职工更认可所在单位工会目前将最主要精力放在了组织文体休闲活动上。不同工作岗位、不同性质工作单位的教职工对所在单位工会工作重心应该放在哪里的看法有显著性差异,专任教师认为重心应该放在教工小家建设上,而管理干部、普通职工和"教师+管理"双肩挑中层干部认为应该放在做好维权调解工作上,院(系)教学单位和其他单位的教职工认为应该放在做好维权调解工作上,而部(处)机关的教职工认为应该放在教工小家建设上。

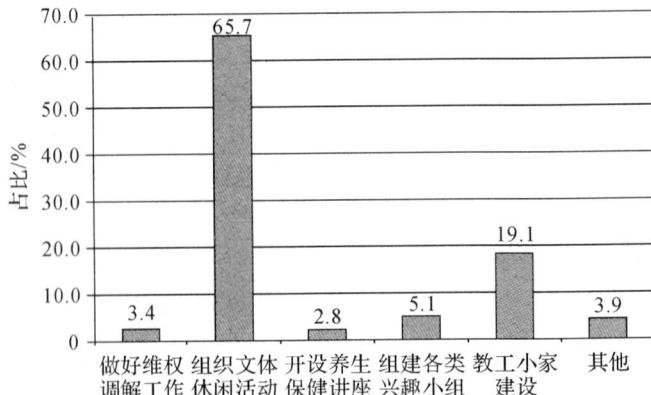

图15　对基层工会目前将最主要精力放在哪一方面的看法

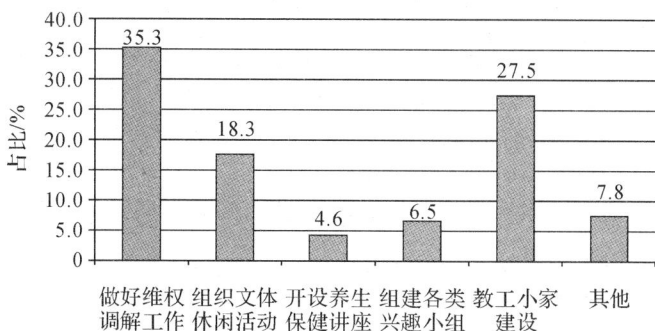

图 16 对基层工会工作重心的选择

2012 年 12 月中央出台了"八项规定",在"八项规定"是否对工会开展正常活动有影响的调查中,25.1%的教职工认为有影响,74.9%认为没有影响。调查显示,工会干部和非工会干部、不同工作岗位的教职工对此看法存在显著性差异,非工会干部比工会干部更认为没有影响,普通职工比专任教师、管理干部、"教师+管理"双肩挑中层干部更认为没有影响。

另据调查,工会活动在"八项规定"出台后或多或少受到了一定的影响,主要表现在:首先是发放购物卡的现象明显减少了;其次是由于工会活动中只能发放奖品,不能普发纪念品,会员参与活动的积极性大大削弱了;再次是由于对中央规定理解不够深,加上上级工会组织没有及时予以政策上的指导,导致春游秋游、暑期疗休养活动也相应减少了。

受到影响的主要原因是基层工会习惯于沿袭旧的活动方式和工作方法,对新时期出现的新问题,缺乏独立分析、解决问题的能力。

四、基层工会发挥应有作用的对策和建议

(一)牵住四项职能发挥这个牛鼻子不放

四项职能是基层工会工作的立足点,更是发挥作用的重要抓手,这四项职能发挥的好坏直接关系到基层工会的凝聚力和号召力。

1. 维护职能

维护职工的合法权益是工会的基本职能,基层工会工作的重点应该放在"切实维权"上,不能停留在表达和反映教职工合法权益的层面上,要充分了解教职工的所想、所需、所盼,有针对性地开展个性化维权活动,切实为教职工解决实质性的困难和问题,提高教职工对基层工会作用的认可度和亲和力。第一,在形式上,要健全二级教代会制度,让广大教职工的民主权利从参与最基

层的管理得以体现,运用高校工会这一有效的民主管理形式和载体,切实落实教职工的知情权、参与权、审议权和表决权。第二,在内容上,要突出三个"切实维护",即:切实维护教职工的生命健康权,切实维护教职工的经济权益,切实维护教职工的民主权益。第三,在机制上,一是要健全落实工会负责人参与本单位重大决策机制;二是要健全涉及本单位教职工利益的事项须提交二级教代会表决机制;三是要健全对本单位日常运行中重要决策的公开和监督机制;四是要健全教职工参与对本单位领导干部考核的评价机制。第四,在具体操作上,要因校制宜,由低层次向高层次递进,逐步扩展,从突出具体、个体、局部维护向整体维护推进。

2.参与职能

参与职能是党密切联系教职工的桥梁和纽带,基层工会要动员和带领广大教职工积极参政议政,主动参与、推进学校各项事业健康发展。第一,要在建立健全现有二级教代会制度基础上,全面推行院(系)务公开工作,建立长效机制,让教职工在参与中实施监督。第二,要积极探索参与职能的盲区,努力拓展参与职能的维度和宽度,比如建立定期征集合理化建议制度、与教职工利益相关的事项平等协商制度等。第三,要加强参与平台建设,凸显层次化、立体化,如,工会负责人参与本单位重大决策平台,工会干部参与平等协商、单位日常管理平台,广大教职工参与二级教代会、评价领导干部平台等。

3.建设职能

建设职能体现出工会组织的群众基础和组织优势,团结带领广大教职工完成各项任务。第一,以教工之家为载体,推进和谐单位建设,营造良好的工作氛围,团结和带领广大教职工完成学校布置的各项建设任务。第二,以工会活动为纽带,通过寓教于乐的方式,融入学校中心工作,服务大局,增强单位的凝聚力和向心力,引导广大教职工关心、支持本单位乃至学校各项事业的发展。第三,以提升福利水平为目标,为教职工解决工作、学习、生活中的后顾之忧,增强教职工的幸福感和获得感。但福利水平不能局限于经济收入,否则容易将工会组织变成福利组织。目前基层工会在增强教职工幸福感方面可以大有作为。如,开展给每位教职工争取一张办公桌活动,生日当天送一份礼物,生病住院或家庭遭受不测及时关心慰问,给青年教师成长确立一位手拉手的帮扶导师等活动,总之,要多做雪中送炭之事。

4.教育职能

工会组织是单位日常管理与思想政治工作融为一体的有效载体。高校工会组织,有倡导和组织教职工进行自我教育的传统和优势,也有寓思想政治于活动之中的丰富经验。高校基层工会组织在完成常规工作任务的同时,要着力在本单位教职工中营造用先进文化引领基层工会工作的良好氛围。第一,用社会主义核心价值观引导教职工树立正确的世界观、人生观和价值观,开展理想信念和爱国主义教育。尤其是要通过思想建设,增强基层工会干部的群众观念、责任意识和奉献精神。第二,用师德师风引导,组建师德论坛,开展师德标兵事迹巡讲和宣传,让教职工通过提高师德认识、陶冶师德情感、磨炼师德意志、养成师德行为四位一体的道德实践活动,达到自我教育、自我约束的目的。第三,用榜样引导,通过评选劳动模范、师德标兵、"三育人"先进等,擅于用教职工身边榜样的力量在基层工会组织内部传播正能量,营造风清气正的良好氛围,激励广大教职工爱岗敬业、奋发有为。第四,根据高校教职工的特点开展普法活动,正如浙江省教育工会不久前组织的法律知识竞赛活动一样,从学以致用角度出发,组织教职工有针对性地学习、宣传、传播维护自身合法权益的法律法规,以增强普法教育的吸引力,提高教育效果。

(二)抓住工会组织这个优势不松

1.组织建设,抓规范

高校基层工会组织建设在高校整体发展建设过程中有着不可替代的重要作用。但随着高校教育改革和人事工资制度改革的不断深化,也需要作出相应的调整。第一,在现有基层工会规范设置的基础上,要按照工会法的要求做到定期换届选举,使得基层工会组织能够正常轮替,保持其新鲜活力。第二,在基层工会组织建立的同时,要健全经审、青工、女工等机构,使得基层工会活动的开展有抓手,保证工作顺利进行。第三,要制定出台基层工会规范的工作制度,以增强工会工作的有效性和持续性。第四,要健全基层工会活动经费的划拨机制,给予必要经费保障,让基层工会组织能正常运转,使得工会活动能顺利开展。

2.队伍建设,抓素养

要完成新时期高校基层工会繁重的任务,必须要有一支精干、高效的工会干部队伍作保证。第一,队伍要稳定,二级单位党组织要通过提高觉悟、创造条件、保障待遇、增强激励来保证基层工会干部队伍的稳定。第二,要选准人,二级单位党组织在挑选工会干部候选人时,一是要物色德高望重、有号召力、有理性思维、乐于倾听教职工意见的教职工担任工会负责人;二是要物色年富力强、素质高、能力强、乐于奉献、擅于沟通协调的教职工担任基层工会干部。第三,学校工会要对基层工会加强培训和指导,一是要加强对基层工会干部(特别是新干部)的培训,开阔他们的视野,让他们既了解掌握政策,又熟知相关法律法规;既掌握原则,又掌握灵活的工作方式方法;二是加强校内校际基层工会工作的交流和学习,通过相互借鉴,创造性地开展工作;三是要对基层工会加强指导,主要是政策指导和业务帮助,避免走弯路,提高工作效率。第四,要健全适当的激励机制,一是基层工会干部的兼职工作可以折合成一定的工作量,参与年终奖金的分配;二是可以把是否担任基层工会干部作为岗位聘任的条件,让基层工会干部有成就感和获得感。

3. 制度建设,抓全面

基层工会不仅要遵循业已形成的二级教代会制度等,还要根据高校形势的发展健全其他方面的工作制度,以增强工会工作的有效性和持续性。第一,有关参与职能、建设职能、教育职能方面已有一些相关的制度,在此基础上,只要查漏补缺,进一步完善。第二,有关维护职能方面的规章制度几乎是空白,当务之急需要基层工会建立健全维护职能的规章制度。一是要根据《工会法》的规定,制定出台相应的维权申诉办法;二是要明确维权机制建设的操作流程和实施办法,特别是要建立健全源头参与机制,做到有法可依、有章可循。

(三)握住创新这个永恒主题不弃

1. 工会活动要与时俱进,贵在新

要把握时代的发展特点、高校改革趋势和高校工会工作规律,不断推进工会活动的观念、内容、形式、方法、手段等创新,努力使新形势下高校基层工会活动永葆新鲜活力。第一,观念创新,观念是支配行为的灵魂,基层工会要确立"以人为本"的理念,为每一位教职工服务的观念,把满足教职工合情合理的需要、维护教职工的各项权益,作为衡量工作的根本标准。第二,内容创新,工会活动不能总是停留在文体活动上,要切实转到维护教职工合法权益上来。第三,形式创新,在寓教于乐的基础上,结合学科特点,围绕维权、民主管理与监督等方面开展一些自主性、创造性的特色活动。第四,方法创新,在设计活动时要适当降低竞争性、专业技术性,提高娱乐趣味性,扩大教职工的参与面,增强活动的吸引力。第五,手段创新,基层工会开展活动时不要局限于校内,可以适当借助校外资源、校外人员开展活动,从而扩大基层工会活动的辐射面,增强社会影响力。

2. 工作载体建设要因势利导,贵在闯

基层工会的工作载体要紧密结合教职工队伍学历职称结构和年龄、思想、需求的变化,在现有的、传统的、有效的文体活动载体的基础上,加强和加快工作载体建设的创新。第一,可以借助人事部门、法律专业师资力量搭建教职工劳动人事争议调解委员会等,负责协调处理教职工日常发生的各类纠纷。第二,可以借助心理学专业师资力量组建心理咨询室,通过心理咨询,消除部分教职工因工作压力过大而引起的心理障碍。第三,可以借助音乐专业师资力量组建教职工合唱团,通过唱歌调解情绪,消除紧张状态。第四,可以借助美术、摄影专业师资力量组建书法协会、摄影协会、艺术设计协会等,让有这方面才华的教职工在教学科研工作紧张之余得以施展,愉悦心情。

【参考文献】

[1]梁玉秋,郭凌云.高校工会建设问题与对策[J].人民论坛,2010(5):254-255.

[2]赵锐,宋文英.论高校基层工会工作新模式的构建[J].中国电子教育,2011(4):27-29.

[3]毛爱菊,茹平,王艳.论高校基层工会在构建和谐校园中的作用[J].管理观察,2009(12):198-199.

[4]丛亮.新形势下增强高校基层工会活力的思考[J].中国职工教育,2013(18):11-12.

[5]刘阳炼.略谈高校工会工作模式创新[J].天津市工会管理干部学院学报,2013(3):26-28.

【作者简介】

张国胜,浙江师范大学审计处处长,副研究员。

新媒体时代高校工会工作的实践与创新

狄伟锋

内容提要：随着信息技术的发展，新媒体逐渐渗透到高校工会工作的各个层面。教职工的工作方式和思想观念都深受新媒体的影响。高校工会在实践中创新运用新媒体实效性、便捷性特点，更好地提升工会的服务水平，已成为工会工作者认真思考和创新实践的重要问题。

关 键 词：高校工会；新媒体；实践与创新

中国工会第十四次全国代表大会提出了"要推进工会信息化建设，加强工会信息统计工作和基础工作"的要求。近年来随着新媒体的快速发展和广泛运用，新媒体已经成为高校工会工作中不可或缺的工具和渠道。因此如何高效地运用新媒体，使高校工会发挥出最佳工作水平，是目前实现高校工会工作突破和提升的重要议题。本研究以"新媒体时代高校工会工作的实践与创新"作为切入点，在查阅相关资料的基础上对浙江省部分高校工会进行了具体的问卷调研、座谈和实地访谈，意在进一步丰富与发展我国高校工会工作的手段与模式，能够进一步提炼与把握我国高校工会在新媒体时代发展经验和机遇，更好地规避信息风险，提升高校工会工作服务质量。

一、新媒体：高校工会工作的新载体

（一）新媒体与高校工会工作

"新媒体"是利用数字技术、网络技术和移动通信技术，通过互联网、宽带局域网、无线通信网和卫星等渠道，以电视、电脑和手机为主要输出终端，向用户提供视频、音频、语音数据服务、连线游戏、远程教育等集成信息和服务的所有新的传播手段和传播形式的总称。具体而言，新媒体既包括诸如搜索引擎、门户网站、网络报纸、杂志、广播、视频、电视、网络社区、即时通信、电子邮件、博客、播客、维客、网络游戏动画文学等网络媒体形态，也包括手机短信、彩信、彩铃、手机报纸、杂志、出版、手机电视、广播、手机游戏、动漫、微信、微博、QQ

等手机新媒体。

在当代中国,高校工会是在党的领导下,由高校教职工组成的工人阶级群众组织,工会组织是广大教职工参政议政、参与民主管理和民主监督的重要方式和学校党政联系教职工的重要纽带,也是学校党群工作的重要组成部分。新媒体作为新兴的传播媒介,其关联性和互通性强,能够通过便捷快速的方式拓宽民主渠道,同时在组织体制、运行机制和活动方式等方面的创新性改革将助推高校工会工作有序高效开展。高校工会本身作为党政联系教职工的纽带,借助新媒体将提高宣传党和国家政策以及实时了解师生动态的效率,保持工会的与时俱进,能更好地为教职工做好服务工作。由此可见,在新媒体时代下顺应信息化趋势对高校工会工作开展实践与创新研究,具有重要的现实意义。

(二)研究新媒体时代高校工会工作的意义

在新媒体时代,高校工会工作结合互联网＋的新媒体特色,利用新媒介将产生内外联动的推广效应。

1.对内有利于教职工的信息的获取和工作方式的转变

随着网络的发展和新媒体的多样化、开放化,新媒体已成为高校教师和学生获取信息的主要方式,与此同时也逐渐成为高校工会民主管理的重要途径。相较于传统的媒体形式,新媒体对教职工的生活、学习、工作、人际交往、思考方式都产生了重大影响,已经成为师生沟通交流的重要平台和途径。

新媒体将助推师德建设。新媒体的推广平台可以帮助工会发现和挖掘身边的先进师德典型,并做好学习和宣传工作。有利于继续深入学习师德先进事迹,提高活动的针对性、实效性。

新媒体将助推教学实践。通过新媒体的使用,教职工加入了特色微信公众学习平台和在线学习平台,不仅方便老师布置作业任务,批改作业;还可以方便学生下载查阅资料,丰富学生的课余生活。而此类新媒体学习平台的使用也方便了教职工之间互相学习交流,提升教职工工作的效率和水平。

新媒体将助推学校管理。新媒体使学生和教师电子档案成为可能,只需登录教务系统,输入账号密码,老师和学生的基本资料都可以快速查询,包括后勤、安保、水电信息以及学生的成绩和老师的评测。所有的通知,只需短短几分钟便可到达基层,可大大提高学校管理的系统性和实时性。

新媒体将助推校风建设。新媒体时代,学生是使用新媒体的主力军,教职工对新媒体的娴熟使用不仅可以提高工作速度,还可以缩短与学生的距离,了解学生思想动态、生活情况,方便开展各项学生工作。在此基础上对学生进行良好的思想和行为引导,鼓励学生开展网上读书会、学习会、考研考证经验分享会等等,形成积极向上的校风。

2.对外有利于高校间互通经验共促发展

在当代中国,高校工会是办好新时期学校的中坚力量,是学院党政联系教职工的重要纽带。随着信息技术的发展,新媒体的运用逐渐渗透到高校工会工作的各个层面。高校工会如何借助于新媒体更好地提升工会的服务水平,已成为工会工作者需认真思考和创新实践的重要问题。

新媒体拓宽高校工会工作覆盖面和创新面。新媒体使向其他学校即时学习成为可能,使实现工作创新成为可能。利用新媒体创新高校工会工作,要围绕中国特色社会主义工会建设的目标任务,在高校工会的组织体制、运行机制和活动方式等方面大胆改革,增强工会组织凝聚力,扩大工会组织覆盖面。要建立健全会员评价工会工作机制,把职工和会员的满意度、认可度和支持度作为衡量工会工作的基本标准,使高校工会真正成为广大职工群众信赖的"职工之家",更加贴近基层,贴近职工群众,努力开创高校工会工作的新局面。

新媒体提高高校工会对外知名度和影响力。新媒体是每个高校工会大力宣传自身工作的创新和实践的新载体。传统的校园通讯社和校园新闻中心其影响一般局限于校内。新媒体时代每个院校都有自己的官方网站、公众平台、微博账号。高校应坚持从工会组织的性质和特点出发,充分借助新媒体的积极作用,充分发挥好工会的维护、参与、建设、教育四大职能,为学校的改革发展作出积极贡献,扩大学校改革的影响力。

新媒体助推高校间交流、合作和学习。在传统媒体时代,各个高校工会交流只有通过实地走访、电话、信件等方式进行。而在新媒体时代,各个高校工会可以开网络视频会议、浏览兄弟高校工会网站、微信交流、QQ 工作群交流等非常丰富的方式,足不出户了解其他院校的各项工作开展动态和效果,更为生动地展示学院动态,方便高校间互助学习,实现共同发展和进步。不同高校工会组织间建立的在线学习互动平台可以分享各校开展工作的方式,为其他学校提供参考和借鉴,让各项党政工作更好地落到实处。

二、高校工会工作运用新媒体的状况

(一)传统观念发生转变,新媒体使用意识逐渐形成

经笔者调查,高校工会成员正逐渐转变传统的媒体观念,树立新媒体的使用意识。99.1%的工会成员表示比起报刊等传统媒体,新媒体具有传播速度快、实时性更强的特点。85%的工会成员每天会通过微信、QQ 空间、微信朋

友圈、微信公众号、搜狐新闻等获取资讯,并且认同新媒体信息的更新速度远远高于传统媒体,实现信息的及时更新与推送。近年来新媒体的软件、网站层出不穷,从QQ到微博再到微信,仅用了短短几年的时间。98%的工会成员认为新媒体的运用是未来工会工作的必然趋势和手段。

所有的高校工会拥有工会微信群、飞信群、QQ群、电子邮箱等内部传输信息的软件,保持日常联系和工作文件传输。87.5%的工会成员拥有自己的微博或者微信空间。部分工会成员曾在自己的微博、微信上发布或转发过关于工会的信息。部分工会注册了工会的微信公众号,定时向成员推送信息,部分工会拥有自己的微博账号,并通过微博传播工会动态,进行时事互动评论和点赞。

新媒体正逐渐成为高校工会工作的重要平台,在高校工会未来的发展之路上,"新媒体"将成为推动工会工作发展的重要动力。

(二)管理模式实现转变,新媒体运行机制趋于完善

比起传统的报刊等媒体,工会成员认为新媒体更加便于使用和操作,人际间语言互动性更强。传统的媒体,如报纸,需经过稿件撰写、文字录入、排版、印刷等多道工序才得以呈现在公众的面前,再如广播、视频都需要前期拍录制作,后期挑选剪辑等步骤,通常需要专业人员才得以实现。而新媒体只需要编辑和发送两个步骤,操作方式简单易掌握、受众不受限制,无论是年轻的教职工还是年长的教职工,都可以利用新媒体手段开展工会的工作。

目前,32%的高校工会拥有职工的网上签到系统和评测系统。高校工会已采用新媒体网络管理模式,将成员信息注册归档,成员可以在新媒体网络平台上下载会议内容、收发通知、上传工作报告、交流工作经验、反馈工会问题并提出解决措施,进行动态管理。搭建会员实时沟通的交流平台,及时发放工会各项通知,及时了解职工的困难需求和思想动态。建立QQ群、微信群,交流经验、反馈意见,为工作方向提供依据。依托新媒体网络平台进行民主管理、民主实时监督,政务公开透明,更好地做到公平公正公开。这不仅打破高校工会管理的时空限制,而且使工会管理更加系统化、透明化、动态化。

(三)宣传意识普遍提升,新媒体宣传队伍快速壮大

本次调查发现,目前浙江高校工会越来越多利用新媒体技术或者手段进行工会相关活动的宣传。新媒体技术的广泛应用为工会媒体宣传队伍的培养与发展搭建起了良好的平台。经调查发现,99.5%的工会成员手机上有腾讯QQ、微信等社交媒体软件,每天都会不同程度地使用这些媒体软件,平均每天

使用长达 1.5 个小时,因此运用新媒体有着广泛的群众基础。在新媒体时代,每个个体都是潜在的信息的编辑者、发布者、接收者和评论者,这样的宣传方式打破原有时空的界限,大大提高工会信息传递的效率与质量。

调研发现,几乎所有高校工会建立了自己的网站,可以为教职工们提供更为便捷的服务,更好地传递工会的理念与信息。工会都有负责宣传的人员,着手在打造独具特色的工会宣传品牌。部分高校工会注册了微信公众平台,安排专人进行工会相关的信息的编辑推送,这些举措均大大提高了工会活动开展的质量,提升了工会服务水平。

通过微博、网站、校园新闻网、广播、微信等,对工会动态学校动态进行实时报道和传播,扩大工会影响力。高校工会都有意识地利用新媒体加强宣传推广,介绍新媒体的正确使用方法,正确把握舆论方向引导高校工会成员,避免宣传中出现负面影响,学会深入思考和分析。

三、新媒体时代高校工会工作面临的挑战和对策

新媒体作为一种不断更新的新事物,其本身在发展的过程中便不可避免地存在缺陷和不足。而在运用到高校工会工作的实践过程中,必然会引发一些问题,如个人隐私安全问题、教职工是否能够普遍接受的问题、教职工是否能快速上手使用等等。

第一,新媒体使用中常伴随恶性广告和不良信息。本次调查中,5%的工会成员表示 QQ、微信、微博账号曾经被不良分子盗号,并被发布不良信息和欺骗讯息。因此个人隐私和不良信息问题是新媒体时代提出的不容忽视的问题。因此选择正确的新媒体,使用新媒体传播宣传正能量,打造健康的信息交流平台显得尤为重要。

第二,新媒体使用中常导致现实沟通空化。经调查有 6%的教职工会每天花 2 个小时以上时间了解网络娱乐新闻、刷朋友圈、发布自己的个人微博,有沉迷网络的趋势。同时伴随着信息的开放性,许多信息夹带了垃圾信息。13%的教职工表示曾收到过垃圾邮件、短信,并且收到过陌生人的好友验证信息。利用新媒体推动工会工作应更为重视信息有效获取和现实交互性。

第三,新媒体使用中技术后台欠缺保障。新媒体平台虽然便捷但是也会出现故障。14%的工会成员表示学校的管理系统在学生集体选课时出现过崩溃现象,有 4%的工会成员表示其所在高校的管理系统被黑客攻破过,从而给工会的管理工作带来很大的不便。同样也有信息滞缓现象的存在,6%的工会成员表示曾经因为信息的遗漏而没去开会,有些则不满重复收到同样的信息。后台管理不当将很大程度上阻碍新媒体的高效性发挥。

第四，新媒体缺乏完善合理的监督机制。15％的工会成员认为高校媒体缺乏有效的监督机制，其发布的内容大多只经过自身审核而缺少外来监督。65％的教职工表示虽然在使用新媒体但是并没有在新媒体上发表自己的意见，工会成员的意见并不能得到民主的体现。可见建立一个较为健全的监管监督机制对于新媒体工会工作管理极为重要。

针对当前工会在新媒体使用中存在的挑战，我们提出以下对策。

（一）选择正确的新媒体类型，打造高效媒体宣传队伍

对于新媒体类型选择，高校工会在使用前必须经过正确严格的评估和筛选，选择影响力广泛而且广受好评的新媒体。新媒体作为一种更新速度极快的传媒工具，工会成员对其有着一定的接受性。部分年长的成员对新媒体不够熟悉，也难以快速上手和适应。因此对于最新的媒体的引进，工会需对成员进行周到的培训，将新媒体运用推广落实到位，从而充分发挥工会组织的桥梁、纽带作用，通过各种多样的形式把工会建设成为一个党委信任、职工依靠、组织制度健全、为职工维权的组织。

（二）把握正确的舆论方向，确保工会成员个人隐私

新媒体作为一种影响广泛的工具，在对其的使用过程中不可避免地存在风险，因此在新媒体使用的过程中，工会需树立正确的媒体价值观，严禁工会媒体传播虚假信息和刊登不良广告，严控出口关。成立工会新媒体运营的专门团队，安排专职编辑和技术人员，提高工会新媒体内容的质量与传播效率，建设传播正能量的新媒体窗口。运营过程中应切实保障工会成员的个人隐私，做好身份验证工作，防止工会新媒休平台被恶意入侵与篡改，确保信息安全。而工会成员也应理性甄别信息，提高自我保护意识，防止被骗。

（三）加强新媒体平台维护，快速应对新媒体突发情况

高校工会应成立自己的新媒体平台维护队伍，招聘专业的技术人员，在平台出现崩溃和被黑等突发状况时及时处理应对，保障平台的正常使用。定期对管理平台进行维护和杀毒，清理平台垃圾信息。工会应及时更新网页等新媒体的内容，进行多渠道多平台通知，确保每个人收到正确的即时的信息。防止信息的漏发和重复发送给工会成员带来的不便。

（四）完善公示监督机制，畅通民主渠道

高校工会应严明公示制度，通过网上公示主动接受来自各种新媒体使用

者的意见和建议,并及时改善工作,弥补不足,而不是会内独断。借助新媒体平台,工会成员可对工会工作开展进行实时的监督,献计献策。在高校民主化建设中,借助新媒体强有力的发声效应可以拓宽学校教代会和工代会的民主渠道,建立线上匿名意见箱等。让教职工以主人翁的姿态,积极参与学校重大问题的讨论和决策,真正把教职工群众充分调动起来,围绕学校的中心工作,为学校的发展作出工会应有的贡献。

总之,高校工会充分利用新媒体的平台改善和完善服务手段,更好地履行职能,提升工作水平和工作效率,更好地为广大职工群服务,为学校大局服务,是高校工会新媒体建设的宗旨所在。

【参考文献】

[1]张平.服务视角下高校工会网站定位与思考[J].科技视界,2015(22):3-5.

[2]赵利青.网络信息化环境下高校工会工作的研究[J].人力资源管理,2014(5):1-3.

[3]史玮琳.高校工会、教代会信息化管理平台的应用研究[D].天津:天津师范大学,2014:3-4.

[4]吕大权.加强网络信息化建设 提升高校工会工作水平[J].西昌学院学报(自然科学版),2011(4):93-94,98.

[5]李建国.高举旗帜改革创新 团结动员亿万职工在实现中国梦历史进程中充分发挥主力军作用——在中国工会第十六次全国代表大会上的报告[J].工会信息,2013(6):10-12.

[6]王兆国.在全总十四届主席团第四次全体(扩大)会议上的讲话[J].中国工运,2004(8):4-10.

[7]狄伟锋.手机上网 高校思政工作的"双刃剑"[N].光明日报,2011-12-08(14).

[8]宫承波.新媒体概论[M].3版.北京:中国广播电视出版社,2011:3-4.

[9]张小帆,倪伟,张舒曼.新媒体背景下高校工会推进教职工文化建设研究[J].文教空间,2015(4):12-13.

[10]冉洁,吕璇.新媒体助推工会宣传工作——新媒体对高校工会宣传带来冲击及转型的思考[J].现代企业文化,2015(20):7-8.

【作者简介】

狄伟锋,浙江师范大学教师教育学院党委副书记、工会主席,副教授。

新形势下高校工会工作的新课题与新对策

余梅芳

内容提要：随着我国高校教育改革的深化，高校工会工作面临许多新情况、新问题。要解决这些问题，必须充分发挥工会的职能。本文阐述了新形势下高校工会工作的特点与新课题，提出了加强新形势下高校工会工作的对策及建议。

关　键　词：新形势；高校；工会工作

高校是传承文明、培养人才、创造知识、服务社会的基地。随着我国高校教育改革事业的不断推进和深化，教育规模扩大，办学渠道和层次增多，二级管理的实施以及教代会制度建立健全，民主管理的推进和校（院）信息逐渐公开化。如何在新形势下，充分调动广大教职工的积极性，与时俱进，不断创新工作，引导、发动、组织广大教职工正确认识、理解、支持、参与改革，充分发挥高校工会的职能作用，真正地担当起依法维权的重任，是每所高校工会及工会干部应该深思的课题。

一、新形势下高校工会工作特点

1. 高校工会的制度特点

新形势下，高校工会具有以下两个时代特点：第一，法制性更强。国家在教育方面先后颁布了《工会法》《教师法》《高等教育法》等法律法规，特别是《工会法》明确规定"维护职工合法权益是工会的基本职责"，这就要求高校工会必须把学校的发展和维护教职工的利益统一起来作为工作的落脚点。《学校教职工代表大会规定》明确指出要依据《教育法》《教师法》《工会法》等法律，依法保障教职工参与学校民主管理和监督，完善现代学校制度，促进学校依法治校。第二，随着社会的发展，高校教改的深化，与以前相比，高校的工会工作涉及面更广，不仅承载着广大教职工的物质期望，同时也承载着思政、教育、科研、服务地方等平台的祈求，还要坚持以人为本，开展丰富多彩的文体活动，维护教职工精神文化方面的合法权益，推进学校精神文明建设。

2.高校工会的管理特点

高等学校的工会要接受双重领导,既要接受上级教育工会的领导,同时也要接受本校党组织的领导。由于上级教育工会的政策精神都是根据党的路线、政策、方针作出的,所以也就是接受党的领导。因此,高校工会要在本校党委的领导下,接受上级工会的指导,执行上级工会的决议,把上级教育工会的决策精神与本校的实际情况有机结合起来、与广大教职员工的具体情况结合起来,独立自主、灵活巧妙、创造性地开展工作。

3.高校工会的组织特点

高校工会是在中国共产党的领导下,广大教职员工自愿结合的群众组织,是中国教育工会的基层组织,是党联系广大教职员工的桥梁和纽带。高校是我国实施科教兴国战略的生力军,是人才荟萃、智力密集的地方,担负着高层次人才的培养及高科技创新的重任,在社会主义现代化建设中具有一定的战略地位和特殊作用,是国家政权的重要支柱。这种组织特点,决定了高校工会的优势,要求高校工会必须形成具有中国特色的组织领域、工作模式和运行机制,在促进社会进步、人才培养、经济发展、国家强盛中充分发挥职能。

二、新形势下高校工会面临的新课题

1.高素养的会员群体

高校工会是一个高层次的知识密集型群体,其会员相对于其他工会的会员而言,文化修养高、理性思维强、民主意识强,是新知识、新观念、新技能的占有者、创造者和传承者。他们的思想活跃,诉求不断提升,很看重自己的发展和成就。如何为这支高素养的群体服务,为他们提供良好的工作环境,搭建施展才能的平台,充分发挥人力资源的作用,是摆在高校工会工作面前的一个重要课题。

2.育人与科研的重任

新形势下,高等教育与社会发展的关系更趋紧密。国家的强弱主要取决于人才的培育和知识的创新水平,取决于教育水平和国民素质的高低,取决于人才的数量和质量。高校是聚集知识和智慧的场所,是高层次创新人才的培育基地,高校教师不仅要教育学生如何做人、如何适应社会、如何承担责任,教会学生获取知识和创新知识的方法,还要走在时代的前沿,用自己渊博的知识承担科研任务,通过课题研究服务社会,攻克科技难题,促进经济发展,推动社会进步。因此,为教工搭建平台,解决新问题,探索新路子,创造新经验,是高校工会组织及工会干部应该研究的现实课题。

3.管理体制的深化改革

随着高等教育改革的不断深化,近年来高校管理体制进行了大幅度改革。其体制、机制经常处于新旧转换之中。首先是人事制度的改革,包括定编、定岗、聘任、分流转岗等措施。其次是二级管理的实施,二级学院领导的权力和压力逐渐增大,利益分配呈多元化现象。工会作为教职工群众利益的代表,参与改革,维护改革,把教职工融入学校整体工作格局之中,与学校同呼吸,与教职工共命运,及时反映群众呼声,加强民主监督,具有不可替代的特殊作用。当然,高校工会也面临着自身的组织体制、运行机制、活动方式和工作内容等方面的改进等问题。

三、新形势下高校工会工作的新思路与新对策

1.积极沟通,争取支持

当前,随着高校教育改革步伐的加快,工会工作将遇到新的实际问题。要做好工会工作,必须积极协调好各方面的关系。首先要自觉接受党委的领导,积极配合校行政的中心工作,与本单位党政组织保持良好的沟通,做好学校发展与教职工权益的保障工作。其次要争取上级工会的支持,自觉接受双重领导,主动汇报、报告、请示遇到的问题。这样,使学校党政和上级教育工会及时了解高校工作状况,知晓工会工作遇到的难题和需要解决的问题,从而得到帮助指导。同时工会要主动配合学校党委和行政各项活动的开展,为学校党委和行政分忧解难,做好宣传与鼓动工作。第三要从工会工作的宗旨出发,在保障教职工各项权益的同时,注意以学校的稳步发展为重,做好工会有关政策、条例的落实、解释工作和思想工作。第四要充分发挥工会的自身优势,广泛倾听、吸纳教职工的意见和建议,群策群力,服务于学校的改革发展和各项任务目标的落实。

2.明确目标,抓重点

根据上级教育工会的要求和规定,结合本校的现状,制定工会工作新目标,树立新观念,适应新形势,以强烈的事业心、责任感和新思路开展高校工会工作。正确处理上级工会、学校党政和教职工三者的关系,更好地代表和维护教职工的合法权益,全心全意为教职工服务,激发教职工的积极性和创造性,齐心协力地推进教育改革的深入开展。同时要抓好、抓实校(院)教代会制度的健全和完善,真正通过教代会充分的民主讨论、审议,集思广益,使各项教育改革措施合理化、科学化,把创新改革的指导思想贯彻到每位教职工的具体工作中去,将学校的发展和教职工的切身利益有机结合起来,使各项改革稳步向前发展。

3.改进工作方法

一要掌握实情。平时要以满腔热情深入到教职工中去,仔细倾听教职工反映的情况和意见,了解、掌握教职工的思想动态、工作情况、家庭生活状况,及时发现存在的问题和有待解决的事项,使工会工作的有效性、科学性、合理性真正落到实处,同时为学校重大改革决策的制定和出台,提供真实、客观、可行的依据。二要全程参与。对学校制定出台的有关教职工切身利益的改革方案,工会作为维护教职工利益的群众组织,要全程积极参与,不仅要积极提出建设性意见,使学校出台的各项改革方案更趋完善和可操作性,还要及时表达教职工的合理呼声和建议,正确处理好学校改革发展与维护教职工切身利益的关系。三要全心全意为教职工服务,做教职工的贴心人。在真心实意地为教职工办好事、办实事,为困难教职工分忧解难,千方百计解决实际困难,开展教职工之间互帮互助及送温暖活动,协助、督促保障教职工的福利待遇的同时,还要积极开展各项文体娱乐活动,丰富教职工的业余生活,增强工会的吸引力、凝聚力,以赢得教职工的信任、拥护和支持,使工会组织真正成为教工之家。

4.充分发挥桥梁纽带作用

工会要发挥教职工与上级及各部门之间的桥梁纽带作用,教职工的合理意见、建议、要求、呼声,通过工会及时收集,快速地反映到上级或有关部门,并通过积极沟通、协调,争取回复、落实,从而获得教职工对工会组织的信任、支持和理解。高校教育改革的实施、推进,离不开教职工的参与和支持,通过工会的积极沟通、协调工作,将教职工的积极性和创造性引导到学校的各项改革发展事业上来,这也是高校工会职责之所在。

5.加强工会组织自身建设

加强工会组织建设,是工会组织生存和发展的需要,也是工会自身建设的需要。第一,要在加强思想政治和专业知识学习的基础上,加强法律法规的培训,建设一支既懂工会工作业务又熟悉群众工作,既能掌握原则又能掌握灵活的工作方式方法的高素质、高热情的充满生机活力的工会干部队伍。第二,校工会要加强对分工会的领导,既要指导政策,又要帮助业务,避免走弯路,提高工作效率。第三,校工会要通过多种形式加强各分工会之间的横向联系,使之相互交流、借鉴工作经验和方法,取长补短,使好的经验和方法及时推广应用。

【参考文献】

[1]余兴友.对新时期高校工会工作的认识与思考[J].中国劳动关系学院学报,2006(3).

[2]吕莲萍.努力做好新形势下的高校工会工作[J].中国高等教育,2003(Z3).

[3]王德广,谭德福,郭穗.新时期高校工会维权职能及其途径研究[J].国家教育行政学院学报,2009(12).

[4]黄英潮.关于提高工会干部队伍素质的思考[J].工会理论与实践,2004(3).

[5]童兆颖.高校工会工作创新刍议[J].学校党建与思想教育,2009(29).

[6]原小梅.论高校工会干部队伍建设的实践与思考[J].青春岁月,2012(16).

[7]王春诗.与时俱进、求实创新是做好高校工会工作的根本要求[J].山东省工会管理干部学院学报,2003(4).

[8]冯志玲,丁玉璞.谈如何适应新形势做好高校工会工作[J].莱阳农学院学报(社会科学版),1995(1).

【作者简介】

余梅芳,湖州师范学院生命科学学院教师。

影响和制约高校基层工会作用发挥的因素与对策研究

林奇凯　赵　鑫

内容提要:通过分析高校基层工会的应有作用与实际发挥作用之间的差距,揭示影响高校基层工会作用发挥的主要因素,从思想认识、政策制度、具体措施三个方面提出发挥高校基层工会作用的若干对策。

关 键 词:高校基层工会;因素;对策

一、高校基层工会的地位、作用和现状

(一)高校基层工会的地位

1.高校基层工会的政治地位

工会是工人阶级的群众组织,是人民民主专政的重要社会支柱。《宪法》《工会法》《劳动法》都明确了高校基层工会作为政治团体在社会结构中的位置,是党委领导下的以教职工为主体的群众组织,是党领导下教育系统的一个群众组织,是一个具有工人阶级性质的最广泛的群众组织,并且是党和知识分子联系的桥梁和纽带。它是教职工参政议政、参与教育事业管理的重要组织。

2.高校基层工会的经济地位

我国《工会法》第十四条规定,"中华全国总工会、地方总工会、产业总工会具有社会团体独立法人资格。基层工会组织具备民法通则规定的法人条件,依法取得社会团体法人资格"。从法人条件上分析,第一,高校工会是依法成立的,拥有独立的工会章程,在宪法和法律规定的范围内活动;第二,高校工会拥有独立账户,管理会员会费,拥有一定的财产经费;第三,高校工会拥有正式的组织机构和活动场所;第四,高校工会能够独立承担赔偿损失、支付违约金等民事法律责任。从经济地位来说,高校基层工会是独立的第三方机构,它从属于所在高校党政系统,但它又是独立于党政体系的正式的独立组织。从当前实际情况来看,高校基层工会不再仅仅是协助学校党政部门做好工作的一个助手,还是劳动关系双方中教职工利益的代表者和维护者。特别是遇到学

校发展与教职工待遇之间的矛盾时,教职工一方的弱势地位就更加显著,教职工只有依靠自己的组织——基层工会,才能更好地维护自己的合理利益和合法权益。随着高校各项改革的深化,作为教职工合理利益和合法权益的代表者和维护者的高校基层工会,在社会经济关系中的地位必将日益突显。

(二)高校基层工会的作用

《中国工会章程》规定,中国工会主要有四项社会职能。维护职能:维护职工的合法权益和民主权利;建设职能:动员和组织职工积极参加建设和改革;参与职能:代表和组织职工参与国家和社会事务管理,参与企业、事业和机关的民主管理;教育职能:教育职工不断提高四项道德素质和科学文化素质。

高校基层工会作为我国工会组织重要的组成部分,要在党的领导下,认清其地位和作用,不断加强自身建设,切实发挥好自身的作用。

第一,发挥党联系教职工群众的桥梁和纽带作用。发展教育事业,必须相信和依靠广大教职工群众,高校基层工会作为党领导下的群众组织,它的组织特性、群众基础和工作地位与党有着根本的内在一致性,并且高校基层工会的地位反映了其与教师权益的一致性。因此,高校基层工会要多做关心群众、凝聚人心的工作,使教职工群众成为党坚实的群众基础,使教职工群众与党建立紧密联系,使党能更好地代表中国广大人民群众的根本利益,促进和谐党群关系的不断发展。

第二,高校基层工会作为党领导下的群众组织,要积极引导广大教职工参与到学校建设事业中来,发挥民主参与和民主监督作用。高校基层工会要大力健全完善教代会制度,落实好教代会职权,涉及教职工切身利益的改革方案必须经教代会审议通过,切实保障教职工对重大事项决策的民主参与、民主管理和民主监督的权利。

第三,随着教育事业的不断深入发展,高校在进行改革过程中,一些关系到教职工切身利益的方面不可避免地会触及一部分教职工的利益,从而产生一些矛盾冲突,在这种情况下,高校基层工会在协调劳动关系和化解各种矛盾过程中要积极发挥调节作用。协调劳动关系是《工会法》赋予工会组织的重要职能,也是高校基层工会组织目前的重要工作。高校基层工会要针对新情况、新问题,在积极支持改革的前提下,更加密切联系教职工群众,关心教职工生活,积极反映教职工的意见和要求,协助学校党政部门把问题和矛盾消除在萌芽状态,化解在基层。此外,高校基层工会在实现人才培养、科学研究、传播知识和社会服务职能中也发挥维护、建设、参与和教育的作用,在提高教职工参政意识、维护教职工权益、营造和谐校园等方面也有着重要作用。

(三)高校基层工会工作的现状

总体而言,高校基层工会成员主体与学校之间的利益关系是和谐的,广大教职工在改革发展中普遍得到了实惠,对基层工会作用发挥还是比较满意的。但是,随着高等教育大众化的快速发展,特别是在我国社会主义市场经济体制不够完善的背景下,高校基层工会工作也存在着以下新情况和新问题。

第一,地位重要性被忽视。有效开展有益于教职工的活动,是提升工会组织群众认可度的一项重要工作。活动开展需要人员、物力和财力的支持,如果基层工会的地位得不到重视,工会组织就会"巧妇难为无米之炊",工会干部也会因活动的条件缺乏而工作热情减退。当前高校的各项改革都在以学校的学科排名或者学校整体实力的提升为目标,对于高校工会工作的重要性没有足够的认识。有的对新时期高校工会工作重要性认识不足,认为学校教学科研工作是硬任务,是务实,而工会工作是软任务,是务虚;有的认为工会只是文体工会、福利工会。高校基层工会的地位重要性被忽略,是影响其积极作用发挥的重要因素。

第二,职权落实不够。基层工会工作状况直接关系到广大职工对工会的感情,关系到工会组织能否发挥党联系职工群众的桥梁纽带作用。历史客观原因造成许多高校基层工会成为党群工作中的一块应付工作差事的"牌子",出现基层工会工作目的不明确,工作计划不清晰,考核机制不健全,工作职权落实不到位等问题。当前高校基层工会组织搞福利性、文艺性的活动多,而在坚持教代会制度、认真履行监督作用以及参与民主治校方面的点子少,民主管理、民主监督及工会参与上缺乏力度,因而,高校基层工会常常被称为"福利工会""文体工会"。

第三,组织凝聚力不强。高校基层工会是工会组织体系中的重要一环,处于基础性的地位。广大教职工首先是通过基层工会工作了解、认识工会的,在深化改革中涉及职工权益的问题越来越多,教职工强烈要求工会来维护自己的合法权益。而一些基层工会怕这怕那,不能理直气壮地提出维护职工权益,部分工会组织片面地把解决职工眼前的困难或是突出苦难作为"维权",却不能从人本管理和长远的角度为职工争取各种合法权益,没有很好地扮演职工合法权益维护者的角色,以致职工的切身权益难以得到有效保护,甚至出现职工在合法权益遭受侵害时很少求助于工会组织的现象。导致职工对基层工会工作缺乏热情,对基层工会的作用失去信心,对基层工会组织感觉不到"家"的存在,体验不到"家"的温暖,最终导致基层工会的凝聚力不强。

第四,工作方式僵化,缺乏活力。基层工会组织的工作活力是整个工会系统工作活力的基础和前提。由于基层工会干部许多是兼职身份,他们对工会工作时间、精力投入不够,只能简单应付,许多工作落实不到位,活动开展不深入。有的高校基层工会在人员的配备上缺乏专业的人才,存在数量不足、素质不高、年龄老化及青黄不接等现象;有的学校工会缺少必要的设施和活动场所,导致基层工会工作缺乏创新,工作方式僵化,组织活动的内容和方式还局限在原有的模式上,很难引起广大教职工的兴趣。

二、影响和制约高校基层工会作用发挥的因素

高校基层工会作用的发挥受内外因素影响,其中内因主要是基层工会组织自身的活力和向心力,外因则主要来自校级党委和工会的领导是否有力、基层单位党政对工会工作的支持和重视程度、基层工会干部的激励保障机制是否健全等。

(一)影响和制约高校基层工会作用发挥的内因

1.基层工会干部和成员思想认识不到位

基层工会干部和成员对基层工会工作在学校教育事业发展中的作用与地位认识不清楚,定位不准确。大多数工会干部觉得工会工作是"闲差",工会的主要工作是为广大教职工组织开展几次娱乐活动,逢年过节发发福利,没有认识到高校基层工会组织作为联系学校与教职工的纽带,是组织服务教职工、发挥教职工积极性和创造性、提高教学科研水平、维护学校和谐稳定的重要承载者和实践者,在学校教育事业的发展中具有不可替代的重要地位和作用。广大教职工对工会的地位和职责也没有明确的认识,在他们的印象中工会就是"娱乐团体""福利团体",对于工会在维护自身利益的重要作用以及自身主人翁意识缺乏足够的认识。这无疑是制约基层工会作用发挥的重要因素。

2.基层工会组织干部队伍建设落后于高校发展的新形势

随着高校规模的扩大,高校教职工队伍迅速扩大,校内非在编职工和短期合同职工人数成倍增加,基层工会组织发展和干部队伍建设面临巨大挑战。在基层工会的队伍建设方面,存在人员老化、稳定性差、创新力不足等突出问题。由于缺乏规范科学的、指导性强的政策和方针指导基层工会进行组织建设,高校基层工会的组织建设沿用过去的习惯,各基层单位各自为政,随意性极大,基层工会选举往往成了走过场。有些基层单位、部门将教学任务繁重的一线教师推举为基层工会主席,使得基层工会在单位决策时出现失语现象,势必会影响基层工会工作的建设和发展。

3.基层工会组织在维护教职工权益方面与教职工要求有很大差距

我国高校基层教代会制度的法律依据有《中华人民共和国教师法》《中华人民共和国教育法》《中华人民共和国高等教育法》《高等学校教职工代表大会暂行条例》等。当前,在高校党委正确领导、行政大力支持和工会组织积极推动下,基层教代会已经成为我国高校管理体制的重要组成部分。虽然关于基层教代会建设的重要性已经形成共识,但是推行过程中仍存在不少主客观困难。有些基层单位规模过小,不易组织基层教代会。基层教代会建立的关键问题是权力下放,包括财权、人权等,但是现阶段还不太可能实现。此外,现有的各级工会组织还没有将改革后出现的一些编外人员吸收到工会中来。由于高校基层工会干部很多是兼职,工会工作不是他们的本职工作,同时,工会工作也难以作为他们的业绩考核目标进行激励,所以基层工会在主动依法维权过程中使命感和责任感不强,在推进基层教代会工作,促进基层单位民主政治建设方面缺乏主动性和创造性。

4.缺乏自主开展有特色的基层工会活动的物质条件和经费保障

过去那种依托学校工会开展活动来组织和带动基层单位职工参与活动的模式已经不能满足广大教职工的需要,基层教职工队伍的扩大使得对高校基层工会组织开展活动的需求迅速增加,但是由于高校基层工会缺乏足够的活动场所,活动经费严重不足,难以开展丰富多彩的、符合基层单位的特色文化体育活动以满足广大教职工的需要,物质条件和经费的不足严重制约了基层工会的建设和发展。

(二)影响和制约高校基层工会作用发挥的外因

1.领导的重视程度不够

当前,有的学校、学院党政领导存在着对《工会法》认识不到位、对工会组织建设重视不够,对工会依法独立自主地开展工作支持不够等问题。有的甚至认为,工会工作对学校发展影响不大,只要学校发展了,什么问题自然而然就解决了,配置工会专职干部是人力资源浪费。思想认识不到位,导致了在实际工作中对工会组织建设不重视,致使个别单位在机构改革、定编定员过程中,借口精简机构、减员增效,将工会组织变相撤并,名义上工会是独立的组织,但实际上工会工作机构与其他部门合署办公,工会组织不能依法独立自主地开展工作,影响了工会工作的实效。有效地组织职工群众开展有益身心健康的活力,是提升基层工会组织群众认可度的一项重要工作。由于党政领导对工会工作的重视程度不够,工会工作需要的人力、物力和财力的支持力度往往不够。如果一个单位的党政领导不重视工会工作,工会组织就会"巧妇难为无米之炊",工会干部也会因活动的条件缺乏,加之平时业务工作繁忙而工作热情减退。

2.参与民主管理和监督的机制不健全

如果一个学校的民主氛围不浓,校级不形成对基层工会组织履行监督职能的保障机制,基层单位的党政领导一般也不会重视单位的民主管理和民主监督制度的建立,必然会影响单位管理信息的畅通,使工会组织参与民主管理和监督的工作被忽略,使维护教职工切身利益的职责难落实。目前,大部分高校没有形成对基层工会参与民主管理和监督的机制,阻碍了基层工会在参与学校和二级学院重大事务的参政议政和监督力度方面作用的发挥。

3.对基层工会的建设考核评估机制不完善

目前,大部分高校没有一定的标准来检查和考核基层工会工作,也没有比较有效的激励措施来调动基层工会的工作积极性。部分职工群众认为工会只是带大家搞搞活动,没有权,"大事"说不上话,工会干部也因为没有考核机制的制约,存在着工作懈怠的心理,这种现象在高校基层工会中普遍存在。这种状态易导致基层工会工作缺乏计划性,不开展工作研究和总结,不去履行民主监督职能,更谈不上发挥工作的主动性和创造性。

4.基层工会经费核拨不充足

对于目前高校基层工会来讲,经费来源不足是阻碍其发展的重要因素。在高校基层工会的发展过程中,经费不足的现象经常出现:一是很多高校对于工会的职能和作用不重视,所以往往对高校工会的投入资金比较少,从而影响了高校基层工会的正常运作和发展;二是高校的教职员工来源复杂,所以在上交工会会费的过程中,会遇到很多麻烦的步骤,而且高校中存在很多外聘人员,对于这些人员工会往往不收取他们的工会会费。

三、充分发挥高校基层工会作用的对策建议

(一)思想认识层面

1.高校各级党委要提高对基层工会建设的重视程度

《中共中央关于加强和改善党对工会、共青团、妇联工作领导的通知》明确指出,不得把工会的机构撤销、合并或归属于其他工作部门。《全国中华总工会关于进一步加强企业工会工作充分发挥企业工会作用的决定》更是详尽规定了基层工会"是什么、干什么、谁来干、怎么干以及保障干好工作的基本条件"等重要内容,这些都为基层工会顺利开展工作提供了政策依据和制度保障。高校各级党委、行政要充分认识做好新时期工会工作的重要性,认真贯彻

落实党的方针,进一步加强和改进党对工会工作的领导,及时研究解决工会工作中遇到的实际问题,积极支持工会依照法律和《中国工会章程》独立自主、创造性地开展工作。特别是在工会机构的设置、工会专职工作人员的配备、职级待遇的落实、维权机制的建立完善及工会经费的保障等方面要按照中华全国总工会有关规定给予足够重视和支持,努力为工会组织履行职能创造良好环境。

2.加强宣传教育,提高教职工的守法意识和主人翁意识

在日常工作中一方面要加大宣传,利用相关职能部门、媒体等资源,多渠道、多途径、多形式地对《工会法》《劳动法》《中国工会章程》等政策法规及日常工作开展情况进行宣传,使基层工会更好地得到领导和群众的理解和支持,提升自身工作人员及教职工群体对基层工会重要性的认识程度,明确基层工会工作在学校教育事业发展中的作用与地位,便于在工作中更好地完成相应职责;另一方面要明确定位,充当学校与基层教职工联系的纽带,做好基层服务,让教职工切身感受到组织的温暖,充当教职工在生活有需要时、心里有问题时、工作有困难时的诉求渠道和坚实后盾。

3.切实增强工会维护教职工权益的意识

维护教职工合法权益是高校工会的基本职责,也是主要职责。要增强工会维护教职工权益的意识,提高运用党的政策方针和国家的法律法规维护教职工的合法权益的意识,对侵犯教职工合法权益包括民主政治权益、经济权益和精神文化权益的事项,都要敢于反映,敢于抵制,敢于运用法律法规来解决问题。善于通过改革来维权,保障教职工的利益不受侵犯;要善于通过发展来维权,就是把教职工的积极性、创造性引导到提高学校教育质量、科研水平和办学效益上来,用学校的发展来创造维权的物质基础。

(二)政策制度层面

1.加强维权制度建设

建立健全符合中国国情的高校工会工作机制和制度,其中包括建立行政与工会联席会议机制,为工会工作获得人、财、物保障,同时,也有助于工会组织全面了解所在单位的中心工作,充分发挥工会组织的力量,团结带领干部职工为单位的发展献计献策、建功立业。工会负责人与单位党政领导和部门负责人的沟通情况,可通过一定的会议制度保证。落实校行政和工会代表的劳动关系协商机制、教育行政部门联席会议制度、集体聘用合同制度,建立并完善教职工代表大会制度、教师劳动争议调处制度和劳动法律法规监督检查制度等。健全政府部门、学校行政和工会代表劳动关系三方协调机制是当前工

会制度建设的重中之重,是完善决策机制、实现决策民主化的基础。

2.加强制衡机制建设

现行体制下,教师的劳动报酬、工作时间、休息休假、劳动安全、医疗保险福利等还是由法律和学校决定的,一些单位打着改革旗号侵害教师劳动权益的现象时有发生。要克服这一体制性障碍,就要进一步完善教代会制度,充分保障和发挥工会参与民主管理和监督的作用,提高教职工参政议政的权利,必须从源头上介入,完善相关制度,重点落到教职工积极参与决策、广泛参与评价、参与监督上。严格校内规则的制定程序,参与劳动关系建立、运行、监督、调处的全过程。

3.加强基层工会的工作和考核机制建设

加强工会自身工作机制建设,将有效地保证按计划实施工作目标、做好委员的分工协作,保证工会工作有序地开展和推进,也有助于接受上级组织和群众的检查和监督。加强基层工会工作考核,是检查、监督和激励基层工会提高工作效能、积极发挥作用的一个措施。考核工作的重点在于校级建立和完善基层工会工作的考核标准,并将基层工会工作纳入基层党政负责人工作的考核指标。通过工作的考核评价,进一步加强基层工会组织建设,不断增强基层工会的活力,在深化教育改革,加快教育发展的全局中,充分发挥工会组织的应有作用。通过考核评价工作达到抓基层、夯基础、增活力的目的,提高工会工作的整体水平,使基层工会活动有方向,工作有遵循,创新有标准,努力把基层工会建设成为组织健全、维权到位、工作规范、作用明显、教职工信赖的"职工之家"。

(三)具体措施层面

1.充分落实基层民主,切实保障教职工参政议政权利

教代会制度是高校教职工履行民主权利、参与民主管理、实施民主监督的基本制度和重要形式。要保障教职工参政议政的权利就要提高高校基层工会的民主政治能力,充分落实基层民主,要积极征得高校党政领导的支持,全面落实教代会职权,充分发挥教代会作用。学校人事分配制度改革、集资建房方案、医疗改革方案等涉及教职工切身利益的重大事项,应在广泛征求教职工意见的基础上,提交教代会审议通过。应积极推行以无记名投票表决方式履行教代会审议通过权,不断提高教代会工作质量。要积极探索实施校院两级教代会民主评议校院两级领导干部与组织人事部门考核相结合的有效机制,不断扩大教职工民主监督的参与面。要进一步拓展校务公开内容,建立校务公开工作年度总结向教代会报告的制度,保障教职工对高校重大事务的知情权、参与权和监督权。

2.加强高校基层工会队伍建设

注重人才强会。培养造就高素质职业化的工会干部队伍是高校基层工会作用发挥的关键。首先,必须选拔优秀干部进入高校工会队伍。通过招聘等方式,选拔优秀的干部充实到工会干部队伍中来,使工会干部年龄、学历、专业结构等得到优化,并在任职期内保持相对的稳定。坚决杜绝把工会组织作为"老同志安置""下岗干部再就业"的场所。其次,必须加强培训。不断加强对工会干部的培训,是提高工会工作水平的有效途径。要创造条件和机会,根据高校及高校基层工会的发展形势和工作需要不定期地培训,提高工会干部的理论、政策和参与水平,努力培养熟悉业务、热爱工会工作的干部。再次,必须加强自我学习进步。工会干部要勤于学习,把学习作为提升能力的基本途径,促成"学习型工会"。通过优化学习环境,营造学习氛围,制定学习规划,建立学习制度,引导工会干部和教职工立足本职,树立学以立德、学以增智、学以致用的意识,提高个人、团队、组织学习能力,促进全体工会干部和广大教职工的综合素质提升。

3.提高基层工会的工作计划性,形成工作报告制度

制定工作计划,形成工作报告制度是基层工会发挥作用的保障,制定基层工会的计划要根据教职工的特点和需求,把握好工作的"着力点"。着重从有利于教职工身心健康,有利于增进教职工之间、教职工与工会干部之间的沟通交流,有利于促进学院的和谐发展、基层工会会员自身发展等方面来制定计划。工作计划的制定不仅可以让基层工会在开展工作时有的放矢,也可以让广大教职工参与到计划制定中来,增加教职工对工会小家的依赖感和信任感。实行工会工作报告制度,有助于增进工会组织与单位党政、职工群众的沟通,也有助于发现工作的不足,找准改进的方向。基层工会每年在单位年终工作总结会上作工会工作报告,可以展示一年来工会组织的职工活动精彩照片,为职工增添一份温馨和温暖的同时,增进职工对工会组织的信任和对工会工作的认可与支持。

4.以职工之家建设为强力抓手,以丰富多彩的文体活动为载体

高校基层工会教职工需要"教(职)工之家"作为活动和沟通交流的平台,特别是在校级工会搭建的活动平台远远不能满足需要的情况下尤其显得重要。新时期高校基层工会开展"和谐教(职)工之家"建设,有助于增强部门工会组织的凝聚力,充分体现了"以职工为本,为职工服务"的办会宗旨,可以说是基层工会工作的一个方向问题,是基层工会建设中带有根本性的一项长期任务。研究建设和谐教(职)工之家活动的运作模式,重点在于建设和谐教(职)工之家工作的领导体制和工作机制,以及如何开展丰富的职工文娱活动。

5.构建良好文化氛围,促进工会工作与其他工作相结合

对于高校基层工会来说,加快教职工队伍精神文明建设是其新时期重要

的工作内容之一,对教职工要从物质和精神两个方面进行问候和关怀。并逐步落实"快快乐乐生活""健健康康工作"的理念,每逢中秋、端午、元旦等重要节日组织高校全体教职工进行欢庆,组织他们参加各种娱乐活动以丰富文化生活。在教师节期间,还可以组织本单位教师以"爱校""爱岗"等主题进行诗朗诵和演讲等活动。在高校整体工作当中,基层工会工作占据着重要的位置,但它与教师的科研及教学等工作并不存在冲突。基层工会工作效率的提高会极大地调动教职工的工作热情,为教职工创造和谐轻松的工作环境,利于教职工的各项科研工作。教学工作得以顺利的实施,同时高校基层工会各项工作效率的提高也需要校领导层给予足够的重视和教职工的积极广泛参与,以及基层工会成员的努力,因此,要加强高校基层工会管理,提升工会工作效率,就必须促进并实现高校主要工作与工会工作的结合。

6.为基层工会开展各项活动提供物质条件和经济保障

物质条件和经济保障是基层工会开展各项工作的前提条件和基础保障。当前,多数基层工会没有固定的开展活动的场所,使得工会的一些活动难以顺利开展,此外由于经济投入不足,基层工会各项职能的发挥受到阻碍。一方面,学校和二级学院应加大对基层工会的财政支持,把基层工会的经费预算列入学校、学院财务支出的重要组成部分,扩大员工的自主管理权,使基层工会的教职工能够正常行使财务管理的权利,同时可以通过举办各种活动,获得一定的经费收入。另一方面,不断加强对基层工会文化设施和文化阵地的投入,努力搞好基层工会培训基地、活动场所、宣传教育基地、生活设施的建设,最大限度地满足广大教职工开展文化体育活动的需要,为教职工营造优美的工作环境、生活环境和有利于人才培养的文化环境。

【参考文献】

[1]杨汝娟.工会在高校工作中的地位作用及工作重点[J].经济管理者,2012(3).

[2]丁刚.现代大学制度下的中国高校工会[M].长春:吉林出版社,2011:28.

[3]支学干.浅析高校工会在高校工作中的作用[J].山西青年管理干部学院学报,2009(3).

【作者简介】

林奇凯,宁波大学信息科学与工程学院党委书记、副院长,副教授。

赵 鑫,宁波大学信息科学与工程学院辅导员,助教。

构建人本服务型基层工会组织

白雪瑞

内容提要:新形势下传统娱乐福利型工会无法满足高校跨越发展和教师诉求多样化对高校工会工作提出的新要求。本文分析了高校工会工作与教职工对工会工作要求之间存在一定差距的主要原因,阐述了高校工会转型(从行政管理型组织向人本服务型组织转变)的基本思路,提出制度建设是基层工会组织转型的根本和创新服务机制,推进凝聚力工程建设是构建人本服务型工会组织的着力点。

关 键 词:人本服务;转型;制度建设;凝聚力工程

我国的工会组织是中国共产党领导的职工自愿结合的工人阶级群众组织。工会的性质是群众组织而不是党政组织,决定其工作的指导思想是"围绕中心,服务大局"。工会做好服务工作是履行其基本职能的重要前提。高校工会必须把服务确定为工作的出发点和落脚点,即为学校办学事业和教职工权益保护服务。随着高校改革的不断深化,传统娱乐福利型工会无法满足高校跨越发展和教师诉求多样化对工会工作提出的新要求。

群团事业是党的事业的重要组成部分。新形势下,党的群团工作只能加强,不能削弱;只能改进提高,不能停滞不前。针对如何提高基层工会组织为学校办学、教职工维权服务的能力,笔者对在杭高校进行了调研走访,得到的结果令人担忧。有的教师认为学院分工会是教工之家,能起到桥梁纽带的作用;而在不少教职工心目中,工会就是形式,缺少归属感。教职工对工会在履行基本职能方面评价一般,认为工会是学校和领导的传声筒,没有从实质上维护教职工权益。教职工十分关心学校学院的发展,希望工会带领大家建言献策,但在学院民主管理、民主监督方面教职工缺少参与感。调研结果值得反思,为什么一个组织设立的初衷与运行的结果会出现如此大的差距呢? 原因何在呢? 围绕这个问题,本文从以下三个方面进行分析论述:基层工会组织的建设目标,基层工会组织的制度建设和创新工作机制,提高基层工会组织的凝聚力。

一、以构建人本服务型基层工会组织为目标

那么如何把"围绕中心,服务大局"这个指导思想落实到基层工会工作的具体实践中呢?要做好任何一项工作,都必须有一条正确的、清晰的工作思路。这种工作思路,不是"今天办点什么事、明天再办点什么事"的简单的工作计划,也不是"上级叫干点什么就干点什么"的应景式的被动工作状态,而是一种通过深入学习党和国家的大政方针和工会工作的基本理论,深入调查了解本单位和广大教职工的基本情况,经过认真的分析和总结而形成的认识、理念。对于基层工会组织来说,应坚持把工会工作放到本学院工作的大局中去考量,在大局中找准位置、体现价值、发挥作用。否则,工会就会错位,就会被"边缘化",就会失掉应有的意义和作用。"全心全意依靠教师办学"是大学的办学方针,教师作为大学的核心资源,决定了大学的办学水平和教学质量。高校的发展离不开教师,工会是教师自己的组织,以维护教师的合法权益为基本职责。它具有党政所没有的维护职工利益、组织群众以参政议政的方式参与民主管理、民主监督的特殊职能。它的功能和作用是党政所不能替代的,因此,工作中要避免党群不分、政群不分的体制性问题。既要围绕中心服务大局,也要保持工作的独立性,工会应承担的工作职责就不能退让,要时刻铭记自身角色和使命。

过去的很长时间我们以事业发展为首要任务,人是发展事业的手段,这时往往忽视了人的发展是事业发展的最终目的。以人为本观念的提出改变了我们的发展理念,社会经济的发展使人有了更多更高的追求。传统娱乐福利型基层工会组织已无法适应社会发展和思想观念的变化,而人本服务型基层工会组织能够很好地适应这种变化,契合了高校发展和教师追求的现实变化。人们从物质短缺时代进入知识经济时代,基层工会组织也要从传统的以关注物质福利为主转变为以关注教师的发展为主,以维护教师权益为主;基层工会组织也要从以传统娱乐为主转变为以关注教师参与民主管理为主,以推进基层民主政治为主。这种转变并不是说原来的娱乐福利不要了,而是在娱乐福利基础上的提升,组织的目标要随着社会发展进步和人的需求层次提高而相应提高。人本服务的理念要求工会不仅要为学校办学服务,还要为教师服务,不仅要为教师教学服务,还要为维护教师权益服务,不仅要为教师参与民主管理和民主监督服务,还要为教师的全面发展服务。教师在自身发展中体验到的人本思想会影响学生,可以有效提升学生的人本思想和人体情怀,这恰恰是学生全面发展不可或缺的,也是当前教育亟须加强的经权。

二、人本服务型基层工会组织的制度建设

高校二级工会作为学校基层工会组织,如何在校级工会的指导下,结合本学院的实际情况,建立最基本的民主监督程序,维护本学院教职工的切身利益,是高校二级工会所面临的一项基本的也是最重要的问题。基层工会应该真正站在教师的立场上,把维护教职工的基本经济利益和政治权利①作为工作的宗旨。笔者认为,完善二级学院的"双代会"制度②,坚持依法依章程独立自主开展工作,是基层工会组织履职的重要途径。

基层工会组织不具备任何行政色彩,担任基层工会干部的教职工,是群众自主选择的普通教职工,工会委员会及工会主席是利用业余时间做工会工作的,基层工会各项工作的开展,只能是在尊重大多数教职工意愿的基础上,进行具体的宣传、动员和组织工作。教职工的信任是基层工会组织的力量源泉,基层工会组织必须具有公信力③。公信力既是一种社会系统信任,也是公共权威的真实表达。公信力体现了一个组织存在的权威性、在公众中的影响力等。公信力的核心是信任、信赖,组织的公信力建立在公众对组织的信用体验和认定的基础上。所以,公信力是基层工会组织能够顺利开展工作的基础。那么,如何提高基层工会组织的公信力呢?这就需要二级工会会员大会的规范化制度化。首先,二级工会会员大会要定期召开,在充分动员的基础上直接公开地选举二级工会委员。这是获得组织合法性的基础前提。但二级工会委员的双重身份——普通教职工身份和维护普通教职工权利的工会委员,使其在实际工作中存在困境,当二级工会委员为维护普通教职工权利时必然触及学院党政权力的边界,而二级工会委员作为普通教职工时又是在学院党政权力的领导下开展工作,这里的不确定性对其工会工作会产生影响④。其次,基层工会组织对涉及教职工基本政治经济权利的具体事项(具体到如课时津贴如何发放)作出详细可操作的监督流程,详细到不需个人协调即可完成整个流程。这个建章立制要在二级工会会员大会上全体审议表决通过才具有权威性。基层

---

① 教师对学校和学院管理工作提出意见、每位教职工通过二级教代会的形式参与学院的民主管理,这是教职工政治权利的最基本的体现。教职工的经济利益则表现为课时津贴的发放、奖金的分配、院系部自筹经费的使用是否合理等。

② 这里的二级学院的"双代会"是指高校二级学院内部的教师代表大会和××分工会会员大会,即二级教代会和二级工会会员大会,简称"双代会"。

③ 公信力是指使公众信任的力量。通常来说,公信力是指在社会公共生活中,公共权力面对时间差序、公众交往以及利益交换所表现出的一种公平、正义、效率、人道、民主、责任的信任力。

④ 笔者只是想到了这个问题,但没有解决思路。

工会组织维护教职工合法权益的能力是其获得组织合法性的基础力量。最后,基层工会组织履职时所需的资源和手段要在二级工会会员大会上予以确定,并由全体审议表决通过,这样履职才能可持续。

我国《教育法》第31条第3款规定:学校及其他教育机构应当按照国家有关规定,通过以教师为主体的教职工代表大会等组织形式,保障教职工参与民主管理和监督。《高等教育法》第43条规定:高等学校通过以教师为主体的教职工代表大会等组织形式,依法保障教职工参与民主管理和监督,维护教职工合法权益。据此,教代会取得了合法地位。高校教代会是保障教职工参与高校民主管理与监督,维护教职工合法权益的一个重要组织形式。实践证明,高校二级教代会制度有利于学院基层民主管理。因此要加强二级教代会制度建设,完善二级教代会条例,对二级教代会职权、工作内容、工作制度、工作程序等作出明确规定。首先,明确教代会代表资格,公开直接选举代表。其次,落实二级教代会审议通过权、审议决定权和评议监督权等。学院的建设发展规划、教育教学改革方案等,教职工聘任考核办法、奖金及岗位津贴实施方案等涉及教职工切身利益的改革方案和重大规章制度等,必须经二级教代会审议通过。再次,规范工作程序,建立严格的提案征集和处理、大会召开和决议实施以及文书建档等各种工作程序。最后,完善相关的工作制度,如二级教代会执行委员会会议制度、二级教代会代表审查和咨询制度、有关领导定期述职报告制度等。

三、创新人本服务型工会的工作机制,推进凝聚力工程建设

在调研工会与教职工相互关系的现状时,一个问题不断被老教师提及:"基层工会组织为什么现在不像从前那样能够吸引和凝聚教职工呢?"这个问题揭示了工会与职工之间的紧密联系不是一蹴而就、一劳永逸的,时刻存在着发生断裂的可能性,教职工人心向背关系到工会组织存在的合理性、未来发展的持续性。教职工的需要就是工会工作的方向,若基层工会组织不能在教职工需要时出现,那么基层工会组织在教职工心中的形象一落千丈。教职工产生对基层工会组织的不信任感,这是对组织的最大损害。工会应在正确的时间、正确的地点,面对职工正确的要求,以正确的方式做正确的事情,以满足教职工的需要。工会与职工之间,本质上也是一种利益关系,即工会组织和工会会员之间形成的权益维护要求及其实现的一种利益关系。工会与职工的这种利益关系链条在实践上联系紧密时,工会在职工心目中就具有较强的凝聚力;当这一链条某一环节的联系不紧密甚至断裂之时,工会在职工心目中所谓的凝聚力将会荡然无存。

推进凝聚力工程建设,使基层工会组织成为真正的教工之家,使教职工有归属感和存在感。我们只有从内化了集体意识的个人出发,从这些个人的具体行动和意识倾向出发,才能发现组织本身的团结纽带的强弱。所谓工会凝聚力,是指工会与职工双方客观存在的利益关系得到满足,从而使职工产生对工会组织的信任感、依赖感和归属感。基层工会组织内部是否具有共同的认知、共同的价值判断,是基层工会凝聚力的精神基础;基层工会组织成员之间的关系融洽程度,是工会凝聚力的社会关系基础。提高基层工会组织凝聚力,首要的是切实维护教职工经济利益,同时要考虑到高知群体对于自身价值的追求,为教职工提供自我发展、自我完善和自我实现的重要平台。推进院务公开、学院民主管理和民主监督是提高教职工主人翁地位、增强其存在感的重要途径。

【参考文献】

[1] 中共中央关于加强和改进党的群团工作的意见[N]. 人民日报,2015-07-10(04).

[2] 何玉明. 新形势下的高校工会工作研究——以成都理工大学工会工作为例[J]. 成都理工大学学报(社会科学版),2007(12).

[3] 史探径. 中国工会的历史、现状及有关问题探讨[J]. 环球法律评论,2002(2).

[4] 彭金柱. 增强高校工会服务效能的探索[J]. 东北农业大学学报(社会科学版),2010(4).

[5] 林王荣. 切实加强高校二级工会的建设[J]. 中国劳动关系学院学报,2005(6).

[6] 李汉林,吴建平. 组织团结过程中的员工参与[M]. 北京:中国社会科学出版社,2006.

[7] 赵建杰. 在实践创新中加强工会组织凝聚力建设[J]. 中国劳动关系学院学报,2014(2).

【作者简介】

白雪瑞,杭州电子科技大学信息工程学院工会主席。

高校工会工作"互联网＋"模式探索

鲍 薇 陈维君

内容提要：探索"互联网＋"工作新模式，是工会工作主动融入"互联网＋"时代潮流的一个举措。以"互联网＋"的新理念引领新时期工会工作，在工作中充分运用互联网的广泛、便捷特点，打造便捷的服务平台、互动的交流平台以及高效的专项工作平台，使互联网有机地融入工会工作，提升工会工作质量和效能，实现工会工作创新发展。

关 键 词：工会工作；"互联网＋"；创新

互联网的快速普及，带来的是人们思维方式、工作方式和生活方式的极大改变。高校工会，作为学校党委联系广大教职工的桥梁和纽带，是广大教职工群众合法权益的代表者和维护者，如何紧跟时代潮流，充分认识工会工作网络化的重要性，并抓住网络环境下工会工作的发展机遇，积极探索高校工会工作"互联网＋"模式，使互联网有机地融入工会工作，切实助推工会工作的创新与发展，增强工会工作的时代性、吸引力，是摆在广大工会工作者面前的一个现实而紧迫的新课题。

一、以"互联网＋"引领新时期工会工作

2015年年初，李克强总理在政府工作报告中首次提出"互联网＋"行动计划，推动了"互联网＋"的广泛应用。"互联网＋"是指以互联网为主的信息技术（包括移动互联网、云计算、大数据技术等）在经济、社会、生活等各部门、各领域的扩散、应用过程。简单讲，就是将互联网与传统行业相结合，促进各行各业发展。它代表一种新的经济形态，即充分发挥互联网在生产要素配置中的优化和集成作用，将互联网的创新成果深度融合于经济、社会各领域之中，提升实体经济的创新力和生产力，形成更为广泛的、以互联网为基础设施和实现工具的经济发展新常态。

"互联网＋"时代已经到来，现代网络技术的快速发展，极大地改变了人们的思维方式、工作方式和生活方式，这种变化也同样发生在工会工作领域。

网络技术的快速发展,使得工会工作的空间得到极大的拓展。互联网作为信息承载传输的一种工具,以其特殊的属性和功能,拓宽了工会的对象和活动空间,加快了工会工作的发展脚步,也为工会工作向社会化工作的发展奠定了坚实的基础。互联网在速度和规模等方面拓宽了民主参与的渠道,是民意表达的无形广场,利用互联网搜集群众意见,具有广泛、快捷、节约、高效的优势。

网络技术的快速发展,使得工会工作的形式得到极大的丰富。相较于电视、报纸、广播等比较传统的新闻传播媒介,互联网具有数字化、多媒体、及时性、交互性和极富感染力地传递信息的独特优势,有别于传统媒体而优于传统媒体。在工会工作中加入互联网的应用,将会使原本的工作形式更为丰富多彩,更加有吸引力和感召力。

网络技术的快速发展,还使得工会工作的效率得到了极大的提高。互联网的普及和发展,加快了信息传递的速度,扩展了信息传递的广度,而传统的工会工作传达思想和理念的速度比较慢,接受反馈的时间比较长,导致了工会工作效率低下。相反,工会工作中运用互联网技术则大大改善了这一问题,工会会员可以利用互联网自助获取所需要的工会信息,并通过互联网即时高效地进行信息反馈,这种有针对性的工作模式将会使得工会工作效率大大提高。

"互联网＋"已经是一股潮流,各行各业都在拥抱"互联网＋"。工会工作"互联网＋"为工会组织提高建设和管理水平、信息工作水平和工作效率等提供了有力的支持。同时也对工会工作勇于创新、善于创新,不断实现工会工作的跨越式发展,提出了更高的要求。广大工会干部要以强烈的改革意识和创新精神,主动适应信息化和新媒体广泛应用的新趋势,以"互联网＋"引领新时期工会工作,及时推动实施工会工作"互联网＋"模式,完成工会工作管理模式的转型升级,进而增强工会活力,提高工会组织在职工中的吸引力、凝聚力,推动工会工作创新发展。

二、工会工作"互联网＋"模式的探索和实践

工会工作"互联网＋"是指在网络信息化环境下以网络为载体,以网络信息技术为支撑,将学校工会工作与互联网有机结合,对工会工作在信息传播、工作方式和工作领域等方面进行创新、拓展和延伸。它的核心是通过充分运用网络技术,不断推进自身工作转型,从而激发工作活力,推动和实现工会工作的创新发展。可见,工会工作"互联网＋"不只是喊出一句口号、表达一种姿态,更多的是要找准互联网和工会工作的结合点,形成全新的、以互联网为基础的工会工作新形态。

近年来,各地在探索工会工作"互联网＋"的实践中,已经探索出了一些创新性的做法。我校也充分利用网络新媒体优势,通过完善网站建设、开发专项网络系统、创建网络交流平台等方式,积极探索和有效尝试工会工作"互联网＋"运行模式。

打造便捷的服务平台。互联网的出现首先是对信息传播方式的变革,互联网能够不受时间空间限制来进行信息交换,为人们获取和交流信息提供了极大便利,已经成为当下信息传播和交流最为便捷的手段。因此我们充分利用互联网的这一特点,打造线上线下、资源共享的便捷服务平台。平台设置了"民主管理""为您服务""公告通知""新闻动态""社团协会"等工作模块,并下设多级栏目。借助这个平台,使零散的信息模块化、集约化,广大教职工可以随时从平台上获取工会的动态新闻,最新的文件、政策,以及各种活动和服务信息,实现了信息更及时、服务更精准、覆盖更广泛的普惠式服务模式。比如举办一个活动,将活动信息发布在网上,大家都能看到,一目了然。与此同时,充分利用"教工之家"集健身、心理放松、娱乐、文化展示于一体的多重功能,发挥各协会及艺术团的作用,多渠道多载体合力开展教职工喜闻乐见的各类活动,实现线上线下充分对接、相互促进和有机融合,极大地丰富了教职工业余文化生活,集体凝聚力也得到有效增强。

打造互动的交流平台。网络具有强大的开放性和交互性,极大地改变了传统的信息交流和工作交流方式。相对于单方向一对多的传统交流方式,互联网交互的特征恰恰在于其双向甚至多向的多对多交流方式。因此我们充分发挥互联网这一特点,综合此前开通的工会网站、工会工作微信群以及工会干部、各协会及艺术团等系列 QQ 群,打造上下联通、实时互动的交流平台。平台以其即时、互动、便捷等鲜明的特点,受到广大教职工的青睐。通过这个平台,畅通了沟通渠道,促进了沟通联络,加强了领导、工会和教职工的双向或多向互动,不仅增加了信息透明度,更重要的是,可以及时了解教职工思想动态、工作建议和实际需求等情况,使得工会工作无论是在宣传教育、活动开展,还是在服务职工实事项目的选择上,都更加贴近教职工需求,大大增强了工会工作的针对性和实效性,工会工作的服务效能得到了有效提升。

打造高效的专项工作平台。互联网在为我们提供便捷的同时,也使工会专项工作实现电子化成为可能。近年来,我们重点开发了提案、评选、评议等专项工作的网络平台,逐步实现专项工作电子化,有效提高了工作效率和质量。网络提案平台,主要由"系统登录""历年提案""提案知识"及"通知公告"等栏目组成,具有网上提案征集、办理、查询、归档等功能。所有提案的征集、办理等均按照工作程序进行网上操作。提案征集时,代表们可在平台上很方便地提交提案、跨代表团附议提案;提案办理时,广大教职工可即时查看办理进程。平台实现了提案工作全过程信息化管理,全面推进了提案工作的制度化、规范化、透明化和信息化,使提案工作的效率得到提高,使提案的公开范围全面扩大,有效发挥提案在加强民主管理、推动学校各项事业发展中的作用。网络评选平台,主要由"评选流程""评选动态""我要投票""历届风采"等栏目组成,具有网上投票、先进事迹视频展示、投票结果统计等功能。"网上投票"实现了全校师生共同参与评选活动的功能,"先进事迹视频展示"对每位候选人除文字事迹介绍外,还开辟 3 分钟视频展示的功能,起到全面宣传先进事迹的效果,有利于营造浓厚的尊师重教、追求卓越的育人氛围。网络评选平台使评选活动的参与面得到了扩大,使先进事迹的宣传更加形象、全面和有效。网络评议平台,主要由"评议动态""民主评议""民意调查"等栏目组成,结合党委组织部的考评指标,将领导干部和职能部门在德能勤绩廉、大局观、服务态度、工作效能等方面情况进行公示,并由教代会代表对干部和职能部门进行线上评议。通过评议平台,完成教代会代表对领导干部和职能部门等的评议工作,实现了评议工作的公开性和透明性,充分体现了民主管理作用。

工会工作"互联网+"模式是工会工作紧跟时代潮流,主动融入"互联网+"的必然选择,也是工会组织提升工作效能的现实需要。我们在探索工会工作"互联网+"模式的一些创新性的做法,越来越赢得广大教职工的欢迎与认可,也给工会工作的创新发展带来了新气象。同时,也应该清醒地看到,工会工作"互联网+"还处于起步和探索阶段,需要我们进一步找准工会工作与网络平台的结合点,优化板块设置、拓宽服务范围、改进服务方式,为教职工提供更加方便、快捷、高效的服务,不断提升工会工作水平。

【参考文献】

[1]第十二届全国人民代表大会第三次会议决议[EB/OL].(2015-03-16).http://politics.people.com.cn/n/2015/0316/c70731-26696767.html.

[2]雷虹艳,傅春华,张雯衣,等.网络在我省高校工会工作中的作用及应用模式研究[J].成都中医药大学学报,2015(1).

[3]高宇璇,王锐,朱海燕.互联网时代高校工会工作研究[J].中国管理信息化,2014(23).

【作者简介】

鲍　薇,浙江大学宁波理工学院工会常务副主席。

陈维君,浙江大学宁波理工学院工会业务副主管。

高校工会"校联网"互动平台建设研究

代昕昱

内容提要:在互联网日益普及的背景下,高校工会应该运用互联网技术创立"校联网"互动平台以推进自身工作。本文阐述了建立高校"校联网"互动平台的结构、特征,提出了完善高校工会"校联网"建设的策略。

关 键 词:高校工会"校联网";互动平台;互动特征

高校工会是服务于以教师为主体的广大教职工的群众组织,是党联系教职工群众的桥梁和纽带,是教职工利益的代表者和维护者。在明确高校工会角色定位的基础上,进一步加强新传媒背景下高校工会工作互动平台的创新与研究,有助于全面激发教师的创新潜能和创造活力,主动助力大众创业和万众创新,推进高校在"十三五"中发挥更大作用。

一、高校工会"校联风"互动平台的结构

新传播环境下工会工作平台以数字媒体技术为核心,具有数字化、交互性、以职工为中心等典型特征。利用互联网的线上与线下合力,建设工会"校联网"(见图1),这一职工服务平台将通过线上和线下把智能化服务送到职工身边。"校联网"是工会工作融入"互联网+"时代的全新形式,利用新技术优化校工会服务、提升工会工作效能。"校联网"教职工服务系统主要包括五个线上工作互动平台和四个线下工作平台,五个线上平台分别包括教职工诉求、工会信息展示、教职工心理疏导、教职工在线培训、手机微信;四个线下工作平台包括教职工服务、教职工来访接待、教职工互动群、教职工互助协会。所有互动平台以及工作区,都能通过手机微信软件将工会与职工进行连接互动。

二、高校工会"校联网"互动平台的特征

高校工会"校联网"互动平台,体现了"以职工为中心"的主要特点,其互动特征体现在以下三个方面。

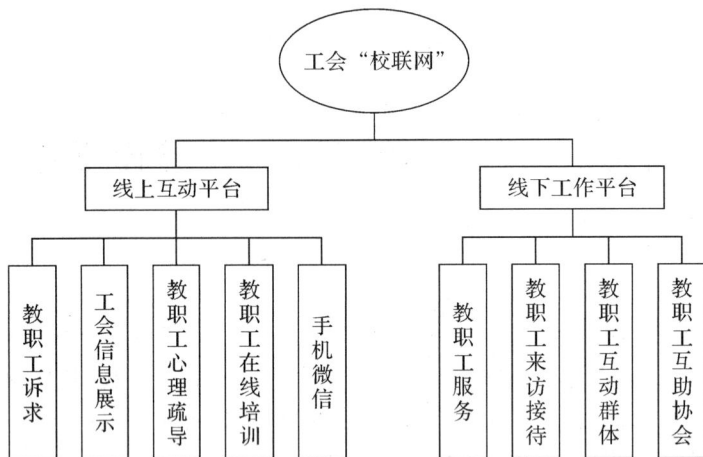

图 1 "校联网"教职工服务系统

1.实现信息共享和资源充分利用,拓展工会组织开展活动和发挥作用的空间

随着信息技术的发展,传统的沟通方式发生了转变,QQ、微信、微博等成为沟通的主要工具,这座新型的沟通桥梁承载着个人、企业、政府组织、社会团体等。随着电子信息技术的普及,线上公共平台逐渐被高校组织接受和运用。

在学校内部,通过线上公众平台发布高校发展的思想、理念、决策等信息,可以提高教职工对学校的认知度,增强学校的透明度,对学校文化的传播和建设有极大的助力作用。可以成为高校上下级在线互动沟通的桥梁,及时掌握教职工诉求;建立教职工在线培训平台,可以提供更多的学习机会;进行教职工心理疏导,可以提高个人的自我管理水平,打造和谐的人际关系。通过线上公共平台可以将高校发生的一些重要的新闻动态第一时间推送到教职工的手机上,让大家能够及时了解学校取得的最新成果,从而增加教职工的自信心和自豪感。

在学校外部,高校工会可以通过微信渠道对学校品牌形象进行有效的塑造和推广。第一时间推送高校的重要新闻,便于利益相关者(行政人员、教师、学生等)及时了解学校最新的发展状态,进一步巩固学校的改革发展成果。

2.促进工会组织由"活动主导型"向"管理服务型"转变

整合线下与线上互动平台,可以实现优势互补。线下互动弥补线上信息冗余现象和缺少人文关怀等。利用互动平台,工会实现了对学校和教职工之间的组织结构、决策程序等进行再造优化,促进了工会的职能由"活动主导型"

向"管理服务型"转变。作为一种新传播介质和手段,互联网已对经济、社会、政治、文化产生了全面深刻的影响,影响还在由量变到质变的深化过程中。充分认识这种变化及其深远影响,采取恰当应对措施,对于提高工会的管理能力、完善工会制度、健全工会服务体系非常必要。

线上平台(电邮、博客、微博和移动互联网等技术)提供了快捷、低成本的信息获取、交流方式来完善工会组织结构和运行机制。以互联网的线上互动交流平台为基础的虚拟工会管理既有现实社会中观念、行为的投射,也有很多独有的东西,例如具有相同诉求、利益和兴趣的人群通过网络聚集,跨越学院、身份、年龄等现实障碍,提高了学校工会自组织水平。新的传播手段使得从为教师提供服务的角度来加强学校管理,用服务效果最优化促进管理效果的最大化,在不断完善管理服务的过程中体现创新精神,并以此作为促进高校发展的持续动力。

3.突出高校工会互动平台特色,打造高校文化品牌

与社会上的很多企业一样,高校工会也需要重视自己的文化品牌建设,提出自己的精神、标志、服务口号、服务宗旨、服务理念等内容。在形象确立以后,还需要不断地加以宣传和推广,才能使之成为高校工会及全体员工的宝贵的精神财富。高校工会的形象是抽象的,需要依托人的行为或有形的载体体现出来。突出高校工会特色,通过互动平台打造高校文化品牌工作应当注意的几个方面如下。

高校工会各级领导的重视体现在思想上的高度重视与行动上的积极参与和支持两个方面。一方面是思想重视。高校工会各级领导要在思想上高度重视平台信息和宣传工作,要加强对信息和宣传工作的监督和领导;对"双代会"代表和教职工反映的意见和建议,能做到及时反馈。另一方面是行动参与。高校工会各级领导在行动上的参与要从以下几个方面着手:一是要根据平台收集的信息,及时研究解决问题的措施,并加以实施;二是要加强平台队伍建设,开展工作培训,加强工作指导;三是要及时对平台工作进行总结、表彰和奖励,从而提高负责人的工作积极性、主动性和方向性。

高校工会的各项工作都需要全体教员工的共同努力才能完成,平台工作同样也需要全体教职工的共同参与。高校工会的信息和宣传工作,是工会实体与师生员工、与社会有效沟通的桥梁,是工会宣传自我、走向社会的窗口,对于提高高校工会服务质量,改善高校工会和全校师生员工的关系,树立高校工会奋发向上的良好形象,打造优质服务品牌,促进高校工会事业健康发展,扩大高校工会及学校社会影响,都具有十分重要的意义。

三、完善高校工会"校联网"互动平台的策略

为提高高校工会"校联网"互动平台的互动效果,应该从以下几方面着手加强互动平台建设。

1.加强工会互动过程的信息数据分析,提高互动的针对性

在教职工与工会的互动中,会产生很多有关互动的信息。若能将这些信息收集、整理并进行分析,就能更好地了解教职工在互动过程中的情况,并根据这些信息生成有效数据,从而为教职工推送相关的工会信息和活动信息,提高互动的针对性。在信息分析时遇到工会追求的公共利益和教职工正当的个体利益发生冲突时,应做好应对措施。

2.吸引教职工长期关注,增加互动的延续性

若要让教职工利用工会平台开展深入的互动,则需要吸引教职工的长期关注,以增加教职工在线上与线下互动的延续性。平台互动时,充分发挥高校工会的领导核心作用等,将有利于进一步形成面向学校基层、职责明确、运转高效的格局,防止和克服脱离教职工群众的现象,把工会工作深深植根于广大教职工群众中,把为教职工解决困难永远放在重要位置,把工会组织建设得更加充满活力、更加坚强有力。

3.加强平台负责人能力培养,确保互动的质量

高质量高标准互动开展实践活动,很重要的一个方面就是加强对活动的组织领导,确保互动有力、有序、有效推进。互动平台负责人要履行好职责,引领和带动好"校联网"职工服务系统的五个线上互动平台和四个线下工作平台的建设,把开展活动与推进工作紧密结合起来,最大限度地为职工创造良好环境。

【参考文献】

[1]章铮,杨冬梅,陈绍业.工会服务创新与学习型组织建设实务[M].北京:红旗出版社,2013:15-18.

[2]本书编写组.基层工会文体活动策划实用手册[M].北京:中国工人出版社,2013:10-11.

[3]楼成礼.现代大学制度下高校工会工作探索与思考[C].杭州:浙江大学出版社,2013:20-21.

【作者简介】

代昕昱,浙江财经大学教师。

高校工会如何提升农民工群体幸福感刍议

张　亮

内容提要：随着农民工大量迁入城市务工，他们中的一些承担起了高校后勤的大部分工作，成为高校职工群体中的重要组成部分。如何维护他们的合法权益，如何满足他们的物质和精神文化需求都是需要研究解决的现实问题。高校工会应发挥"大学校"的作用，不断提升高校农民工群体的幸福感。

关　键　词：高校工会；农民工；幸福感

在高等教育快速发展和国家劳动人事制度改革不断深化的背景下，高校冗员裁减与人员短缺的结构性矛盾促使高校出现了灵活多样的用工制度。特别是高校招生规模扩大，校园建设更加完善，推动了高校后勤管理服务社会化改革的进程。大量外来务工人员不断涌入大中城市，其中来自全国各地的农民工队伍作为现代高校校园中独特的群体成为高校后勤、保卫等部门的重要组成部分，但是自身的素质条件和周围环境的较大差异性使得他们不但始终游走于校园的文化生活边缘，而且往往合理的权益无法得到及时保障，进而对其工作本身造成了较为严重的影响，值得密切关注。

2010 年 5 月 29 日，中华全国总工会在《关于进一步做好职工队伍和社会稳定工作的意见》中明确指出要在加快经济发展方式转变中进一步加大维护职工合法权益和发展和谐劳动关系的力度，并发挥工会"大学校"作用，不断满足职工日益增长的精神文化需求。其中特别强调对新生代农民工的心理疏导，关心职工的生产生活，使广大职工有尊严地生活，实现"体面劳动"。

一、高校农民工现状分析

1. 工资待遇较差

后勤务工人员、校园保安的工作时长，工作十分辛苦，但薪资却十分微薄，同工不同酬现象严重。基本社会保障体系仍然不完善，无法解决他们的后顾之忧，相较于正式编制、人事代理教职工，在公积金、养老保险等基本社会保险的缴纳问题上，福利待遇相差极大，保障性也极差。再加上他们的外出务工模式往往是一家人共同外出打工,在生活成本不断上涨的大中城市,房租、医疗、子女教育等费用压得他们喘不过气来。勉强维持生存的收入状况在高校农民工群体中成为一种常态。他们普遍缺乏晋升发展空间,虽然他们中多数人对继续教育、技能培训等方面的需求较为强烈,但是目前高校对于此类员工重视程度不够,"使用为主,培养为辅"的用人态度抹杀了他们转岗、晋升的希望,不断压缩的发展空间渐渐地使他们身上本有的归属感和成就感消失殆尽,工作疲劳感、耗竭感的不断增强直接影响到他们的工作状态。投向职能部门的意见与建议几乎石沉大海,角色边缘性愈演愈甚。

2.心理健康状况堪忧

高校后勤、安保人员的工作往往涉及面广,工作烦琐细碎、机械性重复性强,导致他们工作生活无序化状态较为普遍,继而产生的失控感反压于他们。由于自身根深蒂固的人际交往模式化思维,在新的环境中因为不良沟通所导致的误解和矛盾给生活带了极大的烦恼和困扰。工作的低认可度和求助的途径的失效又加剧了他们的无助感和困扰。原有的乡土文化习惯与城市文化的差异使他们被排斥在城市主流文化之外。绝大多数高校农民工来高校从业,是通过在本地或在高校工作的亲戚、朋友介绍而获得工作机会。过于陌生的城市,过于狭窄的朋友圈,过于单调的生活,过于薄弱的支持力量,造成他们情绪管理能力低下。遇事反应较为消极被动,僵化的认知模式使得他们成为高校内心理高危人群,潜伏的心理疾病隐患随时可能爆发,抑郁、焦虑、强迫、恐惧等神经症甚至精神类疾病不断侵蚀着他们的心理健康。

二、提升高校农民工群体幸福感的思路

紧紧围绕职工最关心、最直接、最现实的利益问题,发展和谐劳动关系,促进实现体面劳动,维护职工合法权益,这是工会的神圣职责。作为教职工利益的代表者和维护者,高校工会是联系教职工与学校管理层的纽带与桥梁,具有组织、引导、服务、教育和维护教职工合法权益的职能。

1.着力提高高校农民工群体入会率

高校职工中的农民工群体在工作生活中受到同乡间产生的归属感和安全感的影响,他们有困难,有问题,往往首先找同乡,很少主动向工会求助。也充分反映了在这个群体中工会的影响力极为有限,个人加入工会组织的意识非常薄弱。高校工会组织必须大力探索教职工中农民工群体的入会新途径,协同相关职能部门积极面对、坚决克服在入会过程中的几个痼疾:要勇于突破"凡事考虑经济效益,守利益格局"的思想藩篱;要善于唤醒、提升农民工群体的主人翁意识、权益保护意识,克服长期以来存在的阶级属性观念;要加强入

会体制改革和创新,在充分调研的基础上推陈出新,以新的政策转变农民工群体对工会的认识和态度;要全面完善入会管理制度,围绕相关工作切实落实相关法律法规,积极维护工作群体的稳定,严厉惩处侵害农民工群体合法权益的组织或个人,坚决遏制侵害事件的发生。高校工会要大力推动建立健全利益协调、诉求表达、矛盾调处、权益保障机制,调动广大农民工群体的民主参与、民主管理的积极性和创造性,提高高校工会的凝聚力和吸引力。

2.逐步提升高校农民工综合素质

"体面劳动"是构建和谐社会的本质要求,就建设和谐校园而言也是至关重要的。本质上要求坚持以人为本,要求努力做好劳动者社会保障工作。首先高校工会要通过相关政策宣传、校园文化建设等平台促使全校师生充分认识农民工群体的重要性,努力促成校各级部门统一认识,彻底转变对农民工群体的忽视、漠视、歧视等错误态度,使他们获得应有的社会尊重。其次,高校工会要充分发挥校园文化宣传的主阵地作用,利用自身组织优势,既要积极地吸收高校职工中农民工群体加入工会组织,更要大力推动高校农民工队伍的素质提升。要从主、客观两方面着手,主观上要帮助他们树立"体面劳动"的观念,高校工会要督促、协助后勤、保卫等相关部门制定培训计划,完善培训制度,积极鼓励农民工加强学习,不断提升职业素质和技能,不断树立个人自尊、自信、自立、自强的精神;客观上,高校工会要时常深入基层,不断完善"走访、聆听、助困"基层农民工队伍的长效机制,特别是要加强后勤、保卫等相关部门基层工会的服务意识和创新意识,打造"五心(爱心、耐心、责任心、细心、热心)""三型(服务、创新、学习)"基层工会,塑造具有极强战斗力和高水平的专兼职工会干部团队。

3.聚焦适合于高校农民工群体的校园文化品牌建设

良好的校园文化是凝聚人心、发挥人的主观能动性的重要源泉,除具有激励作用外,还具有导向和激励功能。高校工会在校园文化建设过程中要重视文化多样性需求,针对不同的群体,要具体问题具体分析,开展农民工队伍喜爱的文化活动,谋求满足他们精神需求的新途径、新办法。一方面,高校工会要继续加强传统文化活动品牌建设,扩大其对农民工群体的惠及面。高校工会要坚决维护农民工队伍对校园文体资源的合法、合理使用权益,使他们也可以"走进课堂,走进运动场,走进图书馆,走进食堂,走进大会堂",营造一种满足他们寻梦和谋生需求的包容和开放的文化环境氛围。另一方面,以中国计量大学为例,高校农民工群体主要来自河南、安徽、甘肃、宁夏、四川等内陆省份,他们从小就在当地的别具地方特色的农村礼堂文化中耳濡目染,乡里乡亲的文化血脉早已贯穿于他们的灵魂之中。这就要求高校工会在文化建设中充分意识到农村礼堂文化建设对于农民工群体的重要性,要从礼堂文化的软、硬条件创建切入,确保礼堂文化活动得以开展的固定或流动场所等配套的基本设施,丰富礼堂文化活动形式和内容,加强礼堂文化活动组织实施的队伍建设,在满足农民工群体对家的归属感的需求的同时,调动其工作的积极性和创造性。

4.增强高校农民工群体的自我认同感

身份是一个人或一个群体在现代社会生存生活的首要问题。高校教职工群体中,农民工作为弱势群体,虽然在城市中生活,却仍然不能很好地融入这个城市。他们原有的乡土文化习惯与城市文化的差异使他们被排斥在城市主流文化之外,户籍制度等因素更令他们无法产生对城市的归属感,由此产生的自卑感往往会令他们感到迷茫,失去方向和定位。微薄的经济收入和城市人的冷漠让他们对城市生活望而却步,在情感和心理上无法融入城市生活。多数务工人员处于独来独往的孤独状态,而且还要面对身份转换和认同问题,他们渴望身份认同与社会融合,渴望得到校园内教职工同等待遇,获得尊重、认可与接纳。针对以上情况,高校工会要加大对农民工心理健康的关注和投入,协助校心理咨询机构展开农民工心理健康状况定期普测,对特殊人员建立心理档案。由于高校心理咨询中心的资源有限,高校工会可以与校外心理咨询诊所或医院精神健康门诊共同努力创建有效的咨询途径,帮助他们搞好自我管理、自我调适,缓解心理压力,提高受挫力,改变负性认知模式,建立起积极的心态和充分的自信。并且要充分发挥校园文化宣传的主阵地作用,通过正面典型宣传、主题教育活动宣传发挥引领作用,努力提升高校农民工群体的地位。在工会组织或协同组织的评优评先活动中也要多增设涉及农民工队伍的奖项,重点关注他们中涌现出的典型人物,通过报刊、广播、新媒体等舆论工具让全校师生充分了解他们的生活工作原貌,使得对他们多一些尊重,多一些关怀,最终通过形式多样的宣传在整个校园倡导一种感恩、关爱、宽容的氛围,使农民工群体产生高度的自尊感和荣誉感,从而激发他们的工作热情。

5.努力构建高校农民工权益保护新体系

工会组织根据农民工群体的特点,详细了解其利益诉求,特别是对工会组织的认识和需求等基本情况。在此基础上进行充分调研和科学分析,依法制定或完善针对农民工群体入会深层次维权的可行性方案,建立规章制度和维权机构。比如可以成立高校农民工劳动争议仲裁委员会,承接并协助解决此类争议,细化农民工群体入会管理维权细则等。工会要在科学管理上下大功夫,努力组建符合现状的管理机构,创新工作方式方法,通过创建相关的素质培育机制、权益保护机制、生活困难求助机制、大病互助机制,从生存技能、法律援助、农民工子女教育、医疗几个方面给予农民工群体最有效、最有力支持。同时,高校工会也要创建、培养好高校后勤、安保等相关部门的基层工会组织,包括成立专职农民工群体工会组织、农民工委员会等,通过发挥他们的组织优势,引导广大农民工建功立业;增强组织职能,维护他们的基本权益;发挥组织作用,教育他们敬业勤业;提高组织能力,服务他们安居乐业。

　　高校内部形成员工之间平等、信任、合作、关爱和包容的关系是高校和谐发展的基础。基础各级工会组织围绕农民工群体和谐劳动关系的建立,如何实现他们的"体面劳动",如何最大程度上提升其工作积极性,如何最深层次提升其幸福感,任重而道远。但是千里之行始于足下,高校工会组织要有充足的自信心,以坚定的决心,推动这项工作早日完成。

【参考文献】

[1]段然,王中秋.浅议高校非事业编制人员权益维护的内涵及途径[J].北京化工大学学报（社会科学版）,2013(3):42-44.

[2]郑琦.浅谈工会组织在实现员工体面劳动中如何履行职责[J].中国科技纵横,2011(10).

[3]楼成礼.现代大学制度下高校工会工作探索与思考[C].杭州:浙江大学出版社,2013.

[4]孙越.高校后勤农民工的校园认同问题探析[J].理论观察,2014(4).

[5]程余伟.高职后勤人力资源管理的问题与对策[J].学校管理,2014(11).

【作者简介】

　　张　亮,中国计量大学工会,讲师。

全媒体时代高校工会宣传工作的创新与实践

——以浙江大学为例

张　莺

内容提要：面对新的形势和任务，要坚持正确政治方向，把握"全媒体"的内涵和机遇，在传播手段、方法等方面积极创新，探索"互联网＋"时代工会宣传工作新格局。通过抓阵地建设，整合资源全方位立体化传播；通过抓亮点特色，结合重点工作塑造工会品牌；通过抓校外平台，借助上级工会媒体和社会媒体扩大工作影响力；通过抓新媒体互动，提升工会工作沟通互联性；通过抓信息监管，引导网络舆论正向功能。

关 键 词：全媒体时代；高校工会；宣传工作

党的十八大以来，以习近平为总书记的党中央高度重视宣传思想工作，在2016年2月召开的党的新闻舆论工作座谈会上，总书记再一次强调了必须从党的工作全局出发把握党的新闻舆论工作，做到思想上高度重视、工作上精准有力。在全媒体时代，传播方式、传播渠道都发生了极大的变化，有着更加丰富的传播内容，更加多元的传播主体，更加多样的传播渠道，更加快捷的传播速度。高校工会宣传工作是党的宣传思想工作的重要组成部分，面对新的形势和任务，如何坚持正确的政治方向，把握"全媒体"的内涵和机遇，在传播手段、方法等方面积极创新，围绕学校中心工作，服从、服务于大局，突出重点，聚焦主题，锐意创新，努力构建"工作联动、错位发展、加强互动"的新闻宣传战略，着力形成"网上与网下、校内与校外、平面与网络、传统媒体与自媒体"四结合的工作网络，是工会干部必须要面对的新课题。

一、高度重视，充分把握高校工会新闻宣传"全媒体"发展态势

1. 信息传播具有深度融合性，要加强媒介联动传播

全媒体传播是指综合运用文字、声音、影像、动画等各种媒介表现形式，全方位、立体地展示传播的具体内容，实现任何人在任何时间、任何地点以任何终端获得任何想要的信息。作为传统媒体和新媒体走向融合后"跨媒介"的产

物,全媒体传播不再受传统媒体时代传播方式、手段的限制,而是能够突破现有各种媒体形式的局限,实现信息传播平台的全面覆盖,利用多种媒体手段,构建多落点、多形态的大传播体系。将全媒体传播模式引入新闻宣传中,就是要借助其"兼容并包"的特点,使典型宣传从单一媒体、单形态的运作转变为多媒体、多形态的运作,通过各媒体的深度融合,形成多媒体的联动传播,从而扩大宣传的传播范围,促使宣传传播效果叠加和放大。

2.全媒体具有互联交动性,要加强常态互动联系

在全媒体时代,信息传播已成为一项全民皆可参与的活动,为人们参与传播、自由表达自己的观点提供了极大便利,这使旧有的"我说你听"式的传播越来越难以引起受众的兴趣。受众不再是被动地接受,参与信息传播互动成为受众普遍的要求。为了取得更好的传播效果,新闻宣传必须充分考虑到互动的重要性,主动为受众提供各种互动的机会与渠道,与受众建构起常态的互动联系,借此促使受众对宣传内容产生强烈的信任和共鸣,进而增强典型宣传的舆论引导力。

3.信息获取具有自主性,要加强网络舆论引导

在"人人都有麦克风、人人都是通讯社"的全媒体时代,网络已经成为广大群众表达情绪、宣泄情感、碰撞思想的聚集平台。一方面有利于教职工群众表达自身诉求,有利于工会干部掌握教职工的思想动态。另一方面,由于教职工群众的政治觉悟、道德水准、文化素养参差不齐,对许多问题的看法和见解也不一而同,同时由于网络传播的自由性、匿名性和开放性,使得大量信息不需要通过层层审核就可以即时发布,极易造成一定的负面影响。在虚拟网络社会中,不正当的利益诉求经过互联网等新媒体的炒作助推,有可能催生"网络暴民"和"网络暴力",激发社会矛盾,对此,工会干部必须站在"第一知情人"的高度,充分利用新媒体传播快、影响大的特点,扬长避短、趋利避害,牢牢掌握工作主动权,提高正面舆论的引导力。

二、不断创新,探索"互联网十"时代工会宣传工作新格局

工会干部要与时俱进,创新宣传平台,利用新媒体特有的开放、共享、便捷、高效、互动等优势,为建设"学习型、服务型、创新型工会组织"提供强有力的支持和保障,探索"互联网十"时代工会宣传工作新格局。

1.抓阵地建设,整合资源全方位立体化传播

努力通过各媒体的深度融合,形成多媒体的联动传播,实现工作联动、错位发展,增强宣传效果。浙江大学工会目前拥有工会门户网站、《浙大教工》杂志、工会微信公众平台等三大主渠道宣传阵地。三大媒介通过差异性表达,充

分展现自己的特性,实现优势互补,以文、图、声等方式,全方位、立体化、多层次、多角度地反映校院两级教代会、工会工作,宣传和报道教职工风貌,努力讲好浙大故事、教职工故事、工会故事,传递正能量。

浙大工会网站充分发挥容量大、内容全的特长,开设多个栏目,如"新闻动态""院系风采""通知公告""服务信息""政策法规""文件汇编""理论探讨""教工风采"等,除了设立专门工会干部主动、及时发现典型事件进行撰稿和编辑外,还积极鼓励院级工会通讯员宣传院级工会工作,网站已成为广大教职工了解学校、了解工会工作的网上园地,成为教职工参与学校建设和发展的平台。《浙大教工》杂志为季刊,较好地交流了工作经验,增强了工会组织的吸引力和凝聚力。"浙江大学工会微信公众平台"则充分发挥新媒体互动的特色,发挥"即时性强""互动性强"等优势,成为职工第一时间知晓工会动态和参与互动的网上平台。

2.抓亮点特色,结合重点工作塑造工会品牌

在全媒体时代,典型示范是宣传思想工作的有效方法和途径。对于工会重大事件、重大活动、重大任务,我们积极学习借鉴新华社等媒体的宣传策划报道经验,坚持早做准备、精心策划,打造工会品牌。

近些年,浙大工会新闻宣传与重点工作同步部署、同步策划、同步推进的工作机制逐步建立健全,与学校党委宣传部门的联系制度趋于成熟,校工会结合自身优势努力参与到学校的文化宣传大氛围中去,增强宣传的实效性、针对性。比如教代会提案工作,在《浙江大学报》设专题版面介绍提案承办情况,让全校教职工知晓监督,对于优秀提案以及办理积极、效果好的部门,校报整版大力宣传,为学校民主管理营造良好的氛围。又比如工会承办的浙江大学"歌咏求是 筑梦中华"校歌合唱大型比赛,在赛前、赛中和赛后与学校党委宣传部、团委充分沟通,在浙江大学门户网站、求是新闻网、《浙江大学报》、浙江大学官方微信公众平台、浙江大学团委官方微信公众平台等媒体密集传播比赛动态、幕后花絮等,展示了全校教职工对比赛的空前投入和对校歌的深深热爱。

3.抓校外平台,借助上级工会媒体和社会媒体扩大工作影响力

在充分利用本地工会宣传媒介的基础上,我们紧紧依靠上级工会的报纸杂志和社会主流媒体,进一步加强和深化宣传,自觉地融入社会大宣传格局之中,做到校内和校外结合,向外延伸,整合资源,拓展领域,努力实现工会宣传工作的内循环向外循环的突破。

一是加强与上级工会的联系和沟通,在第一时间了解宣传意图和报道要点,以便做到宣传报道上有的放矢,同时争取业务上的指导和帮助。近年来,

在《中国教工》杂志、浙江省教育工会门户网站、《浙江教工》杂志上有重点、有针对性地撰写有深度、有分量的稿件,及时传播浙大工会声音,目前已经形成全面、系统、持久反映浙大工会工作全貌的良好局面。

二是借助社会新闻媒体扩大宣传,通过多种途径,"借船出海","借鸡下蛋",达到事半功倍的效果。比如浙江大学妈咪暖心小屋建设,在小屋启动时就充分借助媒体的力量,迅速扩大知名度。启动当天,新华社浙江分社、浙江日报、杭州日报、青年时报、钱江晚报、浙江经视等十多家报纸、电视媒体纷纷报道,在短期内凝聚了很高的人气,为妈咪小屋工作的推进创造了良好条件。

4.抓新媒体互动,提升工会工作沟通互联性

以微信为代表的新媒体已成为全媒体中的重要一员,也是高校工会工作的重要传播媒介,在传播工会文化中起到越来越重要的作用。浙大工会在2014年年底开通了微信公众平台,结合浙大实际,精心设计完善多个栏目,如"工会动态""活动通知""教工风采""育人沙龙""服务之窗""文化品牌""生活福利"等,传播工会工作动态,发布工会信息,充分挖掘师生队伍中有威望的"意见领袖",如三育人标兵、"师德"先进个人以及在普通劳动岗位上兢兢业业的代表,当好他们的传声筒,引领校园师德师风。浙大工会微信公众平台还定制功能菜单,尝试开设与完善评选投票、活动报名等互动性强的栏目,极大地方便了教职工。浙大工会微信公众平台在2015年荣获首届"全国最有影响力工会新媒体"称号,成为全国院校工会唯一入选的一家。

新媒体的本质就是所有人对所有人的传播,每个人既可以是信息的接受者,也可以是信息的传播者。信息交流的实时互动性,有利于激发青年教师的参与热情。利用微信的这个优势,浙大工会大力推广"金点子征集",巧妙地与职工群众进行交流互动,将职工的一些合理化建议通过这些渠道反映上来,在交互式讨论和多点传播中实现平等交流,增进与职工群众的交流,拓展职工群众的表达空间。

5.抓信息监管,引导网络舆论正向功能

高校工会组织应当视新媒体为改变工会宣传局面的有力工具,强化自身修养,尽快掌握并积极利用新的话语方式和新的思维方式,抢占信息制高点,用正确的舆论导向引导职工群众。一方面要在二级工会中组建一支政治素质高、业务精、网络通的宣传员队伍,时刻关注微信群等交流平台,及时了解舆情动态,与广大教职工进行零距离对话,了解职工心声,解决职工困难。另一方面要切实加强网上舆情的信息工作,第一时间发现、汇报、处理网上各种苗头性、倾向性的矛盾和问题,提高对突发事件的快速应变能力,切实维护职工的合法权益和职工队伍的稳定。

【参考文献】

[1]罗鑫.什么是"全媒体"[J].中国记者,2010(3).

【作者简介】

张鸯,浙江大学工会副科职秘书。

发挥高校院级工会作用
提升行政管理人员工作能力

田红萍

内容提要:高校院级行政管理人员是高校组织中的重要成员,承担着为全校师生服务的任务,也是高校治理体系中的重要组成部分。笔者认为可以通过充分发挥院级工会的作用,激发高校院级行政管理人员的工作积极性,为建设一流大学服务。

关 键 词:高校;院级工会;行政管理

国务院在《统筹推进世界一流大学和一流学科建设总体方案》中提出高等教育的发展目标:到 2020 年,我国若干所大学进入世界一流行列;到 21 世纪中叶,基本建成高等教育强国。一流大学建设需要一流的高校行政管理人员作支撑。

高校院级机关行政管理人员是高校教职工中的一个重要组成部分,通过执行政策、统筹协调、监督检查、提供服务等工作,推动高校行政系统的正常运转,确保高校各项目标的实现。高校院级工会是高校党委领导下教职工自愿结合的群众组织,是院级党委联系教职工的桥梁和纽带,代表和维护教职工合法权益,动员和组织教职工投身学校改革和发展的作用。

高校行政管理人员的工作能力和服务素养在一定程度上体现着高校的发展水平和办学思想,研究高校院级工会在提高高校院级机关行政管理人员工作能力中的作用,对于帮助提升高校院级机关行政管理人员服务水平,推进一流大学建设,具有十分重要的意义。

一、高校院级机关行政管理人员工作中存在的问题

1.服务意识不强

部分高校院级行政管理人员没能真正树立"以师生为本"的服务理念,在实际工作中,容易出现工作态度差、工作不周到的情况。高校院级行政管理人员也存在对岗位重要性认识不够,参与学校改革发展的积极性不强的现象,容

易出现仅仅以完成上级布置的任务为目的,办事过程效率不高、不够人性化的情况。

2.专业知识欠缺

我国多数高校还没有形成一支专业化的行政管理人员队伍,大多数行政管理人员没有经过系统的高等教育基础理论和现代高校管理知识的学习,不具备系统的知识理论框架,影响了工作效果和效率。

3.工作压力过大

随着高校创建世界一流大学目标的提出和高校人事制度的改革,在精管理、大服务的形势下,一方面要求行政管理人员思想政治素质高、专业知识精、管理能力强,具有一定的创新能力,另一方面管理工作人员减少,工作量增加,导致管理人员工作压力过大。

4.进取精神不足

抓好教育科研是高校发展的根本,在大多数高校的建设和发展中,相对于一线教师系列的薪酬体制和学术地位,行政管理人员地位与薪酬偏低,晋升渠道狭窄,考核不够科学,在一定程度上造成行政管理人员工作中进取精神不足。现行组织运行中存在的中高级职位"能上不能下""能进不能出"的现象,导致绝大部分行政管理人员在离退休前10年甚或退休前20年就达到了其职业发展的顶点,这必然导致一些行政管理人员缺乏服务热情,出现职业倦怠现象。

二、高校院级工会提升院级行政管理人员工作能力的方法

《中华人民共和国工会法》规定,工会组织要教育职工依照宪法和法律的规定行使民主权利,发挥国家主人翁的作用。工会必须密切联系职工,听取和反映职工的意见和要求,关心职工的生活,帮助职工解决困难,全心全意为职工服务。工会动员和教育职工以主人翁态度对待劳动。工会开展群众性的合理化建议、技术革新和技术协作的活动,提高劳动生产率和经济效益,发展社会生产力。工会对职工进行爱国主义、集体主义、社会主义教育,民主、法制、纪律教育,以及科学、文化、技术教育,提高职工的思想、道德和科学、文化、技术、业务素质,使职工成为有理想、有道德、有文化、有纪律的劳动者。充分利用高校院级工会组织结构比较健全,开展工作履行职责更容易实现的特点,积极开展各项活动,激发高校院级行政管理人员的工作热情,提高服务意识、服务能力。

1.充分履行工会的教育职能,加强对机关行政管理人员的培训,提高服务意识和服务能力

院级工会通过定期开展活动,融入政治理论教育,提高机关行政管理人员的全局意识、忧患意识、责任意识和服务意识,强化"管理即是服务"的意识,牢固树立"以师生为本"的服务理念。

充分发挥高校健全而又有活力的工会组织的作用,邀请相关学院专业教师对机关行政管理人员进行管理知识等相关内容的专业培训工作。组织机关行政管理人员学习相关法律及学校的规章制度,做到依法依规办事;组织机关行政管理人员学习高校管理知识,掌握先进理论和方法,提高管理技能,更新管理手段,提升机关行政管理人员的创新意识和创新能力,有效提高工作效率。积极联系其他高校对口院系工会,开展干部和业务骨干交流学习,开阔视野。

2.充分履行工会的维权职能,维护机关行政管理人员的权益,提高工作积极性

院级工会在维护学校总体利益的同时,也要代表和维护好有关行政管理人员的具体利益,包括政治权利、民主权利、经济权利、劳动权利、人身权利等。通过广泛充分地征集教代会提案,实现行政管理人员的民主权利,增强其参与学校管理与决策的意识。通过平时开展活动、召开座谈会、工会小组长会议等方式,加强上下沟通,密切关注机关行政管理人员的工资福利及晋升等各种切身利益问题,倾听机关行政管理人员的呼声,对各类利益争议做好调解和解释工作,缓解和减少矛盾冲突。

充分发挥监督职能,努力维护公平公正公开的工作环境。由于高校院级行政管理人员岗位类型繁多、工作内容多样,会存在权责不够清晰,考核制度不够完善等现象,容易出现工作与职称和收入不平衡的情况,院级工会要督促学校相关部门改进考核方式,引导行政管理人员自觉监督考核的公平公正性,协助相关部门做到奖励服务意识强的人员,惩戒不合格的行政管理人员,以提高机关行政管理人员的工作积极性。

3.充分履行工会的服务职能,加大对机关行政管理人员的关怀力度,增强工作凝聚力

院级工会要争取足够的人力、物力、财力,创造积极向上的工作环境,打造真正的"教工之家"。动员和组织机关行政管理人员多锻炼身体,开展健康养生讲座,开设心理健康讲座,帮助机关行政管理人员科学减压,保持身心健康,以充沛的精力投入到工作中去。

院级工会可以通过结对子、举办讲座等方式,增加机关行政管理人员相互

学习、沟通的机会。了解和掌握机关行政管理人员的困难情况,做好探望、慰问和帮扶工作,及时解决机关行政管理人员生活上的后顾之忧,让机关行政管理人员切身感受到工会大家庭的温暖,增加工作凝聚力。

【参考文献】

[1]国务院印发《统筹推进世界一流大学和一流学科建设总体方案》[EB/OL].(2015-11-05).http://www.gov.cn/xinwen/2015-11/05/content_5005001.htm.

[2]齐珊.新时期服务型高校行政管理模式探析[J].经济研究导刊,2014(27):212-213.

[3]冉屏,穆婕.试论普通高校行政管理队伍建设现状及对策[J].价值工程,2013(26).

[4]吴秉江,任少伟.高校"学习型、服务型、创新型"工会建设[J].安徽工业大学学报(社会科学版),2013,30(6):136-137.

[5]张斐,高岭梅,周立军,等.论高校二级工会助推教师队伍建设的着力点[J].职业教育(下旬),2014(10):71-73.

【作者简介】

田红萍,浙江大学华家池校区管委会,讲师。

试述马斯洛需求层次理论在高校"教工之家"建设中的运用

毛晓华 林文飞

内容提要:高校工会在新形势下承担着凝心聚力、激发广大教职工的积极性和创造性的职责与使命。"教工之家"在加强工会组织建设、增强工会组织活力方面发挥着重要作用。本文将马斯洛需求层次理论运用于高校"教工之家"建设中,以教职工需求为导向,从教职工不同的需求阶段思考高校"教工之家"建设的重要性和必要性。

关键词:马斯洛;需求层次理论;教工之家;建设

党的十八大以来,以习近平同志为总书记的党中央十分重视党的群团工作,不断加强对党的群团工作的领导。2013年10月23日,习总书记同中华全国总工会新一届领导班子集体谈话时强调要积极扩大工会工作覆盖面,努力把工作做到所有职工群众中去;工会工作要更贴近基层、贴近职工群众,更符合职工群众意愿;工会组织要真正成为广大职工群众信赖的"职工之家"。高校工会作为工会组织的重要组成部分,在新形势下具有更加艰巨光荣的职责,承担着凝心聚力,激发广大教职工的积极性和创造性,服务广大教职工,服务学校发展大局的使命。而"教工之家"在加强工会组织建设、增强工会组织活力方面发挥着重要作用,它以教职工需求为导向,努力成为教职工综合素质提升平台、教职工信任的有效载体。本文以马斯洛需求层次理论为指导,按照马斯洛提出的生理、安全、情感、尊重和自我实现五类需求,从教职工不同的需求阶段出发思考高校"教工之家"建设的重要性和必要性。

一、"教工之家"建设要充分体现满足生理需求的基本要求

生理需求即教职工最基本的生活需要,它是摆在第一位的。也就是说,只有在不断满足了教职工基本的生活保障需求,不断创造符合这些需求变化的最基本的物质生活的基础上,他们才能萌生出高层次需求的动力。这从马斯洛需求层次理论上奠定了"教工之家"建设的首要且必要条件,要求工会组织以关爱、帮扶、服务为重要职责。在"教工之家"建设中,真心体现工会组织不

仅要成为广大教职工排忧解难的温暖娘家,更要成为为广大教职工遮风挡雨的温暖怀抱。

1.以关爱为基点,凸显工会作用

教职工是学校发展的主体,关爱教职工要求工会组织牢记党的全心全意为人民服务的宗旨,转变作风,深入基层,深入教职工群众中去。一切从教职工的利益出发,情系群众、心系教工,是工会组织围绕学校发展的工作方向。在实际工作中,工会组织要发挥工会优势,关心每一位教职工,了解困难教职工、青年教职工、外来青年教职工等特殊群体的需求,真正让每一位教职工感受到工会"教工之家"的温暖。工会干部做有"心"人,关心教职工的疾苦,倾听他们的呼声,及时反映他们的意见和要求,认真解决他们的实际困难和问题,真心诚意地为教职工群众办实事,办好事。

2.以帮扶为载体,密切党群关系

工会的帮扶工作是密切党群关系的有效载体,在帮扶过程中及时送去组织的关心和问候,同时全面了解教职工的困难原因并制定出针对性的帮扶措施,让教职工走出困境,使困难教职工感受到组织的关怀和温暖。在实际工作中,坚持"五必访"制度,凡教职工生病住院、婚丧喜事、生育、离退休以及发生重大困难,工会组织必须前去慰问,切实为教职工办实事、做好事、解难事,最大限度地体现服务教职工、方便教职工、温暖教职工。

3.以服务为宗旨,提升工作水平

工会是群众组织,工会的性质、地位、职能,决定了工会组织自然跟教职工紧密联系在一起。"竭诚为职工群众服务,不断焕发工会组织的生机活力"是习近平总书记2013年10月同中华全国总工会新一届领导班子成员集体谈话时所作的重要论述。这一重要论述,进一步明确了工会工作的目标和任务。在实际工作中,要坚持从工会工作特点和教职工的实际出发,以需求和问题为导向,尽工会之所能,解教职工之所难,在竭诚服务中同教职工打成一片,不断提升工作水平。

只有心系教职工,为教职工办实事、办好事,教职工才会拥护,工会组织才会有地位,"教工之家"才有实际意义,真正成为教职工可依靠可信赖的"温暖之家"。

二、"教工之家"建设要真正成为满足安全需求的有效渠道

安全需求是指对人身安全、生活稳定以及免遭痛苦、威胁或疾病等的需求。只有在生理需求被满足之后,人们才会关心安全要求。根据马斯洛需求理论,"教工之家"建设在充分体现关爱教职工的基础上,要落实维护教职工的

合法权益,通过"教工之家"建设,让广大教职工广泛享有身心健康与对学校发展的知情权、参与权、监督权等。

1.建立健全坚持和突出维护职能的各种制度

工会是党领导下的群众组织,是党联系职工的桥梁纽带、职工利益的代表者和维护者。这种多重角色决定了工会组织必须从不同角度反映教职工群众当前的或长远的、个人的或整体的利益要求;必须依据《工会法》,切实保证教职工的权益有法律法规保障,保证有关教职工权利的法律法规得到落实;必须坚持做好源头参与,及时为学校发展决策和制定政策提供第一手资料和依据,并督促有关政策落实;必须不断完善教职工代表大会的各项制度,大力推行校情通报、教代会代表巡视等涉及教职工知情权、参与权和监督权的重要制度。

2.建立健全教职工利益诉求的表达、反映、沟通、解决机制

教职工利益诉求能有效、便捷、无顾虑地得到表达、反映和解决是一所学校民主管理水平高的一个标志,也是建设和谐社会、和谐学校的必然要求。除了教职工(代表)大会、教师座谈会、校长信箱等传统形式外,目前还可以建立定期的学校民意汇集制度和专题听证会、研讨会制度。工会可以定期召开座谈会,听取教职工对学校工作的投诉、举报、意见、建议。开设金点子信箱,确定专人负责收集教职工的意见和建议,定期汇总,向学校党政部门和上级相关部门报告,并做好相关问题的沟通和调处解决工作。针对教职工反响比较集中、强烈的问题,召开专题听证会,教职工关注的问题,由校领导和有关部门作解答和说明。召开专题研讨会,充分发挥教职工的参与积极性,从而使学校的决策更民主、科学。

3.建立健全教职工健康咨询工作机构

高校教职工是一个特殊群体,面临激烈的竞争,时常处于一种紧张的脑力劳动状态。教职工的身心健康问题应得到高校工会组织的高度重视,开设身心健康咨询工作室。针对教职工健康状况举办体检分析报告会、一对一咨询服务以及健康教育培训等。为提升教职工心理素质,针对不同的群体,有针对性地组织有意义的专题讲座,为教职工提供促进心理健康的方法和途径,并依托心理健康咨询中心开展热线心理咨询、个案心理咨询、心理疾病排查等服务。

"教工之家"建设以满足安全需求所采取的有效措施,有利于增强教职工安全感。

三、"教工之家"建设要切实提供满足情感需求的有力保障

当生理需求和安全需求得到满足后,情感需求就会突显出来,进而对人产

生激励作用。在马斯洛需求层次理论中,这一层次是与前两层次截然不同的另一层次,其中包括情感和归属的需求。情感上的需求比生理上的需求更加具体,这些需求如果得不到满足,就会影响员工的精神,导致其对工作不满及情绪低落。马斯洛需求层次理论模型,为我们提供了"教工之家"建设满足教职工情感需求的路径与方法。

1.着力打造教职工交流沟通平台

"教工之家"作为工会功能的重要体现,其重要目的是促进教职员工间的交流,在工作方面有更好发展。由于高校教师的学术背景存在较大差异,既有有海外留学背景的归国人员、外籍专家,也有来自国内不同高校的专业技术人员,这就存在同在一个学校甚至同一院系的同事缺乏交流沟通的情况,直接影响了高校优秀的校园文化传承。在这种情况下,需要工会通过"教工之家"的形式为不同文化背景、不同地域、不同学科、不同年龄的教职工建立非正式的沟通渠道,促进高校教职工间的互相影响,加深教职工之间的互相了解,通过正式与非正式的沟通渠道的相互配合不断引进先进思想,不断完善和加强高校的文化建设。

2.着力打造教职工精神文化家园

高校精神文化是校园文化的核心,一旦形成,就会建立起自身的行为准则、价值取向和规范体系,引导群体成员的行为、心理,使其在潜移默化中接受共同的思想引导和人格塑造,进而产生向心力、凝聚力和感染力。为此,"教工之家"建设应成为丰富教职工业余生活,促进校园精神文明建设的主阵地。"教工之家"以过硬的硬件设施作为保障,为教职工提供健身、学习、娱乐的场所。在加大硬件投入力度的同时,把"建家"工作作为教职工精神文化建设的重要部分,通过开展丰富多彩的文化、体育活动等有效载体,满足广大教职工多样化的精神文化需求,真正把教职工的活动阵地建设成为教职工的精神文化家园,为加强校园文化建设提供一个重要阵地。

3.着力打造教职工学习培训基地

学校作为社会组成的重要部分,不仅影响到学校自身的发展,更直接地影响到学生的终身发展,如果没有全体成员全身心投入,并有能力不断学习的组织,没有能让成员体验到工作中生命意义的组织,没有通过学习能创造自我,扩展创造未来能量的组织,恐怕难以实现教职工职业素养的迅速提高。据此,"教工之家"建设要顺应学校发展的要求,以加强学习培训提高广大教职工职业素质和综合竞争力,如定期举办"阅读·悦生活"读书会,通过读书呼唤美、勇气和智慧,从而达到强大内心的锻造,以及个人精气神的提升,弘扬良好的读书学习风气,对提高教职工职业素养产生推动力。

工会组织的建家目标之一就是通过建设各类平台来增强教职工的归属感、荣誉感和责任感，营造一种"家"的氛围，使其感受到"家"的温暖，使之成为教职工心目中的"温馨之家"。

四、"教工之家"建设要积极彰显满足尊重需求的校园文化

马斯洛的需求层次理论中的尊重需求属于较高层次的精神需求，既包括对成就或自我价值的个人感觉，也包括他人对自己的认可与尊重。一方面是获得自尊、信心、能力、本领、成就、独立、自由的愿望；另一方面是要在一定群体中有威望、被承认、有地位、有名誉、被欣赏等。"教工之家"建设中可以通过以下方面满足广大教职工尊重的需求。

1. 尊重教职工的主体性

教职工是学校的主人，只有教职工参与学校管理的积极性得到满足，他们合理的诉求得到尊重，好的意见建议得到重视，他们才能体会到做主人的荣誉和自豪，从而增强责任感、使命感。通过教职工、学生意见征求会，认真听取师生的合理意见和建议，让教职工积极参与学校管理，及时发现新问题，提出新想法，制定新措施。这样，才能让教职工体会到自己是学校主人的自豪感，而且有利于构建和谐的育人环境，从而充分调动教职工的积极性。

2. 彰显教职工的先进性

以广泛推选"三育人"即教书育人、管理育人、服务育人先进人物以及师德标兵活动为契机，通过归纳、挖掘、提炼师德师风建设中的真人、真事、真心、真情，大力宣传师德师风先进典型的好思想、好作风、好经验、好方法，使他们贴近教职工、感染教职工、鼓励教职工、引导教职工，努力营造尊重先进、学习先进、追赶先进、争当先进的校园氛围，以榜样的力量促使教职工精神奋发、积极进取，进而推动师德师风的全面建设。

3. 激发教职工的积极性

在日常工作中我们可以发现，不同年龄层次的教职工有着不同的需求。针对教职工的不同需要，需采用不同激励措施，以激发他们的积极性。如青年教职工，应积极鼓励他们参加专业培训进修，并真心实意地为他们解决生活中的实际问题。中年教职工，应创造条件，支持他们从事教育、教学改革，支持他们外出学习、交流经验，积极使他们的学术论文得到发表。对于能力强、成绩突出的要提拔重用，给他们提供施展才能的机会。对于老年教师要给予一定的照顾，要尊重老教师，认真听取老教师对学校工作的意见、建议。长此以往，教职工逐渐具备积极向上的心理态势，形成相互信任、相互尊重的人际关系，获得归属感和认同感。

"人非草木,孰能无情","教工之家"要注重给教职工应有的尊重,既提高教职工的幸福指数,又起到凝聚人心的作用,成为教职工心目中的"幸福之家"。

五、"教工之家"建设要全力营造满足自我实现需求的精神家园

马斯洛需求层次理论中阐述的自我实现需求是最高层次的需求,是指实现个人理想、抱负,使个人的能力发挥到最大程度,达到自我实现境界。"教工之家"建设可通过加强工会组织建设来帮助教职工实现自我价值,最大限度地发挥个人潜能直至达到自我实现的最高境界。

1.发挥工会组织的桥梁纽带作用

认真贯彻落实《中共中央关于加强和改进党的群团工作的意见》精神,充分发挥工会组织的桥梁纽带作用,发挥一头连着党,一头连着教职工的优势。通过深入院级工会开展调研,为学校决策提供第一手资料;建立工会主席信箱,第一时间听到来自群众的呼声。在围绕学校中心工作,服务学校改革发展,构建和谐校园,维护学校稳定中主动参与、主动协调、主动引导、主动作为。教育教职工以主人翁的姿态为学校发展贡献才智,共同汇聚起实现学校事业又好又快发展的强大正能量。

2.带领教职工在本岗位上建功立业

围绕立德树人、教书育人的根本任务,精心谋划,主动作为,作出积极贡献。要以"三育人"先进集体、先进个人、"师德标兵"等先进评选为契机,引导广大教职工树立正确的人生观、价值观,做社会主义核心价值观的弘扬者、践行者,做遵守社会公德和职业道德的模范。通过举办"师说"论坛、教学技能竞赛、传帮带座谈会、"青年教授讲坛""女教授论坛"等活动,鼓励广大教职工围绕学校育人中心工作,在本岗位上再立新功。

3.不断增强自身影响力和感召力

在新时期、新常态下,工会工作要主动适应,积极进取,创新工会组织活动方式,提高工会网上工作水平,树立工会组织的新形象,通过创造性工作增强发展活力、赢得教职工信任。在为教职工解难题、办实事方面,增强为群众服务的观念,勇于承担"第一知情人""第一报告人""第一帮助人"的职责,把工作重心放在最广大的普通群众身上,主动掌握群众工作的方式方法,切实改进工作作风,主动与一线教师交朋友,做群众的"贴心人"和"娘家人"。在化解各种矛盾、构建和谐校园中发挥"润滑剂""稳压器"的作用。

工会组织以建设"教工之家"为载体,带领广大教职工坚定理想信念,汇聚起实现学校建设世界一流大学的宏伟目标的强大正能量,成为教职工的"奋进之家"。

六、结　语

习近平总书记在中央加强党的群团工作会议上强调,党的群团工作肩负着庄严使命。工会等群团组织一定要坚持解放思想、改革创新、锐意进取、扎实苦干,切实保持和增强党的群团工作和群团组织的政治性、先进性、群众性。以教职工需求为导向的高校"教工之家"建设,是认真贯彻落实习总书记对党的群团工作总体要求的新探索、新实践。我们将继续努力,通过创造性工作增强工会组织活力,赢得广大教职工信任,真正把"教工之家"建设成为汇聚人心的"暖力量"。依靠这种暖人心、聚人气的"暖力量",让教职工切身感受到工会组织的存在,认识到无论何时何地,工会组织是他们可以信赖依靠的"娘家"。

【参考文献】

[1]中共中央关于加强和改进党的群团工作的意见[EB/OL].(2015-07-10).http://politics.people.com.cn/n/2015/0710/c1001-27281548.html.
[2]步献新."服务型工会"视角下高校"教工之家"建设研究[J].学理论·中,2014(6).
[3]王朔,郭方伟.高校创新型"教工之家"建设初探[J].价值工程,2014(17):284-285.

【作者简介】

毛晓华,浙江大学工会副主席,副研究员。
林文飞,浙江大学工会副科职干部。

高校创新"教工之家"建设的实践与思考

——以浙江农林大学为例

钱　潮　黄溪鸿

内容提要：本文在对新形势下全国各类高等院校"教工之家"建设方向面临问题进行总结的基础上，以浙江农林大学"女性公社"俱乐部的实践为例，指出了高校"教工之家"在新时期发展过程中面临的新挑战、新任务，从精准关怀、创新机制等方面提出了高校"教工之家"建设突破瓶颈的可能路径。

关 键 词：教工之家；精准关怀；创新

2014年8月，浙江农林大学"女性公社"俱乐部（以下简称"女性公社"）在由浙江省教育工会、浙江省高等学校思想政治教育研究会主办的第二届浙江省高校"教职工文化品牌"评选活动中被推选为第二届浙江省高校"教职工文化品牌"。这一殊荣的取得，充分肯定了"女性公社"在新时期探索高校"教工之家"模式创新上所取得的成果。同时，也为高校"教工之家"建设在突破现有瓶颈方面指出了可能的路径。

一、高校"教工之家"建设普遍存在的问题与困境

自从中国工会十五大提出建设"服务型工会"的要求以来，全国各高等院校掀起了一股建设"教工之家""教工小家"的热潮。然而，在实践中，"教工之家"建设也暴露出一些普遍存在的问题。

首先，是认识存在偏差。很多地方将"建家"单纯理解为兴建教职工活动场所，为此虽然新建了很多设施齐全的教工活动场地，但由于忽视了"教工之家"的文化内涵建设，使"家"的深刻内涵未能得到充分的挖掘。这使得许多"教工之家"仅仅成为一道风景、一种摆设，而并未融入广大教职工的精神生活，没有达到很好的预期效果。

其次，教职工参与度普遍不高。教工原本是"教工之家"的主体，但"教工之家"在建设过程中由于程式化的推进机制，从上到下的决策模式以及在人员投入方面的匮乏，到最后，"建家"往往成为工会组织的"独角戏"。

第三，高校"建家"普遍缺乏创新意识和激励机制。教职工在"建家"过程中

之所以参与度不高,一个重要原因是"建家"主导者缺乏创新意识。同时,在制度设计时也缺乏激励机制。创新意识主要是指不断赋予"建家"以新的内容,注入新活力,要随时关注教工的所想所需,大力开展教职工们喜闻乐见的活动,突出重点、体现特色,增强集体凝聚力。激励机制是指"建家"在最终考核环节要有一套完整科学的评价体系,始终把教职工对"家"的满意度作为主要和最终的考核标准。缺乏创新意识和激励机制,"教工之家"建设只能流于形式。

二、"女性公社"的实践探索

"女性公社"在设计建立之初就注意克服"教工之家"建家过程中存在的问题与困境,尤其在组织理念与组织手段上有效保证了其自身的健康与活力。

2008年,隶属于浙江农林大学文化学院分工会的"女教职工之家"成立。"女教职工之家"成立后积极开展了一系列紧扣"女性"主题的活动,每年都有计划开展面向女教职工的各类培训讲座,比如盆景插花、茶艺茶道、美容化妆、礼仪等实践与理论相结合的讲座,极大丰富了学院女教职工的业余生活,受到了参与者的一致好评。

2011年4月,为适应新的发展形势,提出了"文化女性·创意人生"的女工委工作理念,并以文化力、引领力、创新力、亲和力和凝聚力为引领,将"女教职工之家"更名为"女性公社",聘请茅盾文学奖得主王旭烽女士为顾问。2011年12月正式挂牌成立。

"女性公社"成立后,按照"政治上有地位,生活上有情趣,事业上有发展,社会上有影响,福利上有保障"的目标全面展开建设。该组织有效利用全校资源,依托学科优势,锐意进取,开拓创新,工作有声有色,呈现出符合时代特色的新女性风貌。

政治上有地位:"女性公社"专门成立了以女性为主体的理事会,同时积极组织女教职工参与各种政治主题活动;生活上有情趣:继续做好"女性"主题的培训讲座工作,为进一步丰富会员的业余生活,提高其生活品质提供智力支持;事业上有发展:"女性公社"每年都有计划地组织女教职工开展教学观摩学术活动,同时积极邀请校内外名家开展学术讲座,在教学和科研两个层面给女教师尤其是青年女教师的提升提供有效帮助;社会上有影响:"女性公社"利用一切机会为公社会员走出去提供资源和舞台,比如第八届残运会服装设计师黄玉冰就是"女性公社"骨干社员;福利上有保障:"女性公社"理事会通过与学校和学院工会沟通,每年确保学院分工会三分之一以上经费支持"女性公社"的相关活动,此外在女性婚育和健康方面始终予以积极关注和协调。

经过几年的建设和发展,"女性公社"已成为浙江农林大学一个丰富女教职工生活的重要场所、助推青年女教师成才的平台，以及提升女教职工品质生活的载体。

"女性公社"成立后，为不断服务学校女性教职工，主要作了以下几方面的探索：

一是加强组织建设，积极参与政治活动。为推动"女性公社"的实质运转，在校院两级工会组织的帮助下成立了"公社"理事会，负责日常工作。在此基础上，确立了活动场所，定期开展活动。"公社"还制定了管理章程，保障成员参与民主管理的权利。在讨论重大政策时，"公社"主动召集成员代表讨论，就涉及会员利益的条款认真审议，并提出修改建议。

二是加强研讨交流，提升业务水平。"公社"会员中有一大批青年女教职工，教学和科研能力相对薄弱。针对这一状况，"公社"主动配合有关部门做好工作，提升成员的业务水平。"公社"积极协调会员所在学院，落实做好教授与青年教师"一对一"结对帮扶工作。同时，积极组织女教师们在课题申报、教学合作等方面的沟通和整合。还与教学督导委员会联系支援，对教学评价相对较差的"公社"成员开展分析诊断，为她们尽快站稳讲台添柴助力。

三是依托学科优势，投身社会服务。社会服务本是高校重要职能之一。"女性公社"依托各成员的学科优势，积极整合力量，辅助学院相关活动和工作。"公社"一方面鼓励女教职工积极参与社会实践，一方面在服务社会的活动中发挥团队集体的力量，从而将"公社"的影响从校园辐射到社会。同时，"公社"还积极搜集相关信息，为成员和服务对象搭建合作桥梁。

四是开展特色活动，凸显女性风采。为提高组织活动的品质和品位，倡导女性健康、高雅的生活方式，"公社"要求其活动应突出"知性""美丽""亲切"的主题。"公社"为此经常举办学术沙龙；邀请校内外专家来校开办专题讲座；"公社"还利用会员的文艺优势，主动承办学校元旦晚会等大型文艺活动。

"女性公社"的探索实践，为高校突破"教工之家"建设面临的困境和瓶颈，提供了有益的尝试。

三、思考与建议

回顾从"女教职工之家"到"女性公社"的发展道路和"公社"的整个探索历程，我们可以总结出"女性公社"取得成功的经验的原因。

一是学校工会和挂靠学院党政的全力支持。"女性公社"从最初学院的一个特色品牌到最终成为浙江省"教职工文化品牌"，与浙江农林大学工会的支持和所在文化学院党政班子的高度重视密不可分。二是坚持"以人为本"，尊重女性特点，有针对性地开展工作和活动。为女性教职工服务始终是"女性公社"活动的出发点和根本归宿。三是注重提升知识女性新形象，展现知性魅力。提升女教职工的业务水平和生活质量是"女性公社"的重要目标和努力方向。四是有固定的活动场所和周密的计划方案。每年年初,"女性公社"理事会都会制订年度工作计划,同时"公社"利用挂靠学院的资源,在学校拥有两个常规的活动场所。五是工作有境界和突破口。女性公社拥有一支在业务上过硬,思想上乐于奉献的志愿者队伍,他们是活动开展的主力和保障。

通过"女性公社"的建设,我们不难发现,创新机制和精准关怀是高校工会突破"教工之家"建设瓶颈的有效途径。高校工会在"建家"过程中要更多地关注教职工们的现实需求,想办法有效调动教职工的自身积极性,要让广大教职工从内心感受到"教工之家"是其又一个"身心的港湾"。只有把教职工的利益实现好、维护好,把教职工的积极性、创造性调动好、发挥好,"教工之家"才能真正成为教职工可以依靠的和愿意积极参与的"家"。

此外,高校工会在"建家"过程中也要突破固有思维,走有特色发展之路,不必千篇一律追求"全面"。可以把教职工有特色地分成几个大类,比如本文重点提及的"女性"是一个大类,"青年"或"老年"教职工又是重要的大类。这样就可以做到精准关怀,使被关怀的群体有很强的认同感,从而进一步激发参与"建家"的积极性。

总之,高校工会"建家"工作要摆脱已有的困境,一定要找准教职工的兴奋点,创新机制、拓展服务,在有积累的基础上不妨与品牌建设整合起来。唯有如此,高校"教工之家"才能够充满活力,最终为高校自身的发展增添动力。

【参考文献】

[1]姜凤雷.关于"服务型工会"的实践和探索[J].北京市工会干部学院学报,2009(2).
[2]中华全国总工会.中华全国总工会关于进一步加强建设职工之家工作充分发挥基层工会作用的意见[J].中国工运,2010(7).
[3]熊秧.高校工会如何建设教职工文化品牌[J].中外企业家(中旬刊),2013(5).
[4]洪浩.全心全意为职工服务真抓实干促创新转型[N].工人日报,2013-07-24(1).
[5]赵供.人文关怀视阈下高校"教工之家"的功能与发挥[J].生产力研究,2011(11).
[6]步献新."服务型工会"视角下高校"教工之家"建设研究[J].学理论,2014(17).
[7]原小梅.浅析高校"教工之家"建设存在的问题及对策[J].青春岁月,2013(22).

【作者简介】

钱　潮,浙江农林大学工会副主席,助理研究员。
黄溪鸿,浙江农林大学,助教。

基于组织文化的高校基层工会教工小家建设

李金花　　胡志刚

内容提要：作为高校推进基层工会工作的重要载体，教工小家在组织和服务一线教职工中发挥着重要作用。本文从教工小家参与组织文化建设的视角出发，阐述建设"学习型、服务型、创新型"教工小家的思路和举措，旨在深化工会服务内涵，提升工会工作实力，促进工会组织建设的可持续发展。

关 键 词：高校；教工小家；组织文化

工会是职工自愿结合的群众组织，是党联系职工群众的桥梁和纽带。一直以来，党中央始终对工会给予高度重视和关注。1983年中共中央书记处首次提出："工会组织和工会干部要真正成为'职工之家'、'工人之友'。"①2008年中华全国总工会要求各级工会组织要把建会、建制、建家结合起来，努力把基层工会组织建设成为组织健全、维权到位、工作规范、作用明显、职工信赖的名副其实的职工之家。党的十八大以来，党中央又提出"努力把工会建设成为深受职工群众信赖的学习型、服务型、创新型职工之家"，进一步明确了职工之家建设的指导思想。2015年7月，中央首次召开党的群团工作会议并发布《中共中央关于加强和改进党的群团工作的意见》，对如何更好组织动员群众、教育引导群众、联系服务群众、维护群众合法权益等方面作出了最新指示，对工会工作提出了更高要求。

一、工会建家的现实困境

"家"是共同生活的眷属和他们所住的地方。作为高校教工之家的分支和组成部分，教工小家是高校基层的群众组织，其在本质意义上是教职工最可信任的活动阵地和精神港湾。为此，教工小家的建设必须围绕"家"的本质含义，彰显人文关怀，真正做好广大教职工的"娘家"。经过30多年的实践和探索，

---

① 陈志标.风生水起建家路——全国教科文卫体工会系统职工之家建设成绩斐然[J].中国教工，2015(11)：4-6.

各级基层教育工会的建设职工之家活动,经历了组织整顿、深入推进、提高水平等阶段,目前已经进入了创新发展的新阶段。作为一个以知识分子为主体的群众组织,教工小家具有鲜明的群体性特征,在建家工作扎实推进并不断深入的同时,也存在着一些现实的困境与问题。

首先,高校基层工会教工小家组织建设尚不够完善,建家工作没有与党建、科研以及育人等有机结合,片面强调了对教职工活动场地的实体建设,轻视小家的文化内涵建设,使得广大教职工对"家"的认识存在偏差。

其次,教工小家建设受到资源经费、人员投入等限制,在建家过程中存在部门间协调不够、组织活动不力等情况,其对教职工的影响力没有充分显现。广大教职工对"家"的参与度和认可度不够,从而使教工小家显得可有可无、无足轻重,不能得到党政部门领导的充分重视和大力支持。

第三,教工小家建设创新意识不足。教工小家建设未能及时注入新的时代元素,做到与时俱进;未能切实关注教职工的现实需求;在完成上级部门的"规定动作"后,少有体现自身特色的"自选动作",使得教工小家对于教职工的吸引力不够。

第四,教工小家建设的激励和评价机制不够健全。教工小家的建设在制度的设计上还需要完整、科学的评价体系,切实提高广大教职工对小家建设的满意度。

以上困境的产生,究其原因在于工会工作的开展与各单位的工作之间融合度不够,使得工会在服务教职工方面未能实现工作、学习和生活多方面的全方位关照和协调发展。因此,基于组织文化视角的教工小家建设是其职能深化发展的必然要求。

二、组织文化对于工会建家的意义

组织文化是组织成员在较长时期的活动过程中逐渐形成的共同的价值观体系、信念、思维方式及具有相应特色的行为方式、物质表现的总称。20 世纪80 年代,美国管理者发现日本企业之所以获得成功,是因为能出色地将现代技术和管理方法与本国文化结合起来,由科学管理转向文化管理,组织文化成为关键的成功要素。这也使得越来越多的机构和组织开始重视组织文化的建设,以提高其核心竞争力。组织文化分为深层次的精神文化和浅层次的物质文化两种,深层次组织文化是指组织成员的价值观、信念、道德和思维方式等;浅层次的组织文化是组织成员因共享的内在价值理念外化为一致的行为方式、服饰仪式等。

组织文化涉及组织的精神和物质层面,这与工会涉及会员的维权、建设、参与及教育等方方面面有契合之处;对于高校教工来说,教工小家是校园文化和所属院系文化的直接参与者、倡导者和组织者,实现两者之间的融合和协同工作,是促进教工小家和所在组织的成长与发展的必由之路。

三、教工小家在组织文化建设中的优势

1.组织联系优势

作为党联系教职工的桥梁和纽带,教工小家有着联系一线教职工的组织优势,并通过深入基层教职工的工作优势,沟通和了解群众。通过组织动员和广泛宣传,在教职工中开展师德师风教育、进行文化传播,树新风、立正气、促和谐,营造良好"家风",提高本单位教职工的精、气、神。

2.阵地活动优势

教工小家依托教工文体活动室,组织教职工开展各类文体活动。通过活动,让教职工在活动中体验团队合力、展示团队风采、感知集体荣誉感和凝聚力,促进和谐组织文化的构建。

3.民主监督优势

教工小家是教职工参与学校和部门民主管理的主渠道,不仅引导教职工参政、议政,而且通过二级教代会、党政联席会议等形式,监督本部门的制度文化和廉政文化建设,有助于推进民主化的组织氛围建设。

四、基于组织文化的教工小家建设

1.强化目标愿景,凝练组织文化精神

每个组织都有其工作目标和愿景,教工小家必须利用自身组织和联系群众的优势,在教职工中广泛宣讲组织理念、精神和价值观;大力弘扬先进人物如"三育人"先进个人、先进党员的事迹,用榜样的力量在整个组织内塑起行业正风;激励和感召教职工立足本职,坚持社会主义核心价值观,提高师德修养,以饱满的精神状态,投入到日常工作中,彰显出高尚的精神追求。

2.打造虚实平台,标亮组织环境文化

环境的创建是组织文化的重要组成部分,环境是文化物化的诠释者。首先,分工会可以借鉴 CIS(corporate identity system)理念,即"组织标识系统",将教工小家的形象设计与所在组织形象相融合,促进其形象传播,塑造既有部门特色又能展示教工小家特点的组织形象,以获得公众的认同和好评。其次,在实际环境中,每位工会会员还可通过佩戴相应的标识徽章、设置有工会会员先锋岗位之类的标识来实现教工小家与组织文化的融合。最后,随着信息技术的发展,利用网站、虚拟社区和即时通信等新媒体技术联系和沟通教职工,

建设好宣传教工小家的虚拟文化阵地。通过虚实结合的环境文化建设,使得广大教职工感受到教工小家无处不在,教工小家与组织文化的和谐统一。

3.关注教工需求,创建特色品牌文化

文体活动是教工小家促进人际交流和沟通的重要活动平台之一。工会必须认真调研教职工不同的兴趣爱好,关注个性需求,为他们提供精准和对口的服务,充分调动这部分教职工的参与热情,创建品牌特色。如笔者所在分工会,为羽毛球爱好者组建了羽毛球队,随着竞技水平的逐渐提高,参与人数不断增加,对外交流比赛也取得了多项优良成绩,并承担了学校羽毛球俱乐部的挂靠单位角色。为文艺爱好者组建"书香艺术团",在学校的大型活动中作为教工代表队参加表演。这些活动品牌的创建,不仅提高了教工小家在校园文化建设中的地位,也促进了团队的和谐和凝聚力的增强。

4.重视团队学习,提高组织核心竞争力

马斯洛在其需求层次理论中将人类自我实现的需要列为最高级别的需求。同样,工会关爱会员的终极意义在于促进其自我价值的实现,进而实现组织的目标和愿景。《中国工会章程》规定工会的职能有四项:维护职能、建设职能、参与职能和教育职能。对于任何一个组织而言,业务知识是其实现可持续发展的核心要素,特别是随着科技进步和社会发展的日新月异,教职工要适应新态势,必须始终坚持与时俱进地学习。因此,教工小家要真正践行其教育职能,必须深入组织业务实际,为教职工的业务技能和理论水平的提高提供服务和帮助,在开展业务培训、组建科研团队中成为倡导者和生力军,促进学习型组织的建设和优化,提高组织的核心竞争力。

五、基于组织文化的教工小家建设保障措施

1.党政工联手,形成工作合力

工会是党领导下的职工自愿结合的群众组织,党政部门是工会开展工作的支持者和参与者,工会只有将建家与建党以及本部门的发展目标有机结合,才能真正整合各类资源,合力推进组织文化的建设。

2.健全工作制度,实现有效管理

基层工会工作任务繁重,工作涉及青工、女工以及退休教工等多个层面,每项活动的开展,从计划筹备到监督过程完成,都需要投入相当多的精力和时间。基层分工会由工会主席和若干委员构成,工业主席和工会委员并非专职,而是在原有的业务工作中兼带着工会工作。这种体制造成了工会委员在工会工作中力不从心、精力耗散,从而降低了工作效率。因此,教工小家的建设还需进一步健全和完善工作制度,在工会会员中充分倡导"我为人人,人人为我"

的服务理念,让每位工会会员在享受到教工小家的温暖的同时,反过来参与到教工小家的建设中。如尝试建立会员积分制,把工会会员参与工会事务和活动纳入其工作业绩的考核指标中,以此来促进工会工作的有效开展。

3.重视员工关怀,体现小家温暖

教工小家作为教职工的"娘家",需千方百计地从各个角度关心教职工的成长和发展,为他们全身心投入学校的教学科研做好坚实后盾,体现"家庭温暖"。目前有 90% 以上的世界 500 强企业建立了 EAP(employee assistance program),即"员工帮助计划",从工作压力、心理健康、灾难事件、职业生涯困扰、婚姻家庭问题、健康生活方式、法律纠纷、理财问题、减肥和饮食紊乱等方面全方位帮助员工解决个人问题,提高组织绩效、改善组织气氛。这为教工小家建设在模式方面提供了很好的参照。

4.加强队伍建设,提升服务内涵

"工欲善其事,必先利其器",教工小家要真正实现其各项职能,必须加强自身建设,提高工会干部和委员们的整体素质,从思想觉悟、文化知识水平、业务工作能力以及联系教职工群众的协调沟通能力等方面加以建设,真正打造一支全心全意为会员服务的工会干部队伍,切实提升服务内涵,深化工会职能。

"服务群众是工会工作的生命线",在新的历史时期,基层工会只有始终坚持"以人为本"的服务宗旨,不断开拓进取、创新服务模式,进一步紧密结合所在单位组织的文化建设、形成合力,才能真正成为广大教工的"贴心人"和"娘家人",实现新时期工会工作的可持续发展。

【参考文献】

[1]中华全国总工会.中华全国总工会关于进一步加强建设职工之家工作充分发挥基层工会作用的意见[J].中国工运,2010(7).

[2]步献新."服务型工会"视角下高校"教工之家"建设研究[J].学理论,2014(17):237-238,267.

[3]王晶晶.组织行为学[M].北京:机械工业出版社,2009:268-269.

[4]中国教科文卫体工会全国委员会.教育工会干部培训教程[M].北京:中国工人出版社,2014:129-130.

【作者简介】

李金花,湖州师范学院图书馆、档案馆分工会主席。

胡志刚,湖州师范学院图书馆、档案馆分工会委员。

新时期做好高校女职委工作的几点思考

——以浙江农林大学为例

张小芳　楼雄珍

内容提要:自党的十八大以来,高校教育改革不断深入推进,绩效导向越来越突出,高校女教职工的发展面临着前所未有的机遇和挑战,这也给高校女职委的工作提出了新的要求。本文以浙江农林大学女职委的工作实践为分析的切入点,提出高校女职委工作的共性问题及主要原因,并有针对性地提出思考建议,为高校女职委工作顺应新形势,找对着力点,下对功夫,作出实效提供一定的借鉴。

关 键 词:高校女职委;工作机制;服务效能

随着社会主义市场经济的推进,我国高校正进行着一系列空前的大力度的教育体制和管理体制的全方位改革。在这次改革潮中,众多高校通过教学、科研、管理等多途径加大对教职工的考核力度;突破传统的职称终身制,实行职称可上可下;打破教职工收入固定化模式,实行待遇与工作业绩直接挂钩,绩效导向日渐凸显。高校教职工也承受着巨大的职业压力。女教职工既是高校持续、健康、和谐发展的重要生力军,也是促进家庭和睦、下一代健康成长的主力军,她们集职业妇女和家庭主妇双重角色于一身,知识经济的快速发展和高校改革带给她们的压力显著增加,心理困扰频繁,工作家庭的两头拼搏,使她们疲惫不堪,严重损害其身心健康。近年,在体检中发现高校女教职工患恶性肿瘤疾病、癌症的人数呈上升趋势。工会女职工委员会(以下简称女职委)作为高校联系女教职工群众的桥梁和纽带,应顺势而为,明确工作目标,突破固有工作模式,引领全校女教职工主动适应高校发展形势,积极寻找与高校发展的结合点。同时,作为服务女教职工利益的代表组织,女职委应有效整合资源,多途径、多方位为女教职工排忧解难。

在学校改革转型期,浙江农林大学女职委积极配合上级工会组织,努力提高自身队伍建设,以"科学规范、民主管理、谦和勤勉、创新高效、快乐工作、幸福生活"为指导思想,以满足女教职工需求为切入点,以提高女教职工素质为着力点、关键点，以提升女教职工福祉为落脚点，围绕《工会女职工委员会工作条例》开展工作，积极引导女教职工树立自尊、自信、自立、自强的信念，以崭新的面貌、创新的精神、健康的体魄、饱满的热情投入到学校转型跨越大局中，为学校"十三五"发展建功立业。

一、浙江农林大学女职委工作实践

1. 以满足女教职工需求为工作切入点

浙江农林大学女职委以"教职工利益大于天，群众利益永记心"为服务宗旨，积极深入教学一线，深入女教职工群体、个人，调查了解她们工作面临的新情况、新问题，发现新典型，了解她们的新需求，积极向学校相关行政部门反映，使女职委真正成为广大女教职工与学校之间的桥梁和纽带。同时，女职委在调研的基础上，立足女教职工的需求，合理制订工作计划，有针对性地开展工作，真正做到想群众之所想、急群众之所急、解群众之所难，扎扎实实为女教职工干实事。

2. 以提高女教职工素质为工作着力点

提升女教职工素质是女职委工作的职责所在，也是有效开展女职委工作的着力点、关键点。浙江农林大学女职委积极探索师德师风建设的有效载体，主动配合学校、工会开展各项教学技能比赛；聘请校内外专家向全校女教职工开展有关业务知识、礼仪和口才等方面的讲座；开展心理健康咨询测试等，从而提升女教职工的心理素质水平，增强女教职工的综合素质。同时，浙江农林大学女职委提倡健康有趣、积极向上的生活方式，注重提高女教职工身体素质，定期开展女教职工专项体检和健康讲座活动；联合学校文艺委开展女教师健身操培训活动，每周二、周四进行 2 小时的有氧运动，让女教职工在繁忙的工作中有机会锻炼身体，增强体魄。

近年来，浙江农林大学女教职工在各自岗位上创造了巾帼不让须眉的骄人业绩，如经济管理学院荣获 2015 年"全国五一巾帼标兵岗"荣誉称号，徐秀英教授荣获浙江省第四届师德标兵、师德先进个人称号，孙芳利老师获浙江省教育系统第十三届"事业家庭兼顾型"先进个人称号等。女职委以为学校发展作出重大贡献的女教职工为典型，树立女教职工建功立业示范岗，开展巾帼建功宣传演讲，让众女教职工以此为榜样，深耕于本职工作。女职委还配合学校相关部门组织女性骨干教师积极开展社会合作，为她们的科技成果转化牵线搭桥，扩大浙江农林大学的知名度、影响力。

3. 以提升女教职工福祉为工作落脚点

浙江农林大学女职委主动拓展工作内容，延伸服务触角，提升女教职工福祉。如"三八"节期间组织开展在职女教职工专项体检活动,使女教职工病情得到早发现、早治疗;坚持到退休女教职工家访送温暖活动;工会网站开设"妇女权益法规"专栏,宣传维护学校女教职工合法权益,增强女教职工依法维权意识;重视女教职工孕产期、生育假等待遇的落实;对生病住院的女教职工第一时间开展入院探访,并为她们解决一些实际困难;针对小学生放学早,大部分孩子回家后无人看管的问题,女职委充分整合利用大学资源,开办"育苗班",看管并辅导 1～3 年级小孩家庭作业,为广大年轻女教职工解决后顾之忧。

为提升女教职工生活品位,浙江农林大学女职委定期聘请校内外相关专家对女教职工进行插花、旧衣改造、发型设计等生活技能培训。不定期组织女教职工进行烹饪比赛,增加生活乐趣。同时,为解决单身女教职工的婚姻问题,女职委长期开展"牵手幸福"交友活动,联合校青工委组织与临安市或杭州市相关单位联谊,为未婚女教职工提供更多的交友机会,以期早日筑成爱巢。浙江农林大学女职委解放工作思想,积极整合资源,多途径提升女教职工福祉。

二、女职委工作存在的主要问题及原因

浙江农林大学女职委在工作开展过程中遇到最大的问题就是女职委干部的非专职化。《工会女职工委员会工作条例》第 18 条规定:"女职工 200 人以上的企业、事业单位的工会女职工委员会,应配备专职女职工工作干部。"根据该条例,女职工人数超过 200 人的单位,其日常工作、维权工作等需要一批常规的业务性工作人员,同时也需要具备一定专业知识的专职人员。浙江农林大学现有教职工 1783 人,其中女教职工 897 人,占 50.3%,校女职委由 7 人组成,主任由校工会主席兼任,其余委员由机关、二级学院热心于女工工作的女教职工组成。实践证明,由于非专职化,额外的繁重女工工作给兼职女职委成员带来强大的工作压力,有些委员因无法兼顾本职工作和女工工作而不得不退出女职委,这阻碍了女职委工作的有效开展。这种现状目前在高校普遍存在。女职委干部得不到专职化主要原因有三:首先是上层领导及相关职能部门思想认识不到位,不了解女职委工作的特殊性和重要性,从而导致对女职委组织建设不够重视;其次是以往女职委工作的渗透性不强、覆盖面不广、影响力不大,不足以引起广泛的关注;再次是高校财政困难、编制紧张,实行精编减制。

三、加强高校女职委工作的几点思考

女工工作是工会工作的一个重要组成部分,之所以把女工工作从工会工作中单列,足以证明女工工作的特殊性、重要性和必要性。从上述可知,浙江农林大学女职委在近几年的工作中有成功的经验,也存在着亟须解决的难题,我们在工作中不断总结、不断改进、不断超越,经过几年的实践探索,我们对如何提高新形势下高校女职委的工作成效形成了以下几点建议。

1.加强组织规范化建设,努力建好"贴心娘家"

首先,高校工会须依照《工会法》《中国工会章程》和《工会女职工委员会工作条例》等有关规定,对于符合配备专职女职委干部条件的,积极争取实现女职委干部专职化,对于符合两级工会建立女职工委员会条件的,积极鼓励建立二级工会女职工委员会,只有夯实女职工组织基础,搭建"贴心娘家"的立体框架,才能将工作的"单行桥"扩建成"立交桥"。其次,应大力整合校院两级女工干部队伍力量,建立健康管理部、心理咨询部、福利保障部等部门,构建女职委校院两级多层服务体系,拓展女职委工作空间,扩大工作覆盖面。

2.完善工作制度,落实机制保障

为保证女职委工作程序的规范化、工作职责的制度化、工作质量的最优化,必须完善各类工作制度。一要完善工作目标管理制度,形成工作目标考核责任制,将女职委工作量化考核,并建立女职工工作激励机制;二要完善工作报告制度,制定各类事件应急预案,规范工作处理汇报流程,做到有案可查,依章办事;三要完善例会工作制度,浙江农林大学女职委每半个月召开一次工作例会,部署工作,检查工作进展,交流工作经验,例会制度的建立搭建了很好的"信息交流平台",确保沟通到位;四要建立健全财经管理制度,做好经费预算,做到专款专用,账目明晰。

3.严筛选,重培养,提升女职委干部素质

女职委干部素质的高低,是女职委能否真正发挥作用的关键。因此,在选拔女职委干部时,要严格把关,要选择有较高文化素质和思想道德修养、业务过硬、热心女工工作、能起模范带头作用,并具有广泛的代表性、有很强的亲和力和影响力的女同志。社会在发展,形势在改变,为保证女职委适应新形势下工作新任务、新要求,更好地为女教职工服务,工会要重视对女职委干部的培养,通过定期进行理论专业培训和业务能力指导,不定期外出交流等形式,提升女职委干部素质,提高女职委工作能力和业务水平,使女教职工有一个坚强的领导核心,充分发挥好"半边天"的作用。

4.明确工作目标,创新工作手段,整合共享资源,打造工作品牌

习近平同志强调:"要把党政所需、职工所急、工会所能的事更多地交给工会组织去办,不断扩大工会组织的社会影响,为工会事业发展创造更好环境。"这些重要论述为新时期工会工作指明了方向。高校女职委要站在学校的角度看问题,以服务学校利益、保障女教职工权益为前提,制定工作年度目标、月目标、周目标,分阶段逐步完成。在信息化快速发展的时代,传统的工作方式亟须改进,女职委可利用其权力资源有效整合信息资源,提升工会决策力;整合人才资源,提升工会战斗力;整合法律资源,提升工会公信力;整合经济资源,提升工会服务力;整合文化资源,提升工会影响力。大力有效整合众多资源,引进现代先进工作手段,大力打造女职委工作品牌,将其服务深植于民心。

此外,无论在何种形势下,女职委都必须自觉接受党的领导,建立定期向党组织报告工作制度,保障女工工作列入议程。必须加强与行政相互间的合作与沟通,建立定期联系沟通机制,争取行政更多支持,创造融洽的工作环境,使女职委的主张和意见得到充分重视。同时,必须紧密团结广大女教职工群众,夯实工会组织根基,依法独立自主地开展工作,全面履行维护、建设、参与、教育职能。

总之,无论高校改革力度有多大,高校形势如何发展,女职委只要坚持党的领导,坚持以为广大女教职工服务为宗旨,坚持发挥肯干、实干、创新精神,定能带领广大女教职工在新形势下大有作为。

【参考文献】

[1]邱慧玲.海投集团女工委发挥作用的实践与思考[J].福建轻纺,2016(4):51-54.

[2]咸星兰.高校知识型员工工作生活质量对组织绩效的影响研究[D].长春:东北师范大学,2012:5.

[3]李小兰.新形势下高校工会工作重点转移研究[J].工会论坛,2013(4):26-28.

[4]王丹丹,黄小梅,左建莉,等.新时期高校女工委工作思路及内容创新思考[J].统计与管理,2015(1):103-104.

【作者简介】

张小芳,浙江农林大学,助理研究员。

楼雄珍,浙江农林大学,实验师。

体育文化视角下的高校工会职工体育俱乐部建设研究

李毅军

内容提要：高校体育文化能够促进教工体育的普及与繁荣，同时教工体育又扩充了校园体育文化的内涵和意义。高校工会应加强对工会专、兼职体育工作人员的培训，提高他们的业务能力，加强高校教职工趣味性体育活动的研究开发，引导教职工积极参与体育活动。高校工会开展群众性体育运动不仅能锻炼教职工的身体，还有利于教职工调节情绪、促进友谊、协调人际关系，增进教职工的身心健康，树立科学的体育健身活动观；能够有效地增强教职工凝聚力，促进不同学科文化背景教职工之间的沟通，提高各部门内部、部门之间的工作效率。

关 键 词：体育文化；高校工会；体育俱乐部；健康

《中华人民共和国体育法》《中华人民共和国工会法》《全民健身计划纲要》等文件，为我国城镇居民、机关和企事业单位员工的身体健康与参加体育锻炼提供了政策与法律保障。职工体育是社会体育的组成部分，它是指在工商、企事业、机关单位和团体等职工中开展的体育锻炼活动。文体活动是推动群众性体育运动的重要手段，是进行群众性思想政治工作的有效途径。高校工会的主要工作之一就是积极开展各种有益于教职工身心健康的群众性的体育活动。高校工会作为广大教职工自愿参加的群众组织，在开展活动的过程中具有独特的优势，是高校组织教职工进行体育活动的主要机构。实践证明，高校工会开展群众性体育运动不仅能锻炼教职工的身体，还有利于教职工调节情绪、促进友谊、协调人际关系，增进教职工的身心健康。

一、国内外（教）职工体育发展现状

1.国外职工体育研究状况

美国曾推出《健康公民 2000 年》计划，其中制定了一项重要措施，就是大幅度提高可向员工提供健身条件的企业的比例。到 1992 年，美国已提前实现这一重要目标。新加坡在实施《2000 年体育振兴计划》的过程中，为了使更多的从业人员加入到体育人口的大军中去,也专门推出了一个《公司健身计划》,新加坡 58.4% 的公司企业建立了自己的体育俱乐部。在加拿大,多伦多大学为政府 Fitness Canada(健康加拿大)作的一次调查发现,由于职工健身活动的开展,平均生产效率提高了 4.3%,另有 6.3% 的雇员感到自己比以前轻松,有耐心,不易疲劳。法国的调查表明 1994 年参加体育俱乐部定期锻炼的人数已占总人口的近 1/5,而组织化的人口参加体育活动的比例远远高于非组织化的人口。在瑞典,截至 1993 年的统计,全国有 27292 个俱乐部,平均每 3 个居民就有 1 个是俱乐部会员。日本企业为员工提供体育馆等健身设施,每年为员工进行一次免费体检,企业的体育设施,对员工家属一律开放。

由上可见,发达国家比较普遍地注重员工身体素质的提高,并在规章制度和设施条件上提供了比较完备的服务。这应该说是一些发达国家近年来体育人口比重不断增大的一个重要因素。

2. 国内高校工会开展教职工体育活动现状

国内高校工会活动开展总体情况较好,高校教职工普遍认为体育对身体健康非常有益或有益,这说明高校教职工的体育认知水平很高。大多数教职工非常喜欢或喜欢体育运动。但参与工会组织的体育活动也受诸多因素的影响。笔者对杭州下沙高教园区部分高校教职工的调查结果显示,有 26.9% 的教职工几乎不进行体育锻炼,每周体育锻炼 1 次或 1 次以上的占 38.2%,影响高校教职工参与工会组织的健身活动的主要因素是活动项目的难易程度与是否适合、活动项目参与面、是否与工作时间相冲突。当前高校办学规模都比较大,教职工人数相应比较多,高校工会组织教职工进行体育活动的形式较为单一,绝大多数都是由学校统一组织,工会的人力、物力不能同时满足所有教职工参与体育活动的要求,难以做到面面俱到。究其原因主要有:随着高校的规模和人数的增多,教职工的工作任务越来越重,部分教师晚上、双休日也要上课;开展体育活动特别是集体活动时,时间上会和上课时间冲突;学校和教职工住宿的地方相隔较远,交通不便;随着高校的逐年扩招,高校的体育场馆资源越来越紧张,学生教学训练和教职工体育活动的场馆设施使用的矛盾越来越突出,室外体育活动又受到天气等因素的制约。

而且,高校工会缺乏对教职工体育活动的调查研究。有调查显示,对教职工体育活动进行调研和有论文研究的高校工会只占 11.6%。这应当引起我们的重视,只有在研究中才能不断提高工作能力,才能为工会体育活动的良好开展提供指导。

二、高校教职工体育认知水平与情感参与之悖逆

教职工是高校工会体育活动的直接受益者。笔者对杭州下沙高教园区部分高校教职工的调查显示,高校教职工群体的体育认知水平很高,有 88.1％的教职工非常喜欢或喜欢体育运动。相对于认知成分,教职工对体育运动的情感成分有所下降。在所调查的高校教职工中,愿意参加和非常愿意参加体育锻炼的占 79.4％,这一数据高出我国其他企事业单位职工 10 个百分点。反映了文化的差异对员工体育锻炼态度的影响。高校教职工文化自我更新、意识较强,不同学科背景的教师,具有较强的健康意识,荟萃各派文化而形成的校园体育文化使教职工更容易接受体育健身风潮,也更愿意去付诸行动。

与此同时,高校教职工对于我国正在推行的《全民健身计划纲要》的认知情况并不乐观。知道并了解《全民健身计划纲要》内容的教职工仅占 5.01％,而 94.99％的教职工对其内容不了解。从年龄特征来看,25～35 岁年龄段的年轻人了解得更多些,说明年轻人更容易了解和接受新思想。调查还显示,教职工对参加体育运动的认知成分和情感成分明显高于其行为成分。这是由教职工多接受以"三基"(即掌握体育的基本知识、基本技术、基本技能)为主的传统学校教育熏陶,尚未形成较为成熟的终身体育观所致。调查表明,杭州下沙高教园区高校教职工对体育锻炼的认知成分和情感成分明显高于其行为成分。这反映了高校教职工的体育锻炼态度与参加体育锻炼的实际行为之间具有某些背离现象。社会心理学认为,对于各种对象的态度常常是复杂地交织在一起的,社会状况因素的影响是不能忽视的。因此,高校教工参加体育锻炼的行为、体育态度的形成,不仅取决于他们对体育的认知,也受到社会各方面客观因素的影响和制约。

笔者对杭州下沙高教园区部分高校教职工的调查显示,有 79.20％的高校教职工非常愿意或愿意参加学校体育组织举办的体育活动,可见高校教职工对参与职工体育的渴望。教职工对学校开展职工体育的具体要求是:70％的高校教职工希望学校能为员工参加体育锻炼提供优惠便利条件,如发比赛门票或体育消费券、帮助租借场地等。64.5％的教职工希望学校能够提供充足资金用于职工体育。53.9％的教职工希望学校能建立配套的体育场馆设施,方便其参与健身。另外,有 36.3％和 30.4％的教职工希望学校能建立相关规章制度和建立专门的工会体育组织。此外,还有 20.8％和 19.9％的教职工希望学校能宣传卫生保健知识和聘请专人对体育锻炼进行指导。反映了教职工对科学健身的迫切要求。

三、丰富高校体育文化,加强高校文化交流

高校是文化聚集之地,高校文化是学校在长期的教学活动中逐步形成的,是全体教职工所普遍认可的精神意识和制度规范。它包括全体教职工所共同拥有的教学理念、价值观念、精神面貌、行为准则、管理方式以及他们对学校的主人翁意识、责任感、荣誉感和自豪感等内容。纵观高校发展的历史,科学管理最终要向文化管理发展。在不同学科文化背景的衬托下,高校工会职工体育的管理也体现了多元化的管理趋势。

高校作为一个文化结合体,欲在中西方科学文化知识交融汇集的大背景下求生存,求发展,则必须了解中国国情,深通不同学科思想对教职工的影响。工会体育活动开展的背后必须有文化支撑。思政类课程教师受传统的儒家思想影响,注重集体主义精神,而是有欧美文化背景的现代技术类课程教师则强调在规范和规则基础上的个人价值体现。高校中西方科学文化的交融在没有找到更好的方式时,可以工会体育活动为联系纽带。运动无国界,包括大量的外籍教师的具有不同学科文化背景的教职工群体能够在体育运动中寻找到最佳契合点。

从管理学观点看,高校教职工体育活动的开展能够为不同学科文化背景的教职工搭建沟通交流的运动平台。使教职工在不知不觉中形成团队,相互理解与交流。从调查可以看出,大多数教职工接受了中国传统学校体育的教育,尚未形成较好的终身体育思想。许多人离开学校后就再也不愿意碰那个以成绩、达标为目标的"体育"。然而,全新的令人愉悦的以健身健心为目的的体育活动——职工体育正悄悄改变着他们的价值观念。西方新的健身娱乐体育观念被有传统学科背景的教师接受和认同,就潜移默化地影响着他们的体育认知、情感和行为。高校体育文化促进了教职工体育的普及与繁荣,同时教职工体育又扩充了校园体育文化的内涵和意义。

四、组建体育俱乐部,增强教职工凝聚力

体育运动中体现的团队精神能够有效地增进教职工凝聚力,促进不同学科文化背景教职工之间的沟通,提高各部门内部、部门之间的工作效率。在体育锻炼或运动竞赛中,无处不体现人人平等。高校开展职工体育,能有效地促进教职工之间的交流与协作。如篮球比赛中的团队协调配合,羽毛球、乒乓球双打中的默契,武术、太极练习中的传统技术与文化交流,以及团队获得胜利时的自豪感等,无不为增强教职工凝聚力添砖加瓦。工会体育俱乐部的建设与体育竞赛的开展,能够增强学校内部的凝聚力。不同文化背景的教职工在

体育运动中以同一运动项目为依托,把打破文化差异性的团队的胜利自觉地看成自己的目标,对群体有着强烈的认同感和归属感,从而产生高度整合的一致行动。这也是体育凝聚力的最高层次。

调查统计显示,高校教职工参与体育锻炼的活动项目排在前五位的依次是:羽毛球、乒乓球、篮球、太极、散步慢跑。对不同性别和年龄特征的教职工参加最多的体育活动项目进行分析,发现排在前五位的都有羽毛球、乒乓球两项。其中,男性员工经常参加的活动是篮球、羽毛球、乒乓球、足球和游泳等;女性经常参加的体育活动排在前五位的是羽毛球、散步慢跑、太极、乒乓球和体育舞蹈。

男性教职工比较喜欢对抗性强,体现竞争性的大负荷体育活动项目;女性教职工比较喜欢轻缓、娱乐性强的小或中负荷的体育活动项目。男女教职工进行相同体育活动项目时的运动负荷也相距甚远。羽毛球、乒乓球都具有运动量易控制、易于开展、对场地要求不高的特点,还具有集观赏性、娱乐性、竞技性于一体的优点,在教职工中受到普遍欢迎。年轻男性教职工精力较充沛,乐于参加激烈对抗的篮球和足球运动,而年轻女性教职工追求苗条和健美,因而多乐于选择羽毛球和体育舞蹈。中年教职工多以家庭为主,喜欢和家人一起打太极、散步慢跑。调查还发现,羽毛球运动在高校教职工中有很大的市场,以杭州电子科技大学为例,每年工会组织的"教职工羽毛球比赛"为广大羽毛球爱好者提供了很好的交流平台,大大推动了这项运动在教职工体育中的发展。

五、结论与建议

(1)高校领导和高校工会管理人员应该重视教职工体育活动。学校领导在思想上高度重视的情况下,应从政策、人、财、物上给予大力支持,认识到举办形式多样的教职工体育活动,是丰富教职工的业余生活,提高教职工素质,增强整体凝聚力,提高工作效率的行之有效的做法。要加强工会专、兼职体育工作人员对体育活动的认知水平,提高他们的调查研究能力,使他们深入分析研究教职工的身心健康及开展教职工体育活动的有关问题,加强高校教职工趣味性体育活动的研究开发,引导教职工积极参与体育活动,树立科学的体育健身活动观。

(2)不断加强学校教职工各类体育俱乐部建设工作。高校工会与基层工会应积极牵头,发挥各类体育俱乐部的积极作用,教职工体育俱乐部在管理上要建好章程,总结经验,专兼结合,不断提高俱乐部成员的运动技术水平。各教职工体育俱乐部要积极配合学校大型活动,开展校内外的交流比赛,带动全校体育活动蓬勃开展。同时,高校工会还要考虑和依据教职工新的需求,不断组建新的教职工体育俱乐部。

(3)遵循运动规律,激发教职工参与体育活动的兴趣与热情。高校工会组织教职工体育活动时,建议不采取任何行政命令的手段和方法,要用生动、活泼的形式和丰富多彩的内容,提高活动的质量,吸引教职工参加。由于教职工年龄、性别、文化素养、欣赏水平不一,必然对体育活动有不同的需求。因此,活动内容一定要丰富多样,有不同的特点、不同的层次,以满足教职工的多种需求。

(4)工会和体育部门拥有一定的经济后盾和政策支持,这两类机构应在教职工体育领域发挥更大的主导作用。工会开展教职工体育有一个隐性收益过程。教职工从体育中不仅获得了身心健康,而且增进了与同事间的感情、与部门间的沟通。教职工体育丰富了学校体育文化,增强了凝聚力,提高了各部门间的工作效率。

(5)打造少量高水平学校教职工体育代表队。高水平体育代表队具有很好的宣传效应,对提高学校知名度和声誉很有好处。

【参考文献】

[1]查春华,马楚红.浙江省高校教师健身行为调查与分析[J].武汉体育学院学报,2005(10):64-66.

[2]武斌.山东省高校工会开展教职工体育活动现状的调查研究[J].福建体育科技,2011(5):46-48.

[3]李志荣,张春甫,周学荣.江苏省高校教师体育健身活动的调查分析[J].体育科学,2005(2):64-67.

【作者简介】

李毅军,杭州电子科技大学体育部,教师。

基于信息技术学院特点的特色"教职工小家"建设的实践探索

岑仲迪

内容提要：本文根据本校（浙江万里学院）信息技术学院（现已更名为电子与计算机学院）二级分工会的建设实践，结合信息技术学科教师的特点，探讨了特色"教职工小家"建设的对策措施，重点阐述了系列特色活动设计、二级教代会制度完善和互动反馈机制建立三个方面的探索与实践，以促进教职工发展、教师权益维护和应用型人才培养质量提升，进一步提高分工会的建设水平。

关 键 词：教职工小家；工会工作；信息技术

一、引言

随着高校内部管理体制改革的不断深化，高校的人权、财权和事权不断下移，二级学院已经成为相对独立的办学实体。至今，大多数高校都已实施了校院两级管理制度。以学院二级分工会为主体建设的"教职工小家"逐渐成了我国现行高校工会工作的主力军。

高校二级分工会直接面对广大教职工，最能把握和了解教职工的切身利益以及教职工的心声和愿望；同时它又直接接受校级工会的领导及工作部署，校级工会的许多工作也必须依托分工会来完成和落实。因此，高校二级分工会如何开展工作，使教职工真正感受到"工会小家"的温暖，需要大家进行积极思考和探索。

陈晖提出分工会建设应争取党政领导的支持，突出维护职能。陈梅芳、王朔等人提出高校二级分工会应在队伍建设、制度建设、作风建设、共建二级教工之家四个方面加强自身建设。马卫平提出抓"教工小家"建设，应注重维护权益、人文关怀、活动开展。汤松龄、管汉章、张秀丽等人认为"教工小家"建设应在学校民主管理与监督、工会教育职能、教职工合法权益维护、校园文化建设等方面发挥作用。李杰基于群众路线视角，提出应从搭建平台、机制创新等

方面加强高校二级建家工作。王秀杰介绍了中原工学院理学院分工会建设
"教工小家"的做法及取得的成果。

从上可以看出,已有不少文献研究高校二级分工会建设问题,提出了一些
有价值的想法和对策。但是,至今还没有相关文献从二级分工会教职工的学
科特点视角,来研究特色"教职工小家"建设的对策措施。本文结合本校信息
技术学院二级分工会的建设实践,探讨特色"教职工小家"建设的对策措施,以
进一步提高分工会的建设水平。

二、信息技术学科教师的特点分析

信息技术是当前发展最迅速、影响最广的高新技术。新一代信息技术(如
移动互联网技术、物联网技术、下一代通信网络技术等)产业是《国务院关于加
快培育和发展战略性新兴产业的决定》中列出的七大国家战略性新兴产业
之一。

由于信息技术领域的知识更新快,技术进步迅速,新的理论和技术应用不
断涌现,因此信息技术学科教师需要不断学习新知识和掌握新技术,了解技术
的最新应用和发展方向,并需要将这些新知识和新技术融入日常教学活动中。
信息技术学科教师的办公时间较长,需要通过不断查阅最新资料、网上交流讨
论、实验室实验,才能紧跟技术进步和行业发展,才能更好地开展教学和科研。
因此,信息技术学科教师中"宅男"较多,他们对新知识、新技术的接受较快,动
手能力较强,线上活跃,线下交流意愿弱。

信息技术学科教师的特点分析,为二级分工会开展特色"教职工小家"建
设提供了现实依据。

三、彰显学科特色的"教职工小家"建设举措

本学院分工会充分调研学院教职工在工作环境、权益保障、生活福利等方
面的有关诉求,结合信息技术学科教师的特点和兄弟学院的建设举措,重点开
展了系列特色活动设计、二级教代会制度完善和互动反馈机制建立三个方面
的实践探索,以促进教职工发展、教师权益维护和应用型人才培养质量提升。

(一)设计系列特色活动

基于信息技术学科教师的需求调查和特点分析,本学院分工会开展了系
列特色活动的探索与实践,以增进教职工之间的面对面交流和讨论,为教职工
展示风采、实现发展提供各类平台和机会。

1.发明制作大赛

基于信息技术学院教职工动手能力强的特点,本学院分工会举办了二级学院的教职工"发明制作大赛",教职工们展示了智能机器人、智能家居远程控制系统、移动控制系统等作品。通过搭建比赛平台,促进教职工在兼具专业性、实用性和趣味性的作品设计和制作方面的经验交流和合作,进一步提升了教职工的开发制作能力,为应用型人才培养准备了充足的教学素材。

2.青年教师教学基本功比赛

应用型人才培养的转型升级对教师的教学技能提出了更高要求;同时,信息技术学院部分教师具有动手能力强、表达交流意愿弱等特点。因此,本学院分工会积极发挥密切联系群众的优势,协同学院教学部门,每年举办"青年教师教学基本功比赛",促进青年教师交流教学理念、切磋技艺、展示风采、实现发展。并对教学上碰到困难的个别青年教师建立"一对一"的帮扶机制,帮助解决其教学实践中的具体问题。通过教学竞赛和帮扶机制,学院青年教师的教学技能得到了很大提高,学院青年教师在第八届浙江省青年教师教学基本功比赛中获得了省一等奖。

3."温情茶歇"活动

信息技术专业教师需要经常交流新技术、探讨新应用,也需要积极服务社会和开展项目合作。因此,本学院分工会通过"教职工小家"建设,定期开展"温情茶歇"活动,为教职工的交流与合作搭建互动平台,打破了职能分工的壁垒,促进了教职工之间的信息交流和情感交流,增强了团队凝聚力,使各项集体活动和团队合作项目都能很好地开展。

4.特色集体活动

针对信息技术学院教职工每天办公时间长的特点,本学院分工会积极探索和实践了独具学院特色的集体活动。例如,以系或教研室为单位,开展跳大绳、包饺子、环湖自行车骑行等集体活动,使其成为传统项目,每年定期开展,搭建起学院教职工的交流和活动平台。通过开展特色集体活动,促进了学院教职工之间的交流与合作,构建了学院和谐稳定的人际环境,平复了紧张情绪,协调了人际关系,促进了矛盾化解,从而营造了学院心和气顺、和谐发展的氛围。

(二)推动院务公开,完善二级教代会制度

本学院分工会积极为教职工参与学院民主管理提供各种条件和制度保障,以更好地促进学院的教学、科研、管理工作。

1. 推动院务公开

院务公开是使教职工权益受到保护的前提和基础。本学院分工会通过"教职工小家"建设,推动学院通过网络(QQ群、微信群、微博和学院门户网站)、公示栏、会议等途径,对于教职工关注的问题予以公示,比如评优评先、评职晋级、干部任用等,并经过民主程序,广泛地征求教职工意见。

2. 完善二级教代会制度

本学院分工会通过"教职工小家"建设,完善了二级教代会制度,使职工普遍关心的问题都纳入二级教代会的会议日程,以更好地维护教职工的合法权益。学院"教职工小家"建设促进了学院重大决策、改革方案以及有关规章制度的出台提交二级教代会审议的制度形成,推动岗位聘任、收入分配、社会保障等涉及教职工切身利益的问题经过二级教代会投票表决后才能实施的民主制度实践,切实保障了教职工民主管理、民主监督、民主决策、民主选举等各项民主权利的落实,使二级教代会成为审议学院重大决策、保障教职工合法权益、凝聚广大教职工人心的重要平台。最近的二级教代会上,依照民主程序,表决通过了《信息技术学院教职工、工会会员代表大会实施细则》《信息技术学院2015—2016学年工资分配方案》《信息技术学院教学工作量计算办法(修订版)》等文件,为二级学院的民主管理提供了很好的制度保障。

3. 跟踪二级教代会提案落实

提案工作是二级学院民主管理的重要环节。本学院分工会建立了相关的规章制度,跟踪提案的答复与落实,参加提案答复见面会或网络交流讨论,并实地走访,对提案落实进展情况开展跟踪调研,以保障民主管理的真正落实。

(三)建立互动反馈机制

本学院分工会根据教职工的特点,建立和完善了互动反馈机制,以更好地促进教职工发展、维护教职工权益。

1. 发挥桥梁纽带作用,传递教职工相关诉求

本学院分工会结合信息技术学院教职工乐于接触各种信息交流媒介的特点,建立了"教职工小家"QQ群、微信群和学院门户网站,搭建多种信息交流平台,运用多种信息交流媒介,倾听教职工的意见与呼声,关注他们的工作与生活,及时了解他们的思想情感,起到了桥梁纽带作用,及时将教职工在教学科研、实验实训、生活家庭等方面的意愿与需求传递给党政领导,为学院党政领导了解民情、集中民智搭建坚实的平台。

2. 建立互动反馈机制,传递改革发展方向

在教学、工作、生活上服务教职工的同时,本学院分工会"教职工小家"积

极采取各种方式,主动及时地向广大教职工传达学校和学院的规章制度、改革方案,使教职工及时准确地掌握学院改革发展的方向和思路,引导教职工融入学院事业发展,真正实现教职工与学院事业"同呼吸共命运"。最近学校获批为"浙江省应用型建设试点示范学校",本学院分工会及时向学院教职工传递学院强化"产教融合、科教融合"的发展思路,促进教职工尽快融入学院事业发展。

在应用型大学建设背景下,高校二级学院分工会如何适应高等教育的革命性调整,采取哪些对策措施来促进学院办学的转型升级,是迫切需要解决的课题。本文根据信息技术学院二级分工会的建设实践,结合信息技术学科教师的特点,探讨了特色"教职工小家"建设的对策措施,重点阐述了系列特色活动设计、二级教代会制度完善和互动反馈机制建立三个方面的探索与实践,以促进教职工发展、教师权益维护和应用型人才培养质量提升,进一步提高分工会的建设水平。

【参考文献】

[1]陈晖.新时期高校工会"教工小家"建设面临的问题与思考[J].职业圈,2007(12): 47,65.

[2]陈梅芳,庄静竹.关于高校二级工会建设的几点思考[J].铜仁学院学报,2011,13(6):31-33.

[3]王朔,满胜永,张丽剑.新形势下高校"教工之家"建设模式探讨[J].中小企业管理与科技,2014(4):271-272.

[4]马卫平.对高校"教工小家"建设的认识、实践和体会[J].工会博览,2012(8):40-42.

[5]汤松龄.对高校基层工会组织"教工小家"建设的思考[J].成才之路,2010(7):22-23.

[6]管汉章.论新时期高校教工小家建设的作用[J].学术研究,2013(9):22-23.

[7]张秀丽,张华,李祥付.论创新"建家"与教学工作的关系[J].中国电力教育,2013(35): 60-61.

[8]李杰.试论基于群众路线视角下的高校二级建家工作开展[J].山东工会论坛,2014,20(5):18-20.

[9]王秀杰.创新高校分工会工作助力构建高校和谐校园[J].科技视界,2013(8):73.

【作者简介】

岑仲迪,浙江万里学院信息技术学院,教授。